古代歷史文化 研究輯刊

三二編

王明蓀 主編

第21冊

東周青銅器動物紋樣研究

耿慶剛 著

國家圖書館出版品預行編目資料

東周青銅器動物紋樣研究／耿慶剛 著 -- 初版 -- 新北市：花
木蘭文化事業有限公司，2024〔民113〕
目 12+304 面；19×26 公分
（古代歷史文化研究輯刊 三二編；第21冊）
ISBN 978-626-344-884-1（精裝）
1.CST：動物 2.CST：圖案 3.CST：青銅器 4.CST：周代
618   113009489

ISBN-978-626-344-884-1

古代歷史文化研究輯刊
三二編　第二一冊　　　　ISBN：978-626-344-884-1

東周青銅器動物紋樣研究

作　　者　耿慶剛
主　　編　王明蓀
總 編 輯　杜潔祥
副總編輯　楊嘉樂
編輯主任　許郁翎
編　　輯　潘玟靜、蔡正宣　美術編輯　陳逸婷
出　　版　花木蘭文化事業有限公司
發 行 人　高小娟
聯絡地址　235 新北市中和區中安街七二號十三樓
　　　　　電話：02-2923-1455／傳真：02-2923-1452
網　　址　http://www.huamulan.tw 信箱 service@huamulans.com
印　　刷　普羅文化出版廣告事業
初　　版　2024 年 9 月
定　　價　三二編 28 冊（精裝）新台幣 84,000 元
版權所有・請勿翻印

東周青銅器動物紋樣研究

耿慶剛　著

作者簡介

耿慶剛，1980 年 7 月出生於山東棗莊，西北大學文化遺產學院博士，副研究員。2009 年進入陝西省考古研究院，先後參加秦雍城、秦咸陽城等遺址的調查、勘探與發掘，參與或主持千陽尚家嶺秦漢宮殿遺址、唐昭容上官氏墓、咸陽閆家寨秦遺址與墓葬（司家莊秦陵）、韓城陶渠遺址等多項考古發掘，發表《咸陽原三座秦陵墓主考》（合著）、《試論漢代玉器的改制現象》、《東周列國都城建制諸問題》（合著）等學術論文多篇。

提　要

　　動物紋樣是造型藝術的一大分支，各地區動物紋樣之間有相當大的變化與差異性，本文以東周青銅器動物紋樣為研究對象，動物紋樣及其載體一方面具有物的屬性，其作為「符號」又具有意識屬性，對研究東周社會，即從方國到帝國轉化階段有重要意義。

　　在東周考古學文化分區系的基礎上，對晉系、楚系、齊魯系、秦系、燕系、徐舒系、吳越系、巴蜀系動物紋樣進行研究，依據動物種類，並對龍、鳳、虎等大宗動物紋樣進行類型學研究，概括各區系動物紋樣特點。在此基礎上，對龍、鳳、虎、牛、獸蛇與人蛇主題、神怪主題進行綜合研究，概述其發展階段性；最後對列國之間動物紋樣的交流與互動進行探討。

　　研究發現：春秋早期，晉系、楚系、齊魯系等在以龍造型為核心的動物紋樣選擇上，具有很大的相似性；春秋中期開始分化，晉系新出現「翼龍」、「龍身鳳」、鳥獸銜蛇與踐蛇等動物紋樣，楚系新出現「獸身龍」等動物紋樣，晉系、楚系動物紋樣對其他地區影響較大；春秋晚期以來，各區系動物紋樣發生了較大轉型，寫實性動物紋樣漸趨增多，至戰國中晚期，並且各區系龍造型有混同的趨勢。

　　這一過程，始終存在相同的裝飾風格出現在不同的區系中的現象，應該有共同的價值認同觀念，追求相似的藝術風格。正是由於這種藝術語言與思想信仰的共同性，才是大一統局面得以形成的文化基礎。

目

次

表目次

第一章　緒　論

1.1　研究對象

　　本文所研究的對象為東周青銅器動物紋樣。動物裝飾紋樣是造型藝術的一大分支，也是大多數民族主要的藝術表現形式之一，而各地區動物造型的異同，也透露出彼此之間的影響與模仿的跡象；同時，各地區動物紋飾、圖像與造型也有著相當大的變化與差異性。

　　動物紋樣載體及形式具有多樣性，載體如青銅器、瓦當、漆器、帛畫等，載體不同，其造型、表現手法、工藝等或有區別；本文以青銅器動物紋樣為研究對象，在研究過程中，與青銅器動物紋樣造型、表現手法等相關的瓦當、漆器、帛畫等其他載體間或涉及。

　　東周時期是中國古代社會大轉型時期，由血緣政治向地緣政治轉變，即蘇秉琦所說的從方國到帝國轉化階段，這是蘇秉琦在 20 世紀 90 年代提出中國古代國家起源問題為古國、方國、帝國發展階段「三部曲」〔註1〕之重要一階段；青銅器動物紋樣的發展變化，對觀察從方國到帝國轉化階段具有重要意義。

　　動物紋樣包括立體的和平面的兩種形式。按個體動物分類，將其從原器物中提取出來，根據動物造型特徵和局部特徵，進行型式研究，確定各區系動物紋樣特徵、演化序列，探究不同地域之間的相互交流與互動。

〔註1〕蘇秉琦，國家起源與民族文化傳統（提綱）〔A〕，蘇秉琦，華人·龍的傳人·中國人——考古尋根記〔M〕，瀋陽：遼寧大學出版社，1994：132。

　　交流與互動是考古學研究的重點，其本質上就是交換。「交換是考古學的中心概念。說到貨品、商品時，它略等同於貿易。但是交換的涵義更廣，被社會學家用來描述人與人之間的所有接觸，因此所有的社會行為皆可視為物品的交換，既包括物質上的，也包括非物質上的，從這個廣泛的意義上，交換包含信息的交流」〔註2〕。

　　因此，本文所說的交流與互動涵蓋兩部分內容：一是以動物裝飾紋樣為載體的器物的交換，此類型是屬於「物」的交換；一是動物紋樣作為「符號」〔註3〕的交流與互動，此類型屬於「概念」的交換。譬如，某動物紋樣在某一區域發明後，傳播到其他區域，發明區和傳播區的動物紋樣有可能會在裝飾載體、細部特徵等方面均有差異，不能因為有差異性的存在而否認區域之間的交流與互動。

　　動物紋樣所裝飾載體有金器、銅器等，均屬於「貴重物品」範疇，部分還屬於「禮器」〔註4〕，與普通物品比如食物和陶器判然有別，「在政治和社會交往中獲得或付出貴重物品通常完全是統治者的專有的特權」〔註5〕，以動物紋樣為切入點，對探索列國間的交流與互動有重要意義。

　　動物紋樣概念與「動物風格」〔註6〕（der Tierstil）相區別。「動物風格」這個術語不僅代表著草原民族藝術的根本特色，同時也是大多數古代中亞民族藝術常見的風格。它以雄鹿、貓科動物和鳥類作為藝術的造型主題，或以單一動物或動物軀體的局部作為裝飾紋飾，或將動物的形態轉化成另一種動物或其他形態。

1.2　研究簡史

　　關於東周青銅器動物紋樣等方面的研究，主要集中在三個方面：

〔註2〕科林‧倫福儒，保羅‧巴恩，考古學理論、方法與實踐〔M〕，第六版，陳淳，上海：上海古籍出版社，2015：329。

〔註3〕科林‧倫福儒，保羅‧巴恩，考古學理論、方法與實踐〔M〕，第六版，陳淳，上海：上海古籍出版社，2015：358～360。

〔註4〕張辛，禮與禮器——中國古代禮器研究札記之一〔A〕，北京大學考古文博學院，考古學研究（五）〔C〕，北京：科學出版社，2003：851～906。

〔註5〕科林‧倫福儒，保羅‧巴恩，考古學理論、方法與實踐〔M〕，第六版，陳淳，上海：上海古籍出版社，2015：336。

〔註6〕張文玲，縱橫交錯探亞洲〔J〕，故宮文物月刊，2008，308：42。

1.2.1 理論探討

（英）胡思德的《古代中國的動物與靈異》一書〔註7〕，以一部以先秦兩漢文獻中的動物資料為依據，通過動物觀透視古代中國思想文化的著作；把動物作為人的對象來瞭解，在人與動物的關係中為之定位，探討動物世界在聖賢概念和社會政治權力概念中所扮演的角色；古代中國所認識的動物界秩序，是以地域概念為基礎，所認識的動物界秩序的關鍵，是人與動物在道德上的互相協調。作者指出古代中國對人在諸多物種乃至天地間地位的認識深受動物觀的影響。

張光直在《商周神話與美術中所見人與動物關係之演變》〔註8〕、《商周青銅器上的動物紋樣》〔註9〕、《中國古代藝術與政治——續論商周青銅器上的動物紋樣》〔註10〕三篇系列文章中，從遠古神話、政治及宗教思想入手，把青銅器研究作為橋樑，把動物圖像當成社會現實的象徵性符號來詮釋。張光直指出：從商代到周代早期藝術中的圖案，可能反映了人獸關係的變化，跟神話的變化、祖先崇拜到天的崇拜的轉變合拍，公元前10世紀中葉左右的動物圖像，說其中有個變化，是動物從令人生畏變得較為程式化，而人本來處於從屬地位，備受壓迫，惟命是從，後來轉變了角色，敢於在狩獵場面中挑戰並制服神話動物。

1.2.2 綜合研究與區域研究

關於綜合研究方面的主要有：

1941年容庚撰寫的《商周彝器通考》〔註11〕一書中，首次系統地闡述了青銅器形制和紋飾的各種類別及時代的特點。對春秋戰國時期紋樣的總體特徵進行了概括：「春秋戰國期為蟠蛇，為獸帶，為鳥紋，為象鼻，為蟠虺，為綯，為貝，機巧繁縟，與前異趣。其車馬、戰鬥、狩獵諸紋，極生動潑之致，如放異彩」。並對商周時期的青銅裝飾紋樣逐一枚舉，敘其典型器，列出其流

〔註7〕 胡思德，古代中國的動物與靈異〔M〕，藍旭，南京：江蘇人民出版社，2016。
〔註8〕 張光直，商周神話與美術中所見人與動物關係之演變〔A〕，張光直，中國青銅時代〔M〕，上海：三聯書店，2013：409～435。
〔註9〕 張光直，商周青銅器上的動物紋樣〔A〕，張光直，中國青銅時代〔M〕，上海：三聯書店，2013：435～467。
〔註10〕 張光直，中國古代藝術與政治——續論商周青銅器上的動物紋樣〔A〕，張光直，中國青銅時代〔M〕，上海：三聯書店，2013：435～467。
〔註11〕 容庚，商周彝器通考〔M〕，上海：上海人民出版社，2008。

行時代。

　　馬承源在《商周青銅器紋飾》〔註12〕一書中，主要依據上海博物館藏青銅器，把青銅器紋飾分為獸面紋、龍紋、鳳鳥紋、動物紋類、火紋類、目紋類、獸體變形紋、幾何變形紋、半人半獸紋、人物畫像類等十類；動物紋類又細分為虎紋、蝸身獸紋、蟬紋、蛇紋等四類；將商周青銅器紋飾分為六個階段，至戰國中晚期，商周青銅器以幻想動物紋為主體的紋樣，變化為新的純粹抽象的幾何形或半幾何形圖案。

　　馬承源對中國青銅器的發展階段〔註13〕，中國古代青銅藝術的階段性〔註14〕及其階段性特徵〔註15〕等進行了宏觀的論述。

　　高木森《春秋戰國時代的圖紋藝術》系列文章，把東周時期圖紋藝術分成五個階段：春秋早期，西周傳統之沒落與龍蛇紋之再生〔註16〕；春秋中期，密集蛇紋、半具象圖紋與敘事性圖紋之發展〔註17〕；春秋晚期，勾連蛇紋、蓮瓣紋與敘事性圖紋之再發展〔註18〕；戰國前期，龍、蛇紋之再分化與敘事性圖紋之進一步充實〔註19〕；戰國後期，具象繪畫的成熟與新材料的運用〔註20〕。

　　譚旦冏在《「肥遺」和「龍鳳配」》、《春秋銅器的編年與龍紋的演變》、《戰國銅器的編年與龍紋的續變》等系列文章〔註21〕，對春秋戰國青銅器龍紋為主體紋飾的階段性特徵進行概括、總結。

〔註12〕馬承源，商周青銅器紋飾綜述〔A〕，上海博物館，商周青銅器紋飾〔M〕，北京：文物出版社，1984。

〔註13〕馬承源，中國青銅器的發展階段〔A〕，馬承源，中國青銅器研究，上海：上海古籍出版社，2002。

〔註14〕馬承源，中國古代的青銅藝術〔A〕，馬承源，中國青銅器研究，上海：上海古籍出版社，2002。

〔註15〕馬承源，中國青銅藝術總論〔A〕，馬承源，中國青銅器研究，上海：上海古籍出版社，2002。

〔註16〕高木森，春秋戰國時代的圖紋藝術（一）〔J〕，故宮文物月刊，1984，一卷十期（10）：103～107。

〔註17〕高木森，春秋戰國時代的圖紋藝術（二）〔J〕，故宮文物月刊，1984，一卷十二期（12）：114～121。

〔註18〕高木森，春秋戰國時代的圖紋藝術（三）〔J〕，故宮文物月刊，1984，二卷一期（13）：120～125。

〔註19〕高木森，春秋戰國時代的圖紋藝術（四）〔J〕，故宮文物月刊，1984，二卷二期（14）：71～79。

〔註20〕高木森，春秋戰國時代的圖紋藝術（五）〔J〕，故宮文物月刊，1984，二卷三期（15）：82～88。

〔註21〕譚旦冏，銅器概述〔M〕，臺北：國立故宮博物院，1981。

　　朱鳳瀚〔註22〕把商周時期動物類紋飾分成饕餮紋、龍紋、蛇紋、鳥紋、鳥首龍身與龍首鳥首紋、其他寫實性動物紋、不知名動物紋、簡省與變形動物紋類等八類，龍紋又細分為夔龍、顧龍、蟠龍、團龍、交龍、曲龍、其他形式的龍紋等。並對青銅器紋飾類別與內涵的時代變遷、藝術特徵等進行論述。

　　段勇〔註 23〕對商周時期饕餮、夔鳳、神鳥三種紋飾進行了型式分析和分區，梳理了其發展演變的規律，並對三種「幻想動物紋」的屬性及其可能反映的社會意識進行了探討。

　　劉敦願〔註 24〕對古代動物畫藝術中的細節表現進行論述，主要是重視它頭部的形態與構造、分析肢體蹄爪的構造；《考工記》記載有「深其爪，出其目，作其鱗之而」。劉敦願還對青銅器動物紋飾的對稱法則問題〔註 25〕、古代藝術中的鹿類〔註 26〕、青銅器上的狩獵圖像〔註 27〕、戰國藝術品中的鳥蛇相鬥題材〔註 28〕等進行研究。

　　葉劉天增著《中國紋飾研究》〔註 29〕，對裝飾紋樣的起源、裝飾紋樣題材分類比較、裝飾紋樣與神話、裝飾紋樣與域外文化等內容進行了論述。

　　分區域方面研究的主要有：

　　李夏廷、李劭軒〔註30〕梳理了晉國青銅藝術的發展過程，並從橫的方面，分出神話動物類、寫實動物類、幾何形類和圖像人物類，概況了各時期不同類別的特徵，並選擇典型代表予以介紹。

　　楊式昭撰寫的《春秋楚系——青銅器轉型風格之研究》一書〔註31〕，以新

〔註22〕朱鳳瀚，中國青銅器綜論〔M〕，上海：上海古籍出版社，2009：534～621。

〔註23〕段勇，商周青銅器幻想動物紋研究〔M〕，上海：上海古籍出版社，2012。

〔註24〕劉敦願，中國古代動物畫藝術的細節表現〔A〕，劉敦願，劉敦願文集·上卷〔M〕，北京：科學出版社，2012：67～71。

〔註25〕劉敦願，論青銅器動物紋飾的對稱法則問題〔A〕，劉敦願，劉敦願文集·上卷〔M〕，北京：科學出版社，2012：246～258。

〔註26〕劉敦願，中國古代藝術中的鹿類描寫〔A〕，劉敦願，劉敦願文集·上卷〔M〕，北京：科學出版社，2012：207～215。

〔註27〕劉敦願，青銅器上的狩獵圖像〔A〕，劉敦願，劉敦願文集·上卷〔M〕，北京：科學出版社，2012：280～290。

〔註28〕劉敦願，試論戰國藝術品中的鳥蛇相鬥題材〔A〕，劉敦願，劉敦願文集·上卷〔M〕，北京：科學出版社，2012：306～316。

〔註29〕葉劉天增，中國紋飾研究〔M〕，臺北：南天書局，1997。

〔註30〕李夏廷，李劭軒，晉國青銅藝術圖鑒〔M〕，北京：文物出版社，2009。

〔註31〕楊式昭，春秋楚系——青銅器轉型風格之研究〔M〕，臺北：國立歷史博物館，2005。

鄭鄭公大墓為案例，以鄭公大墓中出土的器物作為研究對象，進行關於春秋時期青銅禮器轉型風格的研究。在其另一著作《春秋方壺上的立體飾件研究》中〔註32〕，對春秋青銅方壺的耳飾、虎形託座、蓮瓣紋冠飾與立鳥紋飾以及青銅器上的蛇紋飾進行研究。

　　劉彬徽在《楚系青銅器研究》〔註33〕一書中，專門對楚系青銅器紋飾進行研究；陳平〔註34〕、蔡慶良〔註35〕等關於秦青銅器等紋飾的研究；陳公柔系統地對徐器的紋飾、形制作了類型學的研究〔註36〕。

　　關於東周青銅器動物紋飾研究的學位論文主要集中在兩個方面：一是專題研究，如商周蛇紋〔註37〕、蟬紋〔註38〕、鴞紋〔註39〕等，一是關於區域紋飾的研究，如秦國〔註40〕、三晉兩周〔註41〕、吳越〔註42〕、淮河流域〔註43〕等，或在區域研究的過程中對青銅器動物紋樣有所涉及，如海岱〔註44〕、吳越〔註45〕、巴蜀〔註46〕等地區。

1.2.3　紋樣與中西交流

　　芮傳明、余太山〔註47〕對中西方「卐」形紋、十形紋、鳥形紋、蛇形紋、樹形紋、角形紋、饕餮紋等進行比較研究，展示了公元前一千紀乃至更早時期內中西雙向交流的大形勢。

〔註32〕楊式昭，春秋方壺上的立體飾件研究〔M〕，臺北：國立歷史博物館，2005。
〔註33〕劉彬徽，楚系青銅器研究〔M〕，武漢：湖北教育出版社，1995。
〔註34〕陳平，試論關中秦墓青銅容器的分期問題〔J〕，考古與文物，1984，3、4。
〔註35〕蔡慶良，春秋時期秦國的藝術特色〔A〕，蔡慶良，張志光，嬴秦溯源——秦文化特展〔M〕，臺北：國立故宮博物院，2016：334～345。
〔註36〕陳公柔，徐國青銅器的花紋、形制及其他〔A〕，馬承源，吳越地區青銅器研究論文集〔C〕，香港：兩木出版社，1998。
〔註37〕高熠，商周青銅器蛇紋研究〔D〕，陝西師範大學，2018。
〔註38〕邱麗珠，商周青銅器蟬紋研究〔D〕，湖南大學，2017。
〔註39〕景佳晨，商周青銅鴞形紋飾研究〔D〕，天津師範大學，2016。
〔註40〕王冰，東周時期秦國青銅器紋飾研究〔D〕，陝西師範大學，2012。
〔註41〕車芳，三晉兩周地區青銅容器紋飾初步研究〔D〕，陝西師範大學，2014。
〔註42〕王蕊，吳越地區出土東周青銅器紋飾研究〔D〕，重慶師範大學，2016。
〔註43〕王盼盼，春秋時期淮河流域青銅器紋飾研究〔D〕，安徽大學，2014。
〔註44〕畢經緯，海岱地區商周青銅器研究〔D〕，陝西師範大學，2013。
〔註45〕郎劍鋒，吳越地區出土商周青銅器研究〔D〕，山東大學，2012。
〔註46〕嚮明文，巴蜀古史的考古學觀察〔D〕，吉林大學，2017。
〔註47〕芮傳明，余太山，中西紋飾比較〔M〕，上海：上海古籍出版社，1995。

　　林澐〔註 48〕對勾喙有角蹄足的虛幻動物紋進行了研究。馬健〔註 49〕對春秋戰國時期中國境內金器中的外來因素進行研究；烏恩〔註 50〕對戰國晚期北方草原地區出現的斯基泰藝術影響的「怪異動物紋樣」進行研究；李零對我國境內出土的有翼神獸進行梳理研究〔註 51〕；對國際動物「獅」「虎」等進行研究、梳理〔註 52〕。史黨社〔註 53〕對秦地域內出土的歐亞草原「動物紋」進行研究。Buker〔註 54〕對歐亞草原地帶「動物紋風格」的銅器、金銀器等進行了收集、整理與研究。羅豐〔註 55〕認為，北方標誌物的動物紋樣牌飾，有相當一部分是中原定居民族生產製造的，並且採用了傳統的泥範工藝；這些製做者有明顯的官方背景。邢義田〔註 56〕對「中原製造」進行了再研究。

1.3 研究方法

1.3.1 區系劃分

　　蘇秉琦先生提出中國考古學文化區系類型理學說〔註 57〕，是一個帶根本

〔註 48〕林澐，從東黑溝出土的有角神獸牌飾談起〔A〕，《鄂爾多斯青銅器國際學術研討會論文集》編輯組，鄂爾多斯青銅器國際學術研討會論文集〔C〕，北京：科學出版社，2009：30～45。

〔註 49〕馬健，黃金製品中所見中亞草原與中國早期文化交流〔J〕，西域研究，2009，3：50～64。

〔註 50〕烏恩，略論怪異動物紋樣及其相關問題〔J〕，故宮博物院院刊，1994，3：27～30。

〔註 51〕李零，論中國的有翼神獸〔A〕，李零，入山與出塞〔M〕，北京：文物出版社，2004，李零，再論中國的有翼神獸〔A〕，李零，入山與出塞〔M〕，北京：文物出版社，2004。

〔註 52〕李零，「國際動物」：中國藝術中的獅虎形象〔A〕，李零，萬變〔M〕，北京：生活·讀書·新知三聯書店，2016：329～387。

〔註 53〕史黨社，從秦地域內出土的歐亞草原「動物紋」看秦與「戎狄」文化的關係〔A〕，《鄂爾多斯青銅器國際學術研討會論文集》編輯組，鄂爾多斯青銅器國際學術研討會論文集〔C〕，北京：科學出版社，2009：717～732。

〔註 54〕EMMA C. BUNKER, Nomadic Art of the Eastern Eurasian Steppes[M], New Haven:Yale University Press, 2003:15~37.

〔註 55〕羅豐，中原製造——關於北方動物紋金屬牌飾〔J〕，文物，2010，3。

〔註 56〕邢義田，再論「中原製造」——歐亞草原古代金屬動物紋飾品的產銷與仿製〔A〕，孟憲實，朱玉麟，探索西域文明——王炳華先生八十華誕祝壽論文集〔C〕，上海：中西書局，2017：44～70。

〔註 57〕蘇秉琦，殷瑋璋，關於考古學文化的區系類型問題〔J〕，文物，1981，5：10～16。

性的學科理論，「區」是塊塊，「系」是條條，類型是分支。考古學文化類型區系類型理論，一方面，著力於各地區文化類型的劃分，淵源、特徵、發展道路、文化關係的分析；另一方面，這是有效探索中華文化起源、中華文明起源和統一多民族國家形成發展的一把鑰匙〔註58〕。

本文研究對象是東周時期青銅器動物紋樣，既要凸顯各地區動物紋樣特色，又要體現不同地區之間的交流與互動；同時，馬承源提到公元前6、7世紀之際，除秦國青銅器稍有新的紋樣變革之外，其他地域出土的青銅禮器在器形和紋樣未出現重大改變〔註59〕，春秋早期列國青銅器地區差別不大。基於青銅器發展過程的共性與個性、發展過程等考量，分區系研究青銅器動物紋樣，是相對可行的選擇。

包括對青銅器在內的東周考古學文化進行區系劃分，主要有以下幾種觀點：

高明在《中原地區東周時代青銅禮器研究》〔註60〕一文中，認為東周時期青銅禮器按照產地大致可以分為中原地區、南方地區、北方地區、山東地區等四個區域，並且指出：「不同區域出土的銅器，無論是造型或花紋，均帶有不同的地方特色。不僅如此，而且有些共同器物和花紋，不同地區或不同時代，彼此也有差異。當然，分區研究並不排除文化發展中的彼此影響和互相聯繫，而且會更具體地說明相互影響的根源和結果」。

李學勤在《東周與秦代文明》一書〔註61〕，對東周各地域性考古文化的研究作了初步總結，將東周列國劃分為中原（三晉兩周）、北方（燕、中山、趙北）、齊魯（含泗上諸小國與宋）、楚（含曾、隨與蔡）、吳越（含南淮夷）、巴蜀滇、秦七個文化圈。

李伯謙在《中國青銅文化的發展階段與分區系統》〔註62〕一文中，將西周後期至春秋末的青銅文化中的中原文化區劃分為周鄭晉衛、齊魯、燕、秦、楚與吳越六個文化亞區。後來又提到「我們回顧一下北邊的、南邊的、西邊的、

〔註58〕蘇秉琦，中國文明起源新探〔M〕，北京：人民出版社，2013：27。
〔註59〕馬承源，中國青銅藝術總論〔A〕，馬承源，中國青銅器研究〔C〕，上海：上海古籍出版社，2002：54。
〔註60〕高明，中原地區東周時代青銅禮器研究〔A〕，高明，高明論著選集〔C〕，北京：科學出版社，2001：158～216。
〔註61〕李學勤，東周與秦代文明〔M〕，北京：文物出版社，1984：11～12。
〔註62〕李伯謙，中國青銅文化的發展階段與分區系統〔J〕，華夏考古，1990，2：88～89。

東邊的、中間的，大體上都會看到，不同的地區在文化面貌上還是有差異。儘管他們統一都叫作周文化，但還是有所不同，其實可以分得更細一點，即使在同一地區之內，如齊和魯也不完全相同。」〔註63〕

朱鳳瀚在《中國青銅器綜論》〔註64〕一書中，將春秋時期的青銅器劃分為六個地區：（1）中原地區，包括周、晉、虢、鄭、應等國；（2）山東地區，包括魯、薛、邾、郳、郜、齊、莒、紀及膠東半島中部；（3）漢水以北、淮水流域及江、淮間地區，包括曾、黃、蔡、許、蔣、鄧等國；（4）漢水流域及長江中游地區和楚國；（5）長江下游地區，包括群舒、皖南、吳國、徐國等；（6）關西地區，包括芮國和秦國；將戰國時期的青銅器劃分為：（1）中原諸國（周、三晉、中山）和（2）中原以外諸國（燕國、渾源李峪村青銅器、齊國、楚國、曾國、秦國）。

彭裕商將春秋、戰國時期的青銅器按照產地劃分為以周晉為中心的北方中原文化區、南方楚文化、東方齊魯文化區、西方秦文化區等四區〔註65〕。

《中國青銅器全集》東周卷和巴蜀卷，是按照國別編纂基礎上的分區研究：第一卷〔註66〕，中原地區，主要有虢、鄭、秦、東周、蔡、黃、陳、許等國；第二卷〔註67〕，包括春秋時期的晉國和韓、趙、魏及其周圍地區青銅器；第三卷〔註68〕，包括齊、魯及周邊小國的齊魯文化圈，燕、中山國的北

〔註63〕李伯謙，檢閱成果 擘劃未來——在「陝西韓城出土芮國文物暨周代封國考古學研究國際學術研討會」閉幕式上的發言〔A〕，陝西省考古研究院，上海博物館，兩周封國論衡〔C〕，上海：上海古籍出版社，2013：2。
〔註64〕朱鳳瀚，中國青銅器綜論〔M〕，上海：上海古籍出版社，2009。
〔註65〕彭裕商，春秋青銅器年代綜合研究〔M〕，北京：中華書局，2011，彭裕商，戰國青銅器年代綜合研究〔M〕，成都：巴蜀書社，2018。
〔註66〕中國青銅器全集編輯委員會，中國青銅器全集·東周1〔M〕，北京：文物出版社，1998，郝本性，虢、鄭、秦、蔡、黃等國青銅器概述〔A〕，中國青銅器全集編輯委員會，中國青銅器全集·東周1〔M〕，北京：文物出版社，1998：1～23。
〔註67〕中國青銅器全集編輯委員會，中國青銅器全集·東周2〔M〕，北京：文物出版社，1995，陶正剛，晉及韓、趙、魏青銅器概述〔A〕，中國青銅器全集編輯委員會，中國青銅器全集·東周2〔M〕，北京：文物出版社，1995：1～32。
〔註68〕中國青銅器全集編輯委員會，中國青銅器全集·東周3〔M〕，北京：文物出版社，1997，杜迺松，東周時代齊、魯、燕、中山國青銅器研究〔A〕，中國青銅器全集編輯委員會，中國青銅器全集·東周3〔M〕，北京：文物出版社，1997：1～35。

方文化圈；第四卷〔註69〕，長江中游地區的楚及曾國青銅器；第五卷〔註70〕，長江中下游及其以南廣大地區，包括吳、越、徐等國以及群舒、百越等。第十三卷〔註71〕，巴蜀地區，包括商周時期巴、蜀。

　　本文主要研究大中原地區，即華夏文明圈的動物紋樣，北方系等具有特殊性，且已有比較充分的研究，本文暫不涉及。綜合區系劃分情況，本文將東周時期動物造型分為晉系、秦系、齊魯系、楚系、燕代系、徐舒系、吳越系、巴蜀系。「系」是在分區基礎上，綜合其文化特徵而劃分的；與之前學者使用的「楚系青銅器」〔註72〕、「晉系墓葬」〔註73〕等「系」的概念基本一致。

　　如晉系動物紋樣指的是晉文化系統內具有晉文化特徵的動物紋樣；從區域來講，不僅包括春秋時期晉國和戰國時期的韓、趙、魏，還包括周、虢、鄭、衛等國；文化方面限制在具有晉文化特徵；晉系動物紋樣比晉國動物紋範圍要大，那些具有晉文化特徵的他國動物紋樣亦屬於晉系動物紋樣之列，這部分內容歸入與列國的交流與互動。

1.3.2　類型學

　　本文以東周青銅器動物紋樣為研究對象，屬於美術考古學範疇，其表現形式有立體、平面等形式。《中國大百科全書·考古學》編撰者夏鼐、王仲殊指出：「考古學和古代美術史，往往有共同的資料……考古學上的類型學和年代學等方法，也適用於古代美術史的研究」〔註74〕。

　　俞偉超也強調，「人類製造的物品，只要有一定的形體，都可以用類型學

〔註69〕中國青銅器全集編輯委員會，中國青銅器全集·東周 4〔M〕，北京：文物出版社，1998，熊傳薪，楚、曾諸侯國的青銅藝術〔A〕，中國青銅器全集編輯委員會，中國青銅器全集·東周4〔M〕，北京：文物出版社，1998：1～32。

〔註70〕中國青銅器全集編輯委員會，中國青銅器全集·東周 5〔M〕，北京：文物出版社，1997，李國樑，吳、越、徐青銅器概述〔A〕，中國青銅器全集編輯委員會，中國青銅器全集·東周 5〔M〕，北京：文物出版社，1997：1～29。

〔註71〕中國青銅器全集編輯委員會，中國青銅器全集·巴蜀〔M〕，北京：文物出版社，1994，趙殿增，巴蜀青銅器概論〔A〕，中國青銅器全集編輯委員會，中國青銅器全集·巴蜀〔M〕，北京：文物出版社，1994：1～31。

〔註72〕劉彬徽，楚系青銅器研究〔M〕，武漢：湖北教育出版社，1995：5～6。

〔註73〕宋玲平，晉系墓葬制度研究〔M〕，北京：科學出版社，2007：2。

〔註74〕考古學編輯委員會，中國大百科全書·考古學，北京：中國大百科全書出版社，1986。

方法來探索其形態變化過程」〔註75〕，這當然包括紋飾、圖像和造型在內。但紋飾和圖像的複雜程度遠高於一般器物，在實際操作中會遇到許多困難。例如，我們在研究陶器時，可以從陶質、陶色、製做方法、器形、裝飾等方面入手進行分類，但紋飾、圖像和造型則涉及更多的因素，僅就風格而言，材料、技術、傳統、作者等因素，都會對圖像風格產生作用〔註76〕。

　　（德）雷德侯提出的「模件化」概念很好的解決了這一問題。他在《萬物——中國藝術中的模件化和規模化生產》〔註77〕一書中提出：有史以來，中國人創造了數量龐大的藝術品，這之所以能夠實現，是因為中國人發明了以標準化的零件組裝物品的生產體系；並就古代中國的青銅器、兵馬俑、漆器、瓷器、建築、印刷和繪畫的創作加工，對模件體系進行考察，探討這些領域的技術進步與歷史演變，以及模件體系對於特定的製造者和社會整體的意義。作者提出的「模件化」對理解、認識和研究青銅器、玉器、漆器的紋飾和圖像，尤其是紋飾和圖像中的動物，具有重要理論意義。

　　與之相呼應，拉夫爾·沃納姆用音樂與裝飾類比，闡述了他的裝飾思想〔註78〕：

　　「我相信音樂和裝飾之間完全可以進行類比。裝飾之對於眼睛猶如音樂之對於耳朵，這一點不久將得到有力的證明。」

　　「裝飾的第一原理好像是重複，……一系列間隔相等的細節，如裝飾線條的重複。這與音樂中的旋律相對照……兩者同出一源，那就是節奏……」

　　「音樂的第二步是和絃，即幾個不同音程的音或旋律的同時發響。在裝飾藝術中也有相應的和絃：每一種正確的裝飾設計都是一種組合，或形式規則的延續……。和絃出現在音樂的第一對位中，也出現在裝飾的勻稱對比中。」

　　歐文·瓊斯《裝飾基本原理》一書中說：「美的實質是一種平靜的感覺，當視覺、理智和感情的各種欲望都得到滿足時，心靈就能感受到這種平靜。」作者進一步認為：「各種裝飾圖案之所以成功，其秘訣就在於重複幾個簡單的

〔註75〕俞偉超，關於「考古類型學」的問題〔A〕，俞偉超，考古學是什麼——俞偉超考古學理論文選〔M〕，北京：中國社會科學出版社，1996：63。
〔註76〕鄭岩，魏晉南北朝壁畫墓研究〔D〕，中國社會科學院研究生院，2001：8。
〔註77〕（德）雷德侯，萬物——中國藝術中的模件化和規模化生產〔M〕，張總，黨晟，北京：生活·讀書·新知三聯書店，2012。
〔註78〕（英）E.H.貢布里希，秩序感——裝飾藝術的心理學研究〔M〕，楊思梁，徐一維，杭州：浙江攝影出版社，1987：87。

成分，組成更大的圖形。」〔註79〕

　　從技術角度講，春秋以後發明了紋飾範拚兌技術〔註80〕：紋飾範原於紋飾模，這種紋飾模面一般不根據器物的幾何形狀設計，而多是設計成方形、長方形、矩形等固定的形狀供許多銅器通用；這種紋飾模只製做一個小面積的完整紋飾單元，在這個單元紋飾模上可用泥料複製出許許多多尺寸相同、紋飾亦同的單元紋飾範；翻製器物範時，將這些提前製做好的單元紋飾範拚兌好擺放在器物模上，加入泥料，將這些紋飾範一起夯成整體範。

　　具體到紋飾、圖像的最小單元來講，（美）弗朗茲‧博厄斯在《原始藝術》一書中認為：「自古至今，一切民族的藝術品中均可看到多種特徵，其中之一即是對稱。即使在最簡單的裝飾藝術的造型裏，也可以看到對稱的形態」〔註81〕，「另外一種情況是，圖案對稱的兩邊互為顛倒，原在右上側的圖案變到左下側，但這種排列並不普遍。」〔註82〕對稱和顛倒兩種圖案構圖方式在東周動物紋飾、圖像中有很好的體現。

　　而動物造型作為藝術形式之一種，則相對複雜。有淺浮雕、立體等形式，但一部分器物存在平面與淺浮雕、立體等形式存在某種程度上的相通性。如梁帶村 M26 仲姜壺耳飾（圖 1-1：1），與天馬曲村 M8「晉侯壺」耳相似，楊式昭稱之為「獸首長鼻龍首套環耳」〔註83〕，「獸首耳獸面的卷鼻上延伸出如象般上揚的長鼻」；李朝遠稱作「雙龍套環耳」。如果和梁帶村 M27：1001 銅壺〔註84〕（圖 1-1：2）對比發現，兩者具有簡化和繁化的關係，再對比梁帶村 M26 銅方簠腹部長鼻龍紋（圖 1-1：3），就更清晰，三者描摹的都應是長鼻龍。

〔註79〕（英）E.H.貢布里希，秩序感──裝飾藝術的心理學研究，楊思梁，徐一維，杭州：浙江攝影出版社，1987：94～95。

〔註80〕董亞巍，周衛榮，馬俊才，萬全文，王昌燧，商周銅器紋飾技術的三個發展歷程〔J〕，中國歷史文物，2007，1：83～88。

〔註81〕（美）弗朗茲‧博厄斯，原始藝術〔M〕，金輝，上海：上海文藝出版社，1989：23。

〔註82〕（美）弗朗茲‧博厄斯，原始藝術〔M〕，金輝，上海：上海文藝出版社，1989：29。

〔註83〕楊式昭，春秋方壺上的立體飾件研究〔M〕，臺北：國立（臺北）歷史博物館，2016：16。

〔註84〕上海博物館，陝西省考古研究院，金玉華年：陝西韓城出土周代芮國文物珍品〔M〕，上海：上海書畫出版，2012：236。

圖 1-1　梁帶村立體長鼻龍紋與平面長鼻龍紋

1.梁帶村 M26 仲姜壺　2.梁帶村 M27 銅壺　3.梁帶村 M26 銅方簠

　　正是由於紋飾和圖像的「模件化」、「重複」、「和絃」等特性，以及紋飾、圖像和造型規律特點，本文在複雜紋飾和圖像的處理上採用「解析法」（Analysis）。關於此方法，Georage W・Weber，JR.在《The ornaments of late Chou bronzes: A Method of Analysis》一書〔註85〕中對數件典型青銅器（Primary Object）紋飾進行解析（圖 1-2），然後對與之青銅器紋飾相同或相似（Related Object）的西方館藏銅器進行分析，並對相關青銅器的年代、鑄造、產地等問題進行分析。

圖 1-2　《The ornaments of late Chou bronzes: A Method of Analysis》
　　　　插圖（第 82 頁）

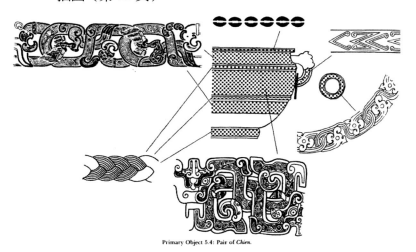

Primary Object 5.4: Pair of *Chien.*

〔註85〕Georage W, Weber, JR., The ornaments of late Chou bronzes:A Method of Analysis[M], New Jersey: Rutgers University, 1973: 82.

「解析法」並不是所有紋飾都採用，而是針對青銅器紋飾繁縟、大量重複的情況下，用「解析法」把紋飾分解到最小單元，根據對稱、顛倒、平面與立體部分相通等規律，解析成類型學研究的基礎。而對於那些動物紋飾裝飾簡單，或者數量較少、構不成類型學序列的情況下，對考古發現材料全面收集、列舉。對動物紋樣的型式研究，按照紋樣的特徵為原則，參以器物所屬的時代作為排比同類紋飾的前後發展脈絡。

1.3.3　文化因素分析法

文化因素分析方法的產生可以追溯到 20 世紀 30 年代，最終成為考古學的一門方法論是 20 世紀 80 年代，以俞偉超〔註 86〕和李伯謙〔註 87〕對其總結為形成標誌。

文化因素分析法，是考古學文化研究發展到一定程度的必然產物，它以類型學研究為前提，其方法論的核心是比較研究，即對於考古學文化內部的遺存（遺址、遺跡或某類器物）進行詳細分解的基礎上同其他文化進行比較，以瞭解考古學文化或是某個考古遺存的文化因素構成情況，對於文化性質、演變、源流的考證、文化之間的交流、文化區系類型及其中心區的確定等都有重要的作用〔註 88〕。

「文化因素分析法」不僅可用於早期「考古學文化」的研究，對歷史時期的考古學遺存或文化事象的解構性研究同樣有著重要作用，如對跨時代、跨民族、跨區域、跨國家的考古遺存的研究，利用「文化因素分析法」可以較為清晰地解讀同一考古文化事象中不同因素在時間上的傳承與創新關係、不同民族或地區的文化傳播關係、文化互動關係以及文化融合關係〔註 89〕。

〔註 86〕俞偉超，楚文化的研究與文化因素的分析〔A〕，俞偉超，考古學是什麼——俞偉超考古學理論文選〔M〕，北京：中國社會科學出版社，1996：119～132。

〔註 87〕李伯謙，文化因素分析與晉文化研究——1985 年在晉文化研究座談會上的發言〔A〕，李伯謙，中國青銅文化結構體系研究，北京：科學出版社，1998，李伯謙，論文化因素分析方法〔A〕，李伯謙，中國青銅文化結構體系研究〔M〕，北京：科學出版社，1998：294～299。

〔註 88〕索德浩，文化因素分析方法與歷史時期考古學〔J〕，華夏考古，2014，1：134。

〔註 89〕賀雲翔，具有解構思維特徵的「文化因素分析法」——考古學者的「利器」之四〔J〕，大眾考古，2013，5：26～28。

1.3.4 風格分析法

羅越（Max Loehr，1903～1988）關於中國青銅器研究中的風格分析的論述，則具有方法論的意義。

1953 年羅越發表的《安陽時期的青銅器風格》，在中研院在安陽發掘資料未全面刊布，國內建國伊始，一些重要商周青銅器還未被發掘的情況下，提出了商周青銅器的 I - V 式風格，被後來的偃師二里頭文化、鄭州二里崗文化、安陽婦好墓等考古發現所證實〔註 90〕。

關於風格分析方法，主要有以下幾點：

1.風格是器物的綜合。「關於裝飾風格的調查，不能僅以紋飾題材為基礎，而必須要考慮器物的整體效果。這一效果取決於下列因素：器物的形狀、裝飾（包括紋飾題材、紋飾題材的形式和這些紋飾題材的布排），以及技術特徵。然而，一種風格一經辨出，即使一個殘片或者細節（作為有機整體的一部分）也應足以揭示其位置」〔註 91〕。

2.風格源於比較。「風格不是在孤立的考量下單件物品的一個屬性。它是討論一件物品與其他物品之關係的一種方式。它之所以後來被想成是物品的一個屬性，僅僅是因為我們所作的比較在太多的時候都是無意識和不自覺的」。「比較也是研究藝術創造所必需的，因為這是藝術家創作過程的內在方式：藝術家所創造的，是他對其所知道的作出的反應。風格與藝術史研究不可分離，因為若沒有比較，就不會有藝術發明的連貫歷史」〔註 92〕。

3.風格是藝術家與資助人（社會需要）共同作用的結果。「形式和風格的變化……不是自動發生的……它們的先決條件是對其負責的大師要有對設計細節的強烈關懷，無論他被稱為工匠還是藝術家。而且，器物形態『演化』中明顯可見的邏輯表明，在傳統之中——作坊的技術和模範傳統——藝術家有純粹基於形式而做出變化的自由。」「資助人的作用有些像自然選擇，決定藝術家提供的變化有哪些可以留下並加以推廣」〔註 93〕。

〔註 90〕 繆哲，羅越與中國青銅器研究〔J〕，讀書，2010，11：130～131。

〔註 91〕 羅伯特·貝格利，王海城譯，羅越與中國青銅器研究——藝術史中的風格與分類〔D〕，杭州：浙江大學出版社，2019：74。

〔註 92〕 羅伯特·貝格利，王海城譯，羅越與中國青銅器研究——藝術史中的風格與分類〔D〕，杭州：浙江大學出版社，2019：141～142。

〔註 93〕 羅伯特·貝格利，王海城譯，羅越與中國青銅器研究——藝術史中的風格與分類〔D〕，杭州：浙江大學出版社，2019：109、135。

1.4　研究目的

　　東周時期處於西周時期青銅器面貌較為一致、西漢武帝時期再次統一的中間過程，對東周青銅器和區域文化的研究過於強調「分」的一面，忽視了「合」的一面，忽視了在分歧性因素發展的同時，統一性因素也在孕育和生長，對溝通西周和秦漢有負面影響〔註94〕。

　　動物紋樣作為一種普遍性的裝飾藝術，易於縱向和橫向比較，對揭示區域性特徵、區域間交流與互動，進而探究春秋戰國時期由分裂走向統一的文化趨勢有重要意義。

　　東周時期是中國古代社會大轉型時期，即蘇秉琦所說的從方國到帝國轉化階段，這是蘇秉琦在 20 世紀 90 年代提出中國古代國家起源問題為古國、方國、帝國發展階段「三部曲」〔註95〕之重要一階段；青銅器動物紋樣的發展變化，對觀察從方國到帝國轉化階段具有重要意義。

〔註94〕路國權，南北二系：試論東周時期銅匜的分類和譜系〔J〕，考古與文物，2018，
　　　　4：76。

〔註95〕蘇秉琦，國家起源與民族文化傳統（提綱）〔A〕，蘇秉琦，華人·龍的傳人·
　　　　中國人——考古尋根記〔M〕，瀋陽：遼寧大學出版社，1994：132。

第二章　東周青銅器動物紋樣形態學研究

2.1　晉系青銅器動物紋樣

　　晉文化區主要包括春秋時期晉、虢、鄭、芮以及戰國時期韓、趙、魏及東周、西周等國。

　　西周初年，周成王滅唐，「封叔虞於唐」〔註1〕，稱為唐公，其子燮父以堯墟南有晉水，改稱晉侯，開創了晉國的歷史。《史記晉‧世家》又載：「唐在河汾之東，方百里」。據《左傳》云叔虞「封於夏虛」，即表明晉國初年位於黃河、汾河之東，這裡曾是夏統治區。

　　根據考古資料，晉國的始封地在今霍山以南，絳山以北，東至翼城，西至黃河，方圓百里的範圍內。這個範圍內已知的大型西周遺址有洪洞坊堆、崇山（塔兒山）南麓的天馬——曲村、翼城葦溝——北壽城、翔山北坡下的故城等。在曲沃曲村被盜的晉侯墓地的搶救性發掘中，僅從劫後殘餘的銅器銘文上，可辨者有三位晉侯：晉厲侯、晉獻侯、晉文侯，還由此證實了曲沃曲村一帶即為早期晉都「唐」的所在地〔註2〕。

　　隨著周平王的東遷，歷史進入東周時期。此時期周王室衰微，不再有控制諸侯的力量。晉侯在國內舉賢授能，對於胥、籍、狐、欒、先諸家族，委以重任，

〔註1〕　（漢）司馬遷，史記‧晉世家〔M〕，北京：中華書局，1963：1635。
〔註2〕　劉緒，天馬曲村遺址晉侯墓地及其相關問題〔A〕，山西省考古研究所，三晉考古（第一輯）〔C〕，太原：山西省考古研究所，1994。

又聘用姬姓優秀人才執掌宮廷職務，進行政治上的改良；對外聯合中原各國，遏制戎狄和荊楚，兼併土地。因此晉國很快出現「政平民阜，財用不匱」的局面，奠定了晉國稱霸的基礎。晉昭侯元年別封文侯弟成師（桓叔）於曲沃，自此曲沃逐漸強大。繼而曲沃獻公取代晉侯入主晉都，擴充軍隊，先後吞併霍、魏、耿、虢、虞諸小國，打敗赤狄，建立春秋霸業。至晉景公遷都新田，晉悼公向北擴張到霍山以北之時，即晉國中晚期，它已擁有今山西中部、南部和河南、陝西、河北的大片河山，雄踞中原，成為與齊、楚、秦並列的四大強國之一。

虢國是西周初年的諸侯封國，虢仲、虢叔為周文王的同母兄弟。他們分別受封為東西二虢，東虢在今河南榮陽東，西虢在今陝西寶雞東。周平王四年（公元前 767 年），東虢被鄭國所滅，西虢原地有小虢，公元前 687 年為秦所滅。

西虢東遷於今河南三門峽所在地，此乃平陸——陝縣之虢，並於公元前 655 年被晉所滅。關於三門峽虢國建立的時代，主要有西周晚期說、兩周之際說和春秋初期說三種觀點。

三門峽虢國墓地有兩次重大發現：第一次是 1956 年至 1957 年，黃河水庫考古隊發掘二百三十四座墓葬，其最高等級墓為虢太子墓〔註3〕；第二次是 1990 年至 1992 年，河南省文物考古研究所與三門峽市文物工作隊，發掘墓葬七座，車馬坑多座，出土青銅器 7000 餘件，其中 M2001 出「虢季」銘的銅器，M2009 出「虢仲」銘的銅器〔註4〕。

鄭國始封君桓公為周厲王少子、宣王庶弟，宣王二十二年（公元前 806 年）封於鄭，該地名棫林，據學者考察，在今陝西鳳翔境內。西周末年，桓公與幽王被犬戎所殺，其子武公帶兵護送周平王東遷洛邑，趁勢滅亡了東虢與鄶國，在今河南新鄭一帶建立新國。

1923 年，新鄭李氏園鄭公大墓出土文物百餘件，遂以「新鄭彝器」而揚名於世。新鄭鄭公大墓青銅器，是春秋中期具有代表性的承前啟後的器群，它的出土，使人們對中原文化的認識超越了傳統金石學和古代文獻的束縛，為新生的中國現代考古學走向實證、系統、區化研究提供了可信的田野資料〔註5〕。

春秋晚期，社會發生大變革、大動盪。晉國六卿韓、趙、魏、知伯、范和

〔註3〕中國科學院考古研究所，上村嶺虢國墓地〔M〕，北京：科學出版社，1959。
〔註4〕河南省文物考古研究所，三門峽市文物工作隊，三門峽虢國墓（第一卷）〔M〕，北京：文物出版社，1999。
〔註5〕張文軍，鄭公大墓青銅器・序言〔A〕，河南博物院，臺北國立歷史博物館，鄭公大墓青銅器〔M〕，鄭州：大象出版社，2001。

中行，在相互兼併中擴張勢力，逐步取代晉侯。韓、趙、魏分晉自立，晉君地位下降，成為三國的附庸。公元前四〇三年，韓、趙、魏迫使周天子承認他們列為諸侯，公元前三六九年晉桓公為韓國所殺，名存實亡的晉國終歸滅亡，中原地區步入韓、趙、魏三國統治的三晉時期。

戰國中期，韓、趙、魏三國的疆域進一步擴大。趙武靈王「胡服騎射」開拓北疆，直達今山西北部和內蒙古呼和浩特一帶，使趙的版圖延伸至今陝西東北部，山西的中部，河北南部，兼有河南的北端以及山東的西部地區。魏在戰國中期受到秦向東擴張壓力被迫放棄黃河以西，其疆域在今陝西的韓城南部和渭河之濱的華陰一帶，山西的西南部，河南的北部，兼有黃河以南部分沿河地區，以及河北的大名、廣平間，山東的冠縣等地。韓國疆域則有今山西東南部，河南中部，環處於周的東、北、南三面，西和秦、魏交界，南與楚分野。

可以看出，韓、趙、魏三晉雖然是晉國分立而成，但其版圖比春秋時期的晉國大大向外擴張了，成為名副其實的中原大國。

圖 2-1　東周時期晉（春秋）韓趙魏（戰國）與虢、鄭青銅文化分布圖

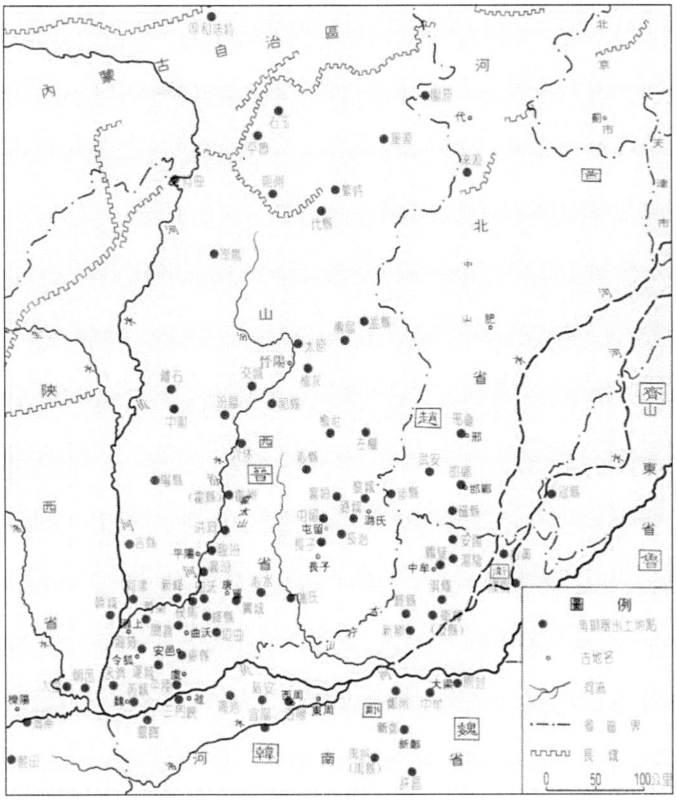

2.1.1 龍

2.1.1.1 瓶角龍

角呈瓶形。梁帶村 M26：158 龍耳盤，腹部兩側設置龍形耳，頭頂設一對瓶狀角，龍弓背，背部有一條凸形扉棱，「C」形爪屈曲（圖 2-2：1、2）。M27：1245 鏤空龍紋方形金飾〔註 6〕，兩角對稱各飾一卷體龍紋，兩龍首尾相連，龍首部分特徵比較明顯的是角呈瓶形（圖 2-2：3、4）。

圖 2-2　晉系瓶角龍一

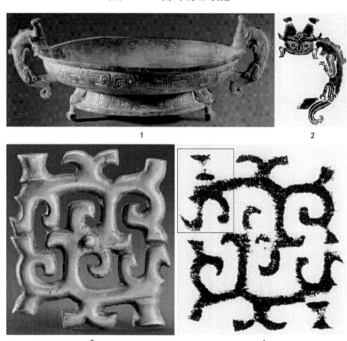

1、2.梁帶村 M26：158 龍耳盤、龍耳　3、4.梁帶村 M27 鏤空龍紋方形金飾

1972 長治分水嶺 270：18 獸形弦紋盉〔註 7〕（圖 2-3：1），三個獸蹄足，流作獸形，提梁作龍形，呈探首卷尾俯伏狀，龍瓶角。侯馬鑄銅遺址 HP Ⅱ：020 陶模〔註 8〕（鐘鉦部模）（圖 2-3：2），一龍雙身，身份左右向下蟠曲呈 C 形、填雲紋，龍吻上卷，角短而平齊，應是瓶角。

〔註 6〕上海博物館，陝西省考古研究院，金玉華年：陝西韓城出土周代芮國文物珍品〔M〕，上海：上海書畫出版社，2012：166。

〔註 7〕山西省文物工作委員會晉東南工作組，山西省長治市博物館，長治分水嶺 269、270 號東周墓〔J〕，考古學報，1974，2：76～77。

〔註 8〕山西省考古研究所，侯馬鑄銅遺址〔M〕，北京：文物出版社，1993：240～242。

圖 2-3　晉系瓶角龍二

1.長治分水嶺墓 270 銅盉　2.侯馬鑄銅遺址 HPⅡ：020 陶鐘鉦模

　　梁帶村 M26、M27 的年代為春秋早期前段；長治分水嶺 M270 的年代，朱鳳瀚〔註9〕、趙化成〔註10〕均定為春秋晚期；侯馬鑄銅遺址 HPⅡ：020 陶模與ⅡT81H126：65 陶鉦模相同，而 T81H126 的為晚期Ⅴ段〔註11〕，約為戰國早期偏早階段。

2.1.1.2　螺角龍

　　臺北歷史博物館藏新鄭李家樓出土蟠螭紋圓壺〔註12〕（圖 2-4：1），垂腹，器身飾弦紋、蟠螭紋，附兩龍形耳，龍螺角。1996 年新鄭金城路出土交龍紋壺〔註13〕（圖 2-4：2），頸部有龍耳銜環，蓋上飾蟠蛇紋，腹上部飾波曲紋，腹下部飾淺浮雕交龍紋，龍首螺角。

　　梁帶村 M26 仲姜簋〔註14〕（圖 2-4：5），附兩龍形耳，耳螺角。故宮博物院藏鄭義伯銅罍〔註15〕（圖 2-4：6），附龍形耳，耳螺角；器飾竊曲紋、鱗紋、

〔註9〕朱鳳瀚，中國青銅器綜論〔M〕，上海：上海古籍出版社，2009：1618，1651。

〔註10〕趙化成，周代棺槨多重制度研究〔A〕，北京大學國學研究院，國學研究・第五卷〔C〕，北京：北京大學出版社，1998：39。

〔註11〕山西省考古研究所，侯馬鑄銅遺址〔M〕，北京：文物出版社，1993：443～444。

〔註12〕河南博物院，臺北國立歷史博物館，鄭公大墓青銅器〔M〕，鄭州：大象出版社，2001：118。

〔註13〕中國青銅器全集編輯委員會，中國青銅器全集・東周 1〔M〕，北京：文物出版社，1998：24。

〔註14〕上海博物館，陝西省考古研究院，金玉華年：陝西韓城出土周代芮國文物珍品〔M〕，上海：上海書畫出版，2012：188～189。

〔註15〕故宮博物院，故宮青銅器〔M〕，北京：紫禁城出版社，1999：230。

瓦紋，銘文「鄭義伯作尊⋯⋯」。聞喜上郭村 76M4 龍耳盤〔註16〕（圖 2-4：
3）、匜，均置有龍形耳，龍為螺角。新鄭金城路龍耳弦紋銅鑒〔註17〕（圖 2-
4：4），龍螺角。

圖 2-4　晉系螺角龍

1.鄭李家樓出土蟠螭紋圓壺　2.新鄭金城路交龍紋壺　3.聞喜上郭村 76M4 龍耳盤
4.新鄭金城路龍耳銅鑒　5.梁帶村 M26 仲姜簋　6.故宮博物院藏鄭義伯銅罍

　　梁帶村 M26 仲姜簋、鄭義伯罍、聞喜上郭村 76M4 盤、匜的年代為春秋
早期，新鄭金城路鄭韓故城祭祀遺址出土交龍紋壺、盆與新鄭李家樓圓壺的年
代為春秋中期。

〔註16〕山西省考古研究所，1976 年聞喜上郭村周代墓葬清理記〔A〕，山西省考古學
　　　　會，山西省考古研究所，三晉考古（第一輯）〔C〕，太原：山西人民出版社，
　　　　1994：123～138，中國青銅器全集編輯委員會，中國青銅器全集‧東周 2〔M〕，
　　　　北京：文物出版社，1995：79。
〔註17〕河南博物院，臺北國立歷史博物館，鄭公大墓青銅器〔M〕，鄭州：大象出版
　　　　社，2001：178。

2.1.1.3 「L」形角龍

　　三門峽 M2001：90 號虢季方壺〔註18〕（圖 2-5：1），頸部附一對長鼻龍首耳，龍「L」形角。上海博物館藏子仲姜盤〔註19〕（圖 2-5：4），淺腹圈足，圈足下置三頭立體爬行虎，腹兩側設附耳，前後各設立體的「L」形角龍（圖 2-5：5），龍首聳出盤邊，曲體卷尾，攀緣於腹的外壁，作探水狀。銘文記載大師為其夫人子仲姜作此盥洗用的盤，大師是春秋早期晉侯的屬官，盤中的鳥形和晉器上的鳥形相同，可定為晉器。

　　新鄭鄭公大墓出土多件龍紋曲耳鼎〔註20〕（圖 2-5：2），分藏故宮博物院、臺北故宮博物院、河南省博物院，腹間附兩環鈕（圖 2-5：3），過去一直認為是牛首，從形制看應是龍耳，「L」形角。

圖 2-5　晉系「L」形角龍

1.三門峽 M2001 號虢季方壺　2、3.新鄭鄭公大墓龍紋曲耳鼎　4、5.上海博物館子仲姜盤

〔註18〕中國青銅器全集編輯委員會，中國青銅器全集‧東周 1〔M〕，北京：文物出版社，1998：10，河南省文物考古研究所，三門峽市文物工作隊，三門峽虢國墓（第一卷）〔M〕，北京：文物出版社，1999：62～63。

〔註19〕陳佩芬，夏商周青銅器研究‧東周篇上〔M〕，上海：上海古籍出版社，2004：82～85。

〔註20〕河南博物院，臺北國立歷史博物館，鄭公大墓青銅器〔M〕，鄭州：大象出版社，2001：58。

2.1.1.4 「Y」形角龍

根據「Y」形角龍吻的長短可分為短吻「Y」形角和長吻「Y」形角兩型。

「Y」形角短吻龍

根據「Y」形角短吻龍角的簡單與繁縟、角端特徵等，可分為兩式：

Ⅰ式

立體「Y」形角短吻龍　龍角簡單。

曲沃北趙晉侯墓地 M93 竊曲紋簋〔註21〕（圖2-6：1），通體飾竊曲紋和瓦紋，簋耳為「Y」形角（圖2-6：2），裝飾簡單；墓主為第九代晉侯文侯仇，與鄭文公、秦襄公合力護送周平王東遷。侯馬上馬墓地 M4078：6 龍紋匜〔註22〕（圖2-6：3），流沿下飾 S 形雙頭龍紋，腹部飾瓦紋，鋬為龍形，龍角為「Y」形。聞喜上郭村龍紋鑑〔註23〕（圖2-6：4），上腹飾 S 形龍紋，下腹飾竊曲紋，上腹置一龍形耳，龍角為「Y」形。

圖2-6　晉系立體Ⅰ式「Y」形角短吻龍

1、2.曲沃北趙晉侯墓 M93 竊曲紋簋、龍耳　3.侯馬
上馬墓地 M4078 龍紋匜　4.聞喜上郭村龍紋鑑

〔註21〕山西博物院，山西博物院珍粹〔M〕，太原：山西人民出版社，2005：37。

〔註22〕山西省考古研究所，上馬墓地〔M〕，北京：文物出版社，1994：66，68，中國青銅器全集編輯委員會，中國青銅器全集‧東周 2〔M〕，北京：文物出版社，1995：90。

〔註23〕中國青銅器全集編輯委員會，中國青銅器全集‧東周 2〔M〕，北京：文物出版社，1995：113。

平面「Y」形角短吻龍　一端上揚。

梁帶村 M26：157 龍紋盉〔註24〕，盉身飾連體吐舌龍紋、雙龍首對視，盉後有龍首吐舌半環形的器鋬，盉身龍角飾和器鋬龍角飾，均為「Y」形（圖2-7：1、2）。梁帶村 M26：147 芮太子鬲，腹部飾「Y」角卷龍紋，口沿下飾一周竊曲紋（圖2-7：3、4）。「Y」形角一端上揚。

圖2-7　晉系平面Ⅰ式「Y」形角短吻龍

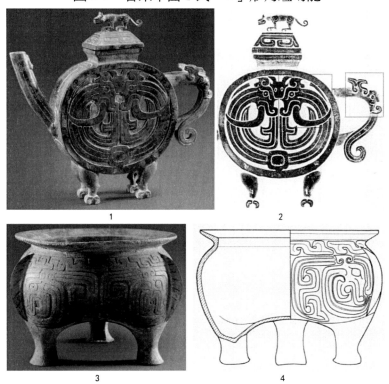

1、2.梁帶村 M26 龍紋盉　3、4.梁帶村 M26 芮太子鬲

Ⅱ式

立體「Y」形角短吻龍　龍角繁縟。

侯馬上馬墓地 M13 蟠龍紋方壺〔註25〕（圖2-8：1），杯形蓋，飾有相互糾纏的蟠蛇紋，下腹飾一周 S 形龍紋，壺頸部兩側設龍耳銜環，龍角裝飾繁縟華

〔註24〕上海博物館，陝西省考古研究院，金玉華年：陝西韓城出土周代芮國文物珍品〔M〕，上海：上海書畫出版，2012：202～203。

〔註25〕山西省考古研究所，上馬墓地〔M〕，北京：文物出版社，1994：500～501，中國青銅器全集編輯委員會，中國青銅器全集‧東周 2〔M〕，北京：文物出版社，1995：55。

麗，龍身「C」形。故宮博物院藏新鄭李家樓出土蓮鶴方壺〔註26〕（圖2-8：2），
壺頸部設兩龍形耳，龍顧首，龍「Y」形角，裝飾繁縟。侯馬上馬墓地M13銅鑒
〔註27〕（圖2-8：3、4），口沿下飾勾連竊曲紋、蟠龍紋和三角紋，肩設四龍耳銜
環，「Y」形龍角上飾圓渦。太原金勝村夔鳳紋罍〔註28〕（圖2-9：1），罍頸、肩
飾夔鳳紋、夔龍紋帶，罍肩部設兩龍耳銜環（圖2-9：2），「Y」形龍角繁縟，上
飾圓渦紋、細線紋。美國弗利爾美術館藏狩獵紋鑒〔註29〕（圖2-9：3），頸和下
腹飾狩獵紋帶，鑒內壁飾鳥紋、龜紋等，頸腹部附有對稱的龍耳銜環，「Y」形龍
角上飾圓渦。輝縣琉璃閣銅龍紋鑒〔註30〕（圖2-9：4），頸飾鱗紋，腹為細密的
蟠龍紋，腰中部飾浮雕蟠蛇紋帶，龍形附耳，為裝飾繁縟的「Y」角龍。

圖2-8　晉系立體II式「Y」形角短吻龍一

1.侯馬上馬墓地M13蟠龍紋方壺　2.新鄭李家樓出土蓮鶴方壺
3、4.侯馬上馬墓地M13銅鑒

〔註26〕中國青銅器全集編輯委員會，中國青銅器全集・東周1〔M〕，北京：文物出
　　　　版社，1998：22。
〔註27〕山西省考古研究所，上馬墓地〔M〕，北京：文物出版社，1994：495，500，
　　　　中國青銅器全集編輯委員會，中國青銅器全集・東周2〔M〕，北京：文物出
　　　　版社，1995：85。
〔註28〕中國青銅器全集編輯委員會，中國青銅器全集・東周2〔M〕，北京：文物出
　　　　版社，1995：44～45，山西省考古研究所，太原晉國趙卿墓〔M〕，北京：文
　　　　物出版社，1996：57，64～66。
〔註29〕中國青銅器全集編輯委員會，中國青銅器全集・東周2〔M〕，北京：文物出
　　　　版社，1995：87。
〔註30〕中國青銅器全集編輯委員會，中國青銅器全集・東周2〔M〕，北京：文物出
　　　　版社，1995：166。

圖 2-9　晉系立體 II 式「Y」形角短吻龍二

1、2.太原金勝村夔鳳紋罍、龍形耳　3.弗利爾美術館藏狩獵紋鑒
4.輝縣琉璃閣銅龍紋鑒

平面「Y」形角短吻龍　角兩端近平。

首陽齋藏子范鬲〔註31〕（圖 2-10），鬲腹部飾龍紋，此龍紋以寬線條構成，略帶方折，兩個龍紋組成一個單元，短吻上卷，龍體捲曲，龍皆「Y」形角；口沿鑄有銘文「子范乍（作）寶鬲」，據《左傳》、《史記》，晉文公之舅狐偃，其字為子范，臺北故宮博物院藏子范編鐘〔註32〕，記載子范一生中曾輔佐晉文公返晉復國、城濮之戰、踐土之盟等三件大事。

圖 2-10　晉系平面 II 式「Y」形角短吻龍（首陽齋藏子范鬲）

〔註31〕首陽齋，上海博物館，香港中文大學文物館，首陽吉金——胡盈瑩、范季融藏中國古代青銅器〔M〕，上海：上海古籍出版社，2008：144～145。

〔註32〕張光遠，春秋晉文公稱霸「子范編鐘」初釋〔J〕，故宮文物月刊，13 卷 1 期（總 145）：4。

「Y」形角長吻龍

梁帶村 M26 仲姜壺〔註33〕（圖 2-11：1），頸部附一對長鼻龍，角為「Y」形，似桃心，長鼻部分亦裝飾成龍形。

三門峽虢國墓地 M2001：69 號季鬲〔註34〕（圖 2-11：3），鬲腹部飾長鼻龍紋，龍「Y」形角，一角端為尖（圖 2-11：2）。聞喜上郭村董矩方甗〔註35〕（圖 2-11：4），甑、鬲分體，甑的腹面上飾龍紋，中間部分為「Y」形角長鼻龍，「Y」形角頂端近平，兩側內卷；甑內壁鑄有銘文，應是董國的用器，董國在今山西聞喜境內，後被晉國所滅。

圖 2-11　晉系「Y」形角長吻龍

1.梁帶村 M26 仲姜壺　2、3.三門峽虢國墓地 M2001 號季鬲　4.聞喜上郭村董矩方甗

2.1.1.5　翼龍

翼龍為春秋晚期至戰國早期，在三晉地區新出現的一種新類型，其特徵是龍體軀上有翼。在考古發現中，平面型和立體型翼龍皆有發現：

立體型翼龍主要有：

根據形制可分為兩式：

Ⅰ式　翼短小。

〔註33〕上海博物館，陝西省考古研究院，金玉華年：陝西韓城出土周代芮國文物珍品〔M〕，上海：上海書畫出版，2012：200。

〔註34〕中國青銅器全集編輯委員會，中國青銅器全集·東周 1〔M〕，北京：文物出版社，1998：2，河南省文物考古研究所，三門峽市文物工作隊，三門峽虢國墓（第一卷）〔M〕，北京：文物出版社，1999：40～42。

〔註35〕中國青銅器全集編輯委員會，中國青銅器全集·東周 2〔M〕，北京：文物出版社，1995：27。

　　故宮博物院藏新鄭李家樓出土蓮鶴方壺〔註36〕（圖 2-12：1），壺腹部飾以龍形扉棱，向上攀爬狀，龍顧首、彎曲花形角，體軀生雙翼，背上亦有雙翼（圖 2-13：1）。

　　故宮博物院藏蟠虺紋罍〔註37〕（圖 2-12：2），以蟠虺紋為主題紋飾，肩飾雙龍耳套環，龍身有雙翼（圖 2-13：2）。臺北歷史博物館藏新鄭李家樓出土銅罍〔註38〕（圖 2-12：3），上層以蟠虺紋凸紋為飾，下層飾雙勾線蟠虺紋，肩飾四龍銜圓環耳，龍體軀有雙翼（圖 2-13：3）。長治分水嶺 M270：13 絡繩紋銅罍〔註39〕（圖 2-14：1、2），肩附兩龍耳，龍足套環，龍顧首，「Y」形角，體有龍形翼。河南輝縣琉璃閣龍耳罍〔註40〕（圖 2-14：3），器身飾繩絡紋和圓圈紋，以變形細蛇紋作底紋，肩部設兩龍耳帶環，龍身有翼形裝飾。

圖 2-12　蓮鶴方壺與銅罍

1.新鄭李家樓蓮鶴方壺　2.故宮博物院藏蟠虺紋罍　3.輝縣琉璃閣龍耳罍

〔註36〕中國青銅器全集編輯委員會，中國青銅器全集‧東周 1〔M〕，北京：文物出版社，1998：22。

〔註37〕故宮博物院，故宮青銅器〔M〕，北京：紫禁城出版社，1999：243。

〔註38〕河南博物院，臺北國立歷史博物館，新鄭鄭公大墓青銅器〔M〕，鄭州：大象出版社，2001：120～123。

〔註39〕山西省考古研究所，山西博物院，長治市博物館，長治分水嶺東周墓地〔M〕，北京：文物出版社，2010：346，348，彩版二三。

〔註40〕中國青銅器全集編輯委員會，中國青銅器全集‧東周 2〔M〕，北京：文物出版社，1995：160。

圖 2-13　晉系翼龍一

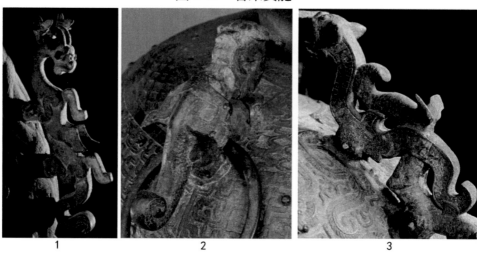

1.新鄭李家樓蓮鶴方壺龍形扉棱　2.故宮博物院藏蟠虺紋罍翼龍耳　3.輝縣琉璃閣銅罍龍耳

圖 2-14　晉系翼龍二

1、2.長治分水嶺 M270 絡繩紋銅罍、龍耳　3.輝縣琉璃閣龍耳罍

　　II式　翼形較大、似羽翅。

　　甘肅涇川出土的「翼獸形提梁盃」〔註41〕（圖 2-15），其特點是以獸（鳥）首為器流，獸身為器身，獸足為器足，並飾雙翼於器腹。雙翼，以浮雕龍紋表現翅脊，細密的陰線表示羽毛，翼尖向後。李零認為，此類型器應是三晉製造〔註42〕。

〔註41〕中國青銅器全集編輯委員會，中國青銅器全集・東周 1〔M〕，北京：文物出版社，1998：50。

〔註42〕李零，論中國的有翼神獸〔A〕，李零，入山與出塞〔M〕，北京：文物出版社，2004：90。

圖 2-15　甘肅涇川翼龍形提梁盉

平面型翼龍可分為兩式：

Ⅰ式　龍身繁縟

侯馬鑄銅遺址ⅡT13⑤：6龍紋鐘鈕範〔註43〕（圖2-16：1），中部為雙身龍形，左右各一「S」形有翼龍，前後有足爪，口大張，牙外露，銜住雙身龍的尾部。侯馬白店H15：40龍紋模〔註44〕（圖2-16：3），中間為一頭雙身龍紋，龍身飾三角形，左右兩側各有一翼龍，龍身飾重環紋。新絳縣柳泉墓地302號墓銅鑒〔註45〕，鑒腹部中央的翼龍與H15：40龍紋模完全相同，唯中間一頭雙身龍爪中多了彎曲的小蛇（圖2-16：4）。

Ⅱ式　龍身簡化、翼變大

長子縣M7：53銅鏡〔註46〕（圖2-16：2），紋飾由三組翼龍各抓一條蛇組成。

〔註43〕山西省考古研究所，侯馬鑄銅遺址〔M〕，北京：文物出版社，1993：134～135。

〔註44〕山西省考古研究所，侯馬白店鑄銅遺址〔M〕，北京：科學出版社，2012：257。

〔註45〕楊富斗，新絳柳泉墓地調查、發掘報告〔A〕，山西省考古研究所侯馬工作站，晉都新田〔C〕，太原：山西人民出版社，1996。

〔註46〕山西省考古研究所，長子縣東周墓〔J〕，考古學報，1984，3。

圖 2-16　晉系平面翼龍

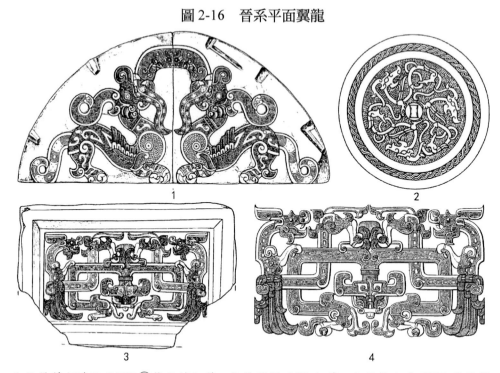

1.侯馬鑄銅遺址ⅡT13⑤龍紋鐘鈕範　2.長子縣 M7 銅鏡　3.侯馬白店 H15 龍紋模
4.新絳柳泉 302 號墓銅鑒龍紋

2.1.2　鳳

2.1.2.1　長冠、長尾鳳

　　三門峽 M2001：90 號季方壺〔註47〕（圖 2-17：1），蓋緣飾顧首鳳鳥紋（圖 2-17：4），上下腹部各飾二組以細雷紋作地紋的前垂冠凸目鳳鳥紋，在上腹部者昂首相對（圖 2-17：5），在下腹部者回首相背（圖 2-17：6）。梁帶村 M27：1001 鳳鳥紋銅壺〔註48〕，腹上部各飾兩組大冠鳳鳥紋、下腹各飾兩組回首鳳鳥紋（圖 2-17：2）。梁帶村 M19：195 銅盉〔註49〕，蓋頂有鳥形捉手，腹部飾高冠鳳鳥（圖 2-17：3）。

〔註47〕中國青銅器全集編輯委員會，中國青銅器全集・東周 1〔M〕，北京：文物出版社，1998：10，河河南省文物考古研究所，三門峽市文物工作隊，三門峽虢國墓（第一卷）〔M〕，北京：文物出版社，1999：62～63。
〔註48〕上海博物館，陝西省考古研究院，金玉華年：陝西韓城出土周代芮國文物珍品〔M〕，上海：上海書畫出版，2012：104。
〔註49〕上海博物館，陝西省考古研究院，金玉華年：陝西韓城出土周代芮國文物珍品〔M〕，上海：上海書畫出版，2012：236。

圖 2-17　晉系長冠、長尾鳳

1、4、5、6.三門峽 M2001 號季方壺、鳳紋　2.梁帶村 M27 鳳鳥紋銅壺鳳紋　3.梁帶村 M19 銅盉

2.1.2.2　龍身鳳

　　此類型鳳與龍的最大區別在於口部，龍身鳳口部呈「C」形，龍口部呈「S」形。侯馬鑄銅遺址ⅡT81H126：58 饕餮銜龍紋陶鐘鼓模〔註50〕（圖 2-18：1），獸面口銜一龍，龍身呈 S 形，龍上角補一鳳，有翅，身呈 S 形。李夏廷〔註51〕對鐘鼓模進行了復原（圖 2-18：3）、分解（圖 2-18：4），認為這類紋樣屬於晉國特有。

〔註50〕山西省考古研究所，侯馬鑄銅遺址〔M〕，北京：文物出版社，1993：234～235。
〔註51〕李夏廷，李劭軒，晉國青銅藝術圖鑒〔M〕，北京：文物出版社，2009：84～85。

圖2-18　侯馬鑄銅遺址饕餮銜龍鳳紋陶範及紋飾復原、解析

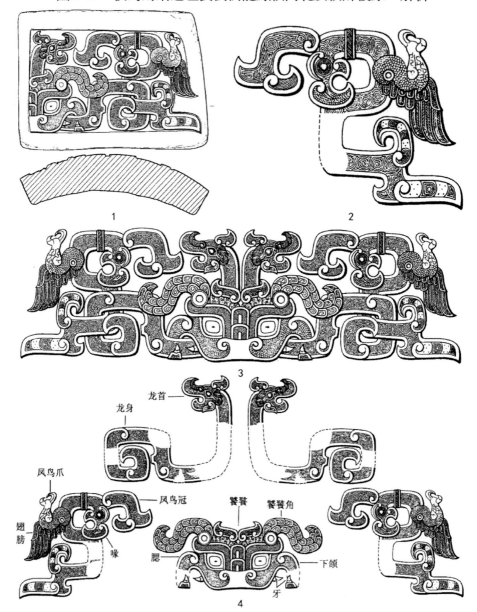

1、3.侯馬鑄銅遺址ⅡT81H126饕餮銜龍紋陶鐘鼓模及復原　2、4.龍紋與龍身鳳紋

立體型：

1994年太原金勝村M674鳳鳥鈕鑄鐘，鈕為鳳鳥首龍身式〔註52〕（圖2-

〔註52〕李夏廷，李劭軒，晉國青銅藝術圖鑒〔M〕，北京：文物出版社，2009：198～199。

19：8），侯馬鑄銅遺址 II T81H126：66 鳳鳥紋鐘鈕模〔註 53〕（圖 2-19：9），
鳥首、龍身殘。

根據形制可以分為四式：

圖 2-19　晉系 I、II 式龍身鳳

1、2.輝縣琉璃閣甲墓夔鳳紋鑒、龍身鳳紋　3.侯馬上馬墓地 M13 蟠龍紋方壺龍身鳳紋　4、5.弗利爾美術館藏智君子鑒、龍紋與龍身鳳紋　6.侯馬鑄銅遺址龍身鳳紋陶範　7.太原金勝村 M251 龍鳳紋罍龍身鳳　8.太原金勝村 M674 鳳鳥鈕鎛鐘　9.侯馬鑄銅遺址 II T81H126 龍身鳳紋鐘鈕模

I 式　龍身裝飾簡單。

侯馬上馬墓地 M13 蟠龍紋方壺〔註 54〕，壺的腹壁為凸起的龍紋、鳳紋、蟠蛇紋、蛙紋組成，鳳龍身、一足、側有小翅（圖 2-19：3）。輝縣琉璃閣甲墓

〔註 53〕山西省考古研究所，侯馬鑄銅遺址〔M〕，北京：文物出版社，1993：248。

〔註 54〕山西省考古研究所，上馬墓地〔M〕，北京：文物出版社，1994：500～501，
　　　　中國青銅器全集編輯委員會，中國青銅器全集．東周 2〔M〕，北京：文物出
　　　　版社，1995：55。

夔鳳紋鑒〔註55〕（圖2-19：1），腹中部有一條夔龍紋和鳳鳥紋裝飾的紋帶，鳳鳥紋與方壺紋飾相似，均飾鱗紋（圖2-19：2）。

II式 紋飾較繁縟，身飾種類不同的幾何紋。

除上述侯馬鑄銅遺址 II T81H126：58 饕餮銜龍紋陶鐘鼓模中鳳紋（圖 2-18：2），與龍相勾連。

太原金勝村 M251 龍鳳紋罍〔註56〕，鳳鳥紋位於罍下腹部，造型為龍身鳳（圖 2-19：7），鳥爪穿透了自己的翅膀。侯馬鑄銅遺址還發現有鳳鳥紋陶範〔註57〕（圖2-19：6），美國華盛頓弗利爾美術館藏智君子鑒〔註58〕（圖2-19：4），鑒頸部及下腹部紋飾為鳳鳥紋〔註59〕（圖2-19：5），兩者鳳鳥紋形制相似，可以確定智君子鑒產自侯馬。

III式 紋飾簡潔，軀體素面。

2003 年侯馬白店 H15：215 龍鳳紋模〔註60〕（圖 2-20：1），龍鳳紋身飾雲紋與線紋。H15：157 龍鳳紋模〔註61〕（圖 2-20：2），龍鳳紋相勾連，形成一個紋飾單元，龍鳳紋外飾渦紋等幾何紋。

上海博物館藏交龍紋壺〔註62〕（圖 2-20：3），腹下的第三周紋飾是勾喙的鳳首龍身與龍交互纏成圖案單元（圖2-20：4），第二周紋飾與第三周紋飾相同而稍簡略，中間均填以雷紋。從紋飾形制來看，這件器物極有可能是侯馬作坊生產的。

IV式 軀體較豐滿，翼、爪較肥壯。

輝縣固圍村第 1 號墓 1：168 銅轄飾〔註63〕，飾錯金銀龍鳳交逐紋（圖2-

〔註55〕河南博物院，臺北歷史博物館，輝縣琉璃閣甲乙二墓〔M〕，鄭州：大象出版社，2011：86～87（上冊），51～52（下冊）。

〔註56〕山西省考古研究所，太原晉國趙卿墓〔M〕，北京：文物出版社，1996：65。

〔註57〕山西省考古研究所，侯馬鑄銅遺址〔M〕，北京：文物出版社，1993：250。

〔註58〕中國青銅器全集編輯委員會，中國青銅器全集·東周 2〔M〕，北京：文物出版社，1995：86。

〔註59〕李夏廷，李劭軒，晉國青銅藝術圖鑒〔M〕，北京：文物出版社，2009：195。

〔註60〕山西省考古研究所，侯馬白店鑄銅遺址〔M〕，北京：科學出版社，2012：241，245。

〔註61〕山西省考古研究所，侯馬白店鑄銅遺址〔M〕，北京：科學出版社，2012：241，244。

〔註62〕陳佩芬，夏商周青銅器研究·東周篇下〔M〕，上海：上海古籍出版社，2004：325～326。

〔註63〕中國科學院考古研究所，輝縣發掘報告〔M〕，北京：科學出版社，2016：79～80。

20：5），鳳尖喙、有花冠，上身飾鱗狀羽紋，身軀及足為龍形。

圖 2-20　晉系Ⅲ、Ⅳ式龍身鳳

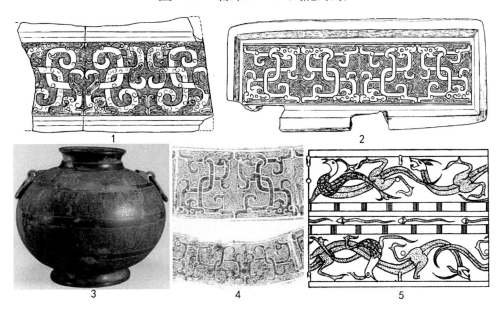

1、2.侯馬白店 H15 龍鳳紋模　3、4.上海博物館藏交龍紋壺、龍鳳紋　5.輝縣固圍村第 1 號墓銅輨飾

2.1.2.3　立體鳳（首）

　　鳳（首）尊等器物的特點是勾喙，首有冠、彎角和耳朵，一般在眼睛周圍有細線紋；也有稱之為「鴞」、「鳥」等，它們與現實的動物還是有較大差別，因此，統一稱作「鳳」。此類型的器物有：太原金勝村 M251：600 銅鴞尊 [註 64]（圖 2-21：1）；華盛頓弗利爾美術館藏子之弄鳥尊 [註 65]（圖 2-21：2、3），鳥首與身份體，尖喙，鳥首飾羽紋、回紋和點紋，頸部飾變形龍紋，背飾高浮雕羽紋，腹部飾鱗紋和龍紋；太原金勝村 M251：599 鷹攫蛇蓋瓠壺 [註 69]（圖 2-21：4），1954 年長治分水嶺 M14：757 鷹形琴軫鑰 [註 67]（圖 2-21：5），故

〔註 64〕山西省考古研究所，太原晉國趙卿墓〔M〕，北京：文物出版社，1996：55，圖二六，圖版四一。

〔註 65〕中國青銅器全集編輯委員會，中國青銅器全集・東周 2〔M〕，北京：文物出版社，1995：48。

〔註 66〕山西省考古研究所，太原晉國趙卿墓〔M〕，北京：文物出版社，1996：53，圖二五 A，圖版三九，四〇。

〔註 67〕山西省文物管理委員會，山西長治市分水嶺古墓的清理〔J〕，考古學報，1957，1：115，圖版五：7。

宮博物館藏鳥首獸尊〔註68〕（圖2-21：6），這三件鳳（首）形制相似，勾喙，頸部飾鱗紋。

　　與之相應的侯馬鑄銅遺址也發現有相同類型的陶範等，如1992侯馬鑄銅遺址T9H79：17陶範殘塊〔註69〕（圖2-22：1），僅剩體軀部分。II T81H429：8鷹形陶範〔註70〕（圖2-22：2）、II T47H125：7鷹首陶範〔註71〕（圖2-22：3），形似雞頭頸部。

圖2-21　晉系圓雕鳳一

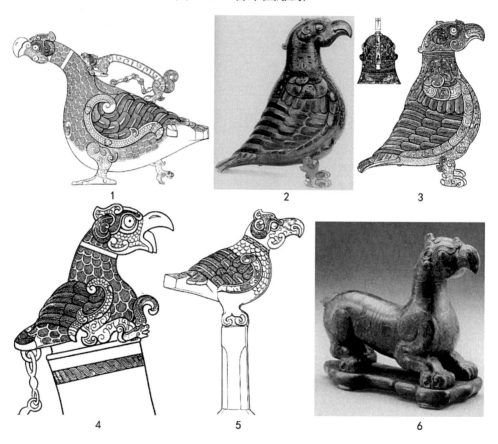

1.太原金勝村 M251 銅鴞尊　2、3.弗利爾美術館藏子之弄鳥尊　4.太原金勝村 M251 鷹攫蛇蓋瓠壺　5.長治分水嶺 M14 鷹形琴軫鑰　6.故宮博物館藏鳥首獸尊

〔註68〕李夏廷，李劭軒，晉國青銅藝術圖鑒〔M〕，北京：文物出版社，2009：200。

〔註69〕山西省考古研究所侯馬工作站，1992年侯馬鑄銅遺址發掘簡報〔J〕，文物，1995，2。

〔註70〕山西省考古研究所，侯馬鑄銅遺址〔M〕，北京：文物出版社，1993：258。

〔註71〕山西省考古研究所，侯馬鑄銅遺址〔M〕，北京：文物出版社，1993：258。

圖 2-22　晉系圓雕鳳二

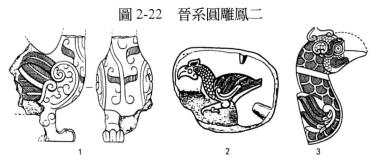

1.侯馬鑄銅遺址 T9H79 陶範殘塊　2.侯馬鑄銅遺址 II T81H429 鷹形陶範
3.侯馬鑄銅遺址 II T47H125 鷹首陶範

2.1.2.4　奔鳳

山西萬榮廟前村 61M1 絡繩紋鳥紋壺（圖 2-23：1），壺上鑲嵌紅銅鳳，其
中有鹿角的鳳很有特色。洛陽西宮出土銅壺〔註72〕，壺頸腹部勾勒出簡單輪廓
的鳥紋（圖 2-23：2），姿態不同，形象生動。臺北故宮博物院藏嵌紅銅鳳鳥紋
壺〔註73〕（圖 2-23：3），鳥紋等皆以銅絲鑲嵌（圖 2-23：4）；花紋部分無論
是線還是面，都由銅絲填嵌入槽，鑲嵌面較大的部位也都是由紅銅絲緊密盤繞
或並排鋪列。

此類型壺屬於兩周時期銅壺的 IIIA 型，主要出土於中原地區，是戰國時期
中原式銅壺〔註74〕。

圖 2-23　晉系奔鳳形象

1.萬榮廟前村 61M1 絡繩紋鳥紋壺　2.洛陽西宮銅壺　3、4.臺北故
宮博物院藏嵌紅銅鳳鳥紋壺

〔註72〕杜迺松，記洛陽西宮出土的幾件銅器〔J〕，文物，1965，11：47～48。

〔註73〕張臨生，院藏東周的鑲嵌銅器〔A〕，張臨生：古器散論〔M〕，臺北：故宮博
物院，2016：40～41。

〔註74〕高崇文，兩周時期銅壺的形態學研究〔A〕，俞偉超，考古類型學的理論與實
踐〔C〕，北京：文物出版社，1989：201，206。

2.1.3 鳥

表現鳥全身或鳥首。

梁帶村 M28：199 銅軛首〔註 75〕，表面上部飾鳥紋（圖 2-24：1）。梁帶村 M19：195 鳳鳥紋盉〔註 76〕，蓋頂有鳥形捉手，作蹲踞狀，背部及頸部飾鱗狀羽紋（圖 2-24：2）。梁帶村 M28：92 銅盉〔註 77〕，蓋呈鳥形，鳥形蓋上飾鱗羽形紋（圖 2-24：3）。汲縣山彪鎮 1 號墓華蓋立鳥圓壺〔註 78〕（圖 2-25：1、2），蓋頂蓮瓣紋冠飾中央站立一雙展翅的鳥。

圖 2-24　晉系鳥造型一

1.梁帶村 M28 鳥飾銅軛首　2.梁帶村 M28 鳥形銅盉蓋　3.梁帶村 M28 鳥形銅盉蓋

三門峽 M2001：48 虢季鐘〔註 79〕，右鼓部有小鳥紋（圖 2-25：3）。故宮博物院藏新鄭李家樓出土蓮鶴方壺〔註 80〕，壺身飾長尾立鳥紋（圖 2-25：4）。侯馬白店 H21：4 鳥紋模〔註 81〕（圖 2-25：5），長頸、長尾，鳥之間有小圓坑。

〔註 75〕陝西省考古研究院，梁帶村芮國墓地──二〇〇七年度發掘報告〔M〕，北京：文物出版社，2010：133。

〔註 76〕上海博物館，陝西省考古研究院，金玉華年：陝西韓城出土周代芮國文物珍品〔M〕，上海：上海書畫出版，2012：236。

〔註 77〕陝西省考古研究院，梁帶村芮國墓地──二〇〇七年度發掘報告〔M〕，北京：文物出版社，2010：111～112。

〔註 78〕郭寶鈞，山彪鎮與琉璃閣〔M〕，北京：科學出版社，1959：14～16。

〔註 79〕中國青銅器全集編輯委員會，中國青銅器全集·東周 1〔M〕，北京：文物出版社，1998：10，河南省文物考古研究所，三門峽市文物工作隊，三門峽虢國墓（第一卷）〔M〕，北京：文物出版社，1999：75。

〔註 80〕中國青銅器全集編輯委員會，中國青銅器全集·東周 1〔M〕，北京：文物出版社，1998：22。

〔註 81〕山西省考古研究所，侯馬白店鑄銅遺址〔M〕，北京：科學出版社，2012：278～279。

侯馬白店 H15：114 戈模〔註82〕（圖2-25：6），體飾鳥紋，鳥浮雕，爪尖銳呈鉤狀，頸飾鱗紋，尾飾羽紋。侯馬白店 H15：29 鳥範〔註83〕（圖2-25：7），鳥似鶴，長腿，頸飾重環紋及羽紋。侯馬白店 H15：273 鳥範〔註84〕（圖2-25：8），鴨形嘴，呈臥狀，身飾點紋和斜線羽紋。侯馬白店 H15：24 鴨範〔註85〕（圖2-25：9），頭部似鴨頭。

圖 2-25　晉系鳥造型二

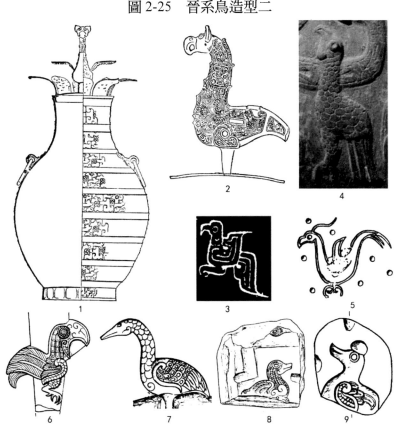

1、2.山彪鎮 1 號墓華蓋立鳥圓壺　3.三門峽 M2001 號季鐘小鳥紋
4.新鄭李家樓蓮鶴方壺長尾立鳥紋　5.侯馬白店 H21 鳥紋模　6.侯馬白店 H15 戈模　7.侯馬白店 H15 鳥範　8.侯馬白店 H15 鴨範

〔註82〕山西省考古研究所，侯馬白店鑄銅遺址〔M〕，北京：科學出版社，2012：132。
〔註83〕山西省考古研究所，侯馬白店鑄銅遺址〔M〕，北京：科學出版社，2012：165，168。
〔註84〕山西省考古研究所，侯馬白店鑄銅遺址〔M〕，北京：科學出版社，2012：169，173。
〔註85〕山西省考古研究所，侯馬白店鑄銅遺址〔M〕，北京：科學出版社，2012：171，173。

2.1.4　虎

2.1.4.1　立虎

虎呈走或奔跑狀。根據形制可分為三式：

I式　虎頭較大，身軀略小。

梁帶村 M26：157 龍紋盉，頂部設虎形鈕，虎作踏行狀，四爪著地，尾斜下上卷（圖 2-26：1）；梁帶村 M26：135 鏤空龍紋方盒〔註 86〕，虎座形制與之相同（圖 2-26：2）。中國國家博物館藏上村嶺虢國墓地虎鳥紋陽燧〔註 87〕（圖 2-26：3、4），背面圓鈕周圍兩虎相對環繞，虎身飾「人」字形虎紋。

圖 2-26　晉系虎造型一

1.梁帶村 M26 龍紋盉虎鈕　2.梁帶村 M26 鏤空龍紋方盒虎座形座
3、4.上村嶺虢國墓地虎鳥紋陽燧

II式　虎頭、軀比例協調。

故宮博物院藏新鄭李家樓出土蓮鶴方壺〔註 88〕，圈足飾虎形獸（圖 2-27：

〔註 86〕上海博物館，陝西省考古研究院，金玉華年：陝西韓城出土周代芮國文物珍品〔M〕，上海：上海書畫出版，2012：207。

〔註 87〕中國青銅器全集編輯委員會，中國青銅器全集・東周 1〔M〕，北京：文物出版社，1998：17，中國科學院考古研究所，上村嶺虢國墓地〔M〕，北京：科學出版社，1959：14。

〔註 88〕中國青銅器全集編輯委員會，中國青銅器全集・東周 1〔M〕，北京：文物出版社，1998：22。

1），足下承似虎形獸（圖 2-27：2），獸首有突出的雙角。臺北歷史博物館藏新
鄭李家樓出土龍紋方壺〔註 89〕，下有吐舌凹腰的虎形獸（圖 2-27：3）。臺北歷
史博物館藏虎形尊〔註 90〕（圖 2-27：4），虎形，雙目圓睜，虎耳上翹，虎背開
口、蓋有鏈與鍪相連。

　　虎鳥紋陽燧的年代為春秋早期；蓮鶴方壺、龍紋方壺、虎形尊的年代為春
秋中期。

圖 2-27　晉系虎造型二

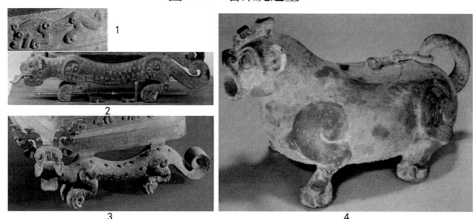

1、2.新鄭李家樓蓮鶴方壺虎形飾　3.鄭李家樓龍紋方壺虎形座　4.臺北歷史博物館藏
虎形尊

　　Ⅲ式　紋飾繁縟。

　　紋飾種類較豐富，有桃心形紋、「月」字紋、「人」形紋、羽翼紋、幾何形
紋等。

　　渾源李峪村四虎蟠龍紋豆〔註 91〕，腹外壁四等分處各置一頭攀爬狀的猛
虎，尾部彎曲，虎身以穀紋為地、飾以桃心形紋（圖 2-28：1）。侯馬鑄銅遺址
ⅡT6H4：3 虎形虎耳陶範〔註 92〕，首、尾殘，虎身飾「月」字紋（圖 2-28：
2），與之紋飾相同的器物見於太原金勝村 M674 圓壺耳部〔註 93〕（圖 2-28：

〔註 89〕中國青銅器全集編輯委員會，中國青銅器全集・東周 1〔M〕，北京：文物出
　　　　版社，1998：23。
〔註 90〕中國青銅器全集編輯委員會，中國青銅器全集・東周 1〔M〕，北京：文物出
　　　　版社，1998：25。
〔註 91〕陳佩芬，夏商周青銅器研究・東周篇上〔M〕，上海：上海古籍出版社，2004：
　　　　158～159。
〔註 92〕山西省考古研究所，侯馬鑄銅遺址〔M〕，北京：文物出版社，1993：255。
〔註 93〕李夏廷、李劭軒，晉國青銅藝術圖鑒〔M〕，北京：文物出版社，2009：239。

3）。太原金勝村 M251：579 蓮蓋方壺虎形耳〔註94〕（圖 2-28：4），虎身飾幾
何紋。侯馬鑄銅遺址 II T81H126：105 虎形鐘鈕範〔註95〕（圖 2-28：5），虎身
呈 S 形，身飾「S」形紋。侯馬鑄銅遺址 II T31F13：51 虎形鐘鈕範〔註96〕（圖
2-28：6），身飾雲紋。侯馬鑄銅遺址 II T50H139：1 虎形陶範〔註97〕（圖 2-28：
7），虎顧首，身飾「人」字形紋，故宮博物院藏龜魚紋方盤〔註98〕，下承四隻
虎形足（圖 2-28：8），虎亦飾「人」字形紋。

　IV式　無紋飾

圖 2-28　晉系虎造型三

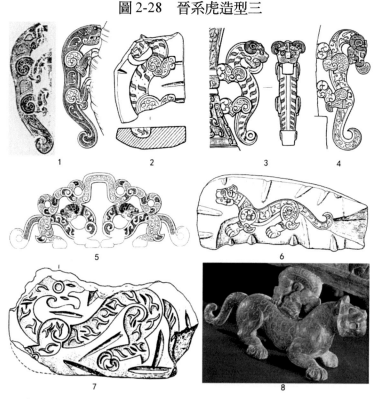

1.渾源李峪村四虎蟠龍紋豆虎形耳　2.侯馬鑄銅遺址 II T6H4　虎形耳陶範
3.太原金勝村 M674 圓壺虎形耳　4.太原金勝村 M251 蓮蓋方壺虎形耳
5.侯馬鑄銅遺址 II T81H126 虎形鐘鈕範　6.侯馬鑄銅遺址 II T31F13　虎形鐘
鈕範　7.侯馬鑄銅遺址 II T50H139 虎形陶範　8.故宮博物院藏龜魚紋方盤

〔註94〕山西省考古研究所，太原晉國趙卿墓〔M〕，北京：文物出版社，1996：46。
〔註95〕山西省考古研究所，侯馬鑄銅遺址〔M〕，北京：文物出版社，1993：136。
〔註96〕山西省考古研究所，侯馬鑄銅遺址〔M〕，北京：文物出版社，1993：254。
〔註97〕山西省考古研究所，侯馬鑄銅遺址〔M〕，北京：文物出版社，1993：255。
〔註98〕故宮博物院，故宮青銅器〔M〕，北京：紫禁城出版社，1999：299。

中國國家博物館藏韓將庶虎節〔註99〕（圖 2-29：4），伏虎形，素面，正面有「韓將庶信節」等銘文十字。

2.1.4.2　翼虎

一些虎造型裝飾有羽翼紋。侯馬鑄銅遺址ⅡPS：02 虎形器耳陶範〔註100〕（圖 2-29：1），虎有小翅膀和鰭狀裝飾。日本藤井有鄰館收藏虎耳圓壺〔註101〕（圖 2-29：2），虎生羽翼，有晉國特色的虎斑紋。侯馬鑄銅遺址 92T9H79：19 虎形陶範〔註102〕，虎身一側有「月」字形紋，一側有羽翼紋（圖 2-29：3）。

圖 2-29　晉系翼虎造型

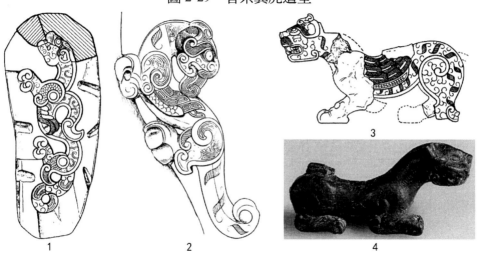

1.侯馬鑄銅遺址ⅡPS 虎形器耳陶範　2.藤井有鄰館收藏圓壺虎形耳　3.侯馬鑄銅遺址 92T9H79 虎形陶範　4.國家博物館藏韓將庶虎節

2.1.4.3　虎噬人、動物

上海博物館藏鳥獸龍紋壺〔註103〕，壺的頸、腹部淺浮雕有多種動物，其中有虎噬人造型（圖 2-30：1），虎身飾「人」字形紋，是典型的三晉青銅器紋

〔註99〕中國青銅器全集編輯委員會，中國青銅器全集・東周 2〔M〕，北京：文物出版社，1995：132。

〔註100〕山西省考古研究所，侯馬鑄銅遺址〔M〕，北京：文物出版社，1993：119。

〔註101〕李夏廷、李劭軒，晉國青銅藝術圖鑒〔M〕，北京：文物出版社，2009：238。

〔註102〕山西省考古研究所侯馬工作站，1992 年侯馬鑄銅遺址發掘簡報〔J〕，文物，1995，2：12。

〔註103〕中國青銅器全集編輯委員會，中國青銅器全集・東周 2〔M〕，北京：文物出版社，1995：58～59。

樣。侯馬鑄銅遺址 II T49H503：1 虎噬鹿鐘枚範〔註104〕（圖 2-30：2），造型為老虎正在吞咬一隻小麛鹿，老虎盤作一團。侯馬鑄銅遺址 PXH：02 虎攫鷹戈陶範〔註105〕（圖 2-30：3），造型為虎爪分別抓著鷹的眼珠和翅膀，虎身飾幾何紋；有學者認為新田是這種形制戈的產地〔註106〕；太原金勝村 M251 也出土一件形制相似的銅戈〔註107〕（圖 2-30：4），虎身紋飾以鱗紋為主。

圖 2-30　晉系虎噬人、動物造型

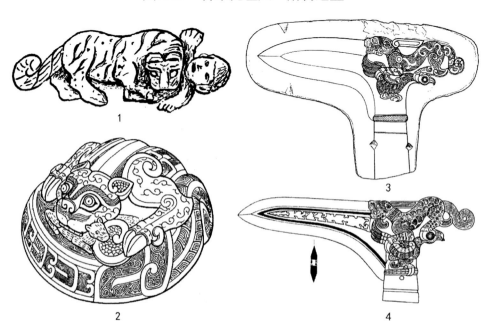

1.上海博物館藏鳥獸龍紋壺虎噬人造型　2.侯馬鑄銅遺址 II T49H503　虎噬鹿鐘枚範
3.侯馬鑄銅遺址 PXH 虎攫鷹戈陶範　4.太原金勝村 M251 虎攫鷹銅戈

2.1.4.4　虎頭飾

　　侯馬上馬墓地變形龍紋流鼎〔註108〕（圖 2-31：1），蓋面飾凸起的龍紋，器上腹部飾竊曲紋，虎首形流。侯馬鑄銅遺址 II T13H35：3 虎頭陶範〔註109〕

〔註104〕山西省考古研究所，侯馬鑄銅遺址〔M〕，北京：文物出版社，1993：149。
〔註105〕山西省考古研究所，侯馬鑄銅遺址〔M〕，北京：文物出版社，1993：95。
〔註106〕程永建，試論有鋬銅戈〔J〕，華夏考古，2001，2。
〔註107〕山西省考古研究所，太原晉國趙卿墓〔M〕，北京：文物出版社，1996：91，圖四四：2。
〔註108〕中國青銅器全集編輯委員會，中國青銅器全集·東周 2〔M〕，北京：文物出版社，1995：12。
〔註109〕山西省考古研究所，侯馬鑄銅遺址〔M〕，北京：文物出版社，1993：192。

（圖 2-31：2），虎眼、眉、獠牙特徵明顯，與之形制相似的見於太原金勝村
M251：614 虎頭匜〔註 110〕（圖 2-31：3），匜首為虎頭，匜足前為鳥足，後為
一隻後腿撐地的小老虎，柄為龍。

圖 2-31　晉系虎頭造型

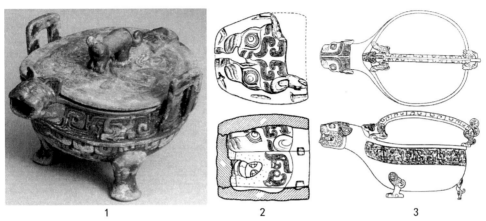

1. 侯馬上馬墓地流鼎　2. 侯馬鑄銅遺址 II T13H35 虎頭陶範
3. 太原金勝村 M251 虎頭匜

2.1.5　蛇

2.1.5.1　單體蛇

萬榮廟前東周墓銅編鐘〔註 111〕（圖 2-32：3），鼓部飾饕餮紋，饕餮上的
小蛇身體呈扭絲狀，這種紋樣春秋中期開始出現，新絳柳泉墓地銅鼎〔註 112〕
（圖 2-32：1），腹飾鏤空蟠蛇紋兩周，間以絢索紋，年代為春秋晚期，可能是
年代最早的失蠟法鑄造例證。臺北歷史博物院藏鄭公大墓出土銅罍〔註 113〕，
腹下部飾勾連蛇紋（圖 2-32：2）。上馬墓地 M1026：7 銅舟〔註 114〕（圖 2-32：
4、5），腹飾蟠蛇紋。

〔註 110〕山西省考古研究所，太原晉國趙卿墓〔M〕，北京：文物出版社，1996：67。
〔註 111〕楊富斗，萬榮廟前東周墓葬發掘收穫〔A〕，山西省考古研究所，三晉考古（第
　　　　一輯）〔C〕，太原：山西省考古研究所，1994：247。
〔註 112〕山西博物院，山西博物院珍粹〔M〕，太原：山西人民出版社，2005：41。
〔註 113〕河南博物院，臺北國立歷史博物館，鄭公大墓青銅器〔M〕，鄭州：大象出版
　　　　社，2001：120。
〔註 114〕山西省考古研究所，上馬墓地〔M〕，北京：文物出版社，1994：58，61～
　　　　62。

圖 2-32　晉系蛇紋

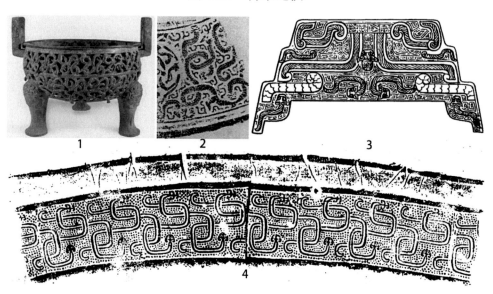

1.新絳柳泉墓地銅鼎　2.新鄭李家樓鄭公大墓銅罍腹部蛇紋　3.萬榮廟前東周墓銅編鐘鼓部蛇紋　4.上馬墓地 M1026：7 銅舟腹部蛇紋

2.1.5.2　龍（獸）銜蛇、踐蛇

　　侯馬鑄銅遺址 II T81H126：48 夔龍虺蛇紋陶範〔註115〕（圖 2-33：1），夔龍口銜虺蛇，尾巴與鳳鳥身體相勾連。新絳柳泉墓地 302 號墓銅鑒〔註116〕，鑒腹中間為一頭雙身龍紋，龍身飾三角形，左右兩側各有一翼龍，龍身飾重環紋，中間一頭雙身龍爪抓有一條彎曲的小蛇（圖 2-33：2）。太原金勝村 M251：400 龍紋銅鏡〔註117〕（圖 2-33：3），紋飾由三隻飛龍各抓一條蛇組成。美國紐約大都會博物館藏（Metropolitan Museum of Art）動物紋圓壺〔註118〕，壺上層飾獸面紋和雙鹿，中層飾鳥首獸身「格里芬式」的動物銜蛇（圖 2-34：3），下層飾雙龍踐蛇（圖 2-33：4）；而侯馬白店鑄銅遺址 H15 出土鹿紋範〔註119〕，紋飾與壺上層幾近相同，可斷定此壺是侯馬作坊產品。

〔註115〕山西省考古研究所，侯馬鑄銅遺址〔M〕，北京：文物出版社，1993：226。

〔註116〕楊富斗，新絳柳泉墓地調查、發掘報告〔A〕，山西省考古研究所侯馬工作站，晉都新田〔C〕，太原：山西人民出版社，1996。

〔註117〕山西省考古研究所，太原晉國趙卿墓〔M〕，北京：文物出版社，1996：130。

〔註118〕轉引自李夏廷，李劭軒，晉國青銅藝術圖鑒〔M〕，北京：文物出版社，2009：250～251。

〔註119〕山西省考古研究所，侯馬白店鑄銅遺址〔M〕，北京：科學出版社，2012：273。

圖 2-33　晉系龍銜蛇、踐蛇紋樣

1.侯馬鑄銅遺址ⅡT81H126 夔龍虺蛇紋陶範　2.新絳柳泉墓地 302 號墓銅鑒腹龍攫蛇紋　3.太原金勝村 M251 龍紋銅鏡　4.紐約大都會博物館藏動物紋圓壺動物踐蛇

　　新鄭大墓出土銅器座〔註120〕，徐中舒最早定名為鎮墓獸〔註121〕，此器獸面人身，身披鱗甲，口中含蛇，兩足踐蛇（圖 2-34：4）。上海博物館藏鳥首龍紋壺〔註122〕，頸腹部浮雕有多種動物形象，其中有一動物似豬噬蛇（圖 2-34：1）。1992 年侯馬鑄銅遺址 T9H79：18 獸紋陶範〔註123〕（圖 2-34：2），獸頭尾殘缺，根據紋飾推斷應是豹子擒蛇。如前所述美國紐約大都會博物館藏動物紋圓壺〔註124〕，壺中層飾鳥首獸身「格里芬式」的動物銜蛇（圖 2-34：3）。

〔註120〕河南博物院，臺北國立歷史博物館，新鄭鄭公大墓青銅器〔M〕，鄭州：大象出版社，2001：144。
〔註121〕徐中舒，古代狩獵圖像考〔A〕，徐中舒，徐中舒歷史論文選輯〔C〕，北京：中華書局，1998：286。
〔註122〕中國青銅器全集編輯委員會，中國青銅器全集・東周2〔M〕，北京：文物出版社，1995：58～59。
〔註123〕山西省考古研究所侯馬工作站，1992 年侯馬鑄銅遺址發掘簡報〔J〕，文物，1995，2：37。
〔註124〕原刊於梅原末治：《戰國式銅器の研究》圖版七七.1。轉引自李夏廷，李劭軒，晉國青銅藝術圖鑒〔M〕，北京：文物出版社，2009：250～251。

圖 2-34　晉系獸銜蛇、踐蛇紋樣

1.上海博物館鳥首龍紋壺頸腹部浮雕豬嚙蛇　2.侯馬鑄銅遺址 T9H79：18 獸紋陶範
3.紐約大都會博物館藏動物紋圓壺動物銜蛇　4.新鄭李家樓鄭公大墓銅器座

2.1.5.3　鳥銜蛇、踐蛇

　　潞城縣潞河 M7：149 動物紋圓壺壺蓋〔註125〕（圖 2-35：4），蓋緣飾鳥銜蛇及鳥、魚、龜等。侯馬鑄銅遺址 II T39H108：3 魚鷹紋匕陶範〔註126〕（圖 2-35：3），飾對鳥銜蛇。太原金勝村 M251：561 高柄方壺〔註127〕（圖 2-35：5），在壺柄部有鳳鳥踐蛇的紋飾。太原金勝村 M251：599 銅匏壺壺蓋〔註128〕，蓋成鴞形，有冠和角，尖鉤喙，全身羽毛豐滿，一雙利爪緊緊地抓住兩條蛇，身飾鱗紋。故宮博物院藏「邛王是野」戈〔註129〕（圖 2-35：1），造型為一隻飛虎，後臀下是一隻銜蛇的雁，郭沫若認為是「邛王是野」即吳王壽夢〔註130〕，侯馬鑄銅遺址 PXH：2 虎攫鷹戈陶範〔註131〕，形制和紋飾與之相類似，說明此類型戈是春秋晚期至戰國早期晉國青銅器的典型式樣。美國弗吉尼亞諾福

〔註125〕山西省考古研究所，山西省潞城潞河戰國墓〔J〕，文物，1986，6 期。
〔註126〕山西省考古研究所，侯馬鑄銅遺址〔M〕，北京：文物出版社，1993：258。
〔註127〕山西省考古研究所，太原晉國趙卿墓〔M〕，北京：文物出版社，1996：50～51。
〔註128〕山西省考古研究所，太原晉國趙卿墓〔M〕，北京：文物出版社，1996：53。
〔註129〕故宮博物院，故宮青銅〔M〕，北京：紫禁城出版社，1999：263。
〔註130〕郭沫若，吳王壽夢之戈〔A〕，郭沫若：奴隸制時代〔M〕，北京：人民出版社，1954。
〔註131〕山西省考古研究所，侯馬鑄銅遺址〔M〕，北京：文物出版社，1993：95。

克博物館藏一件銅壺〔註132〕（圖2-35：6），腹部飾鳥銜蛇及鳥、魚、蛙、龜等，也是典型的晉國青銅器。

圖2-35　晉系鳥銜蛇、踐蛇紋樣一

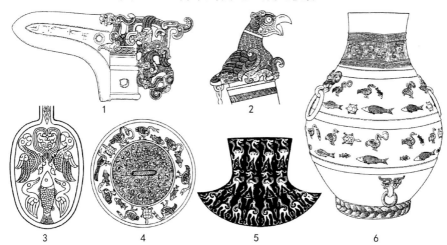

1.故宮博物院藏邗王是野戈　2.太原金勝村 M251 銅鉋壺壺蓋　3.侯馬鑄銅遺址Ⅱ T39H108 魚鷹紋匕陶範　4.潞城縣潞河 M7 動物紋圓壺壺蓋　5.太原金勝村 M251 高柄方壺柄部紋飾　6.弗吉尼亞諾福克博物館藏銅壺

　　洛陽西宮 M131 出土兩件銅壺〔註133〕，均有鳳鳥銜蛇和神人珥蛇紋飾，其中 M131：28 銅壺頸部鳳鳥銜蛇紋飾較為特殊，為三頭鳳銜蛇（圖2-36：2、3）。洛陽西宮 M131：45 玉璧（圖2-36：1），兩面均飾渦紋，兩側飾對稱的透雕龍紋，龍首上立一鳥，龍口銜蛇尾、鳥銜蛇身，蛇顧首。

圖2-36　晉系鳥銜蛇二

1.洛陽西宮 M131 玉璧　2、3.洛陽西宮 M131 銅壺鳳鳥銜蛇紋飾

〔註132〕轉引自李夏廷，李劭軒，晉國青銅藝術圖鑒〔M〕，北京：文物出版社，2009：262。

〔註133〕蔡運章，梁曉景，張長森，洛陽西宮131號戰國墓〔J〕，文物，1994，7：4～15。

　　美國舊金山亞洲藝術博物館藏攻戰狩獵紋高柄小方壺〔註134〕，器座紋飾為鳳鳥銜蛇、踐龍形象（圖2-37：1），高柄小方壺在太原金勝村 M251 就有發現，是晉地特有器種之一。現藏洛杉磯的一件高柄小方壺〔註135〕，壺身最底層為羽人戴蛇，兩側有鳥（圖2-37：8）。

　　美國舊金山亞洲藝術博物館狩獵紋銅壺〔註136〕，壺的頸部為鳥銜蛇（圖2-37：6），最下層為羽人戴蛇、兩側有鳥踐蛇銜蛇（圖2-37：9）。輝縣琉璃閣出土狩獵紋銅壺〔註137〕，壺的頸部飾鳳鳥銜蛇（圖2-37：4）。梅原末治《戰國式銅器の研究》著錄的另一件狩獵畫像壺〔註138〕，壺的第一層為鳥銜蛇、踐蛇（圖2-37：3），第二層為羽人戴蛇、操蛇，兩側有鳳鳥踐蛇（圖2-37：7），第六層為鳥踐蛇（圖2-37：5）。法國巴黎私家收藏的狩獵紋壺〔註139〕，第一層紋飾為鳥銜蛇（圖2-37：2）。

圖 2-37　晉系銅壺上鳥銜蛇、神人操蛇紋樣

1.亞洲藝術博物館藏攻戰狩獵紋高柄小方壺　2.巴黎私家收藏狩獵紋壺鳳鳥銜蛇　3、5、7.狩獵畫像壺鳥銜蛇踐蛇、羽人戴蛇與操蛇　4.輝縣琉璃閣狩獵紋銅壺頸部鳳鳥銜蛇　6、9.舊金山亞洲藝術博物館狩獵紋銅壺頸部鳥銜蛇、羽人戴蛇　8.洛杉磯高柄小方壺羽人戴蛇

〔註134〕李夏廷，李劭軒，晉國青銅藝術圖鑒〔M〕，北京：文物出版社，2009：319。
〔註135〕李夏廷，李劭軒，晉國青銅藝術圖鑒〔M〕，北京：文物出版社，2009：293。
〔註136〕中國青銅器全集編輯委員會，中國青銅器全集·東周2〔M〕，北京：文物出版社，1995：61。
〔註137〕李夏廷，李劭軒，晉國青銅藝術圖鑒〔M〕，北京：文物出版社，2009：322。
〔註138〕李夏廷，李劭軒，晉國青銅藝術圖鑒〔M〕，北京：文物出版社，2009：323。
〔註139〕李夏廷，李劭軒，晉國青銅藝術圖鑒〔M〕，北京：文物出版社，2009：321。

2.1.6　牛

牛為立姿或表現牛首。

梁帶村 M27：1227 牛首金扣環〔註140〕，作牛首形，吻部為管狀穿環（圖 2-38：1）；M26：157 龍紋盉〔註141〕，腹部飾連體雙龍紋，雙龍中間飾一牛首；此兩件器物均表現牛首形象（圖 2-38：2）。M26：260 玉牛〔註142〕呈站立狀，頭上雙彎角，耳、目刻畫清晰，體軀壯碩，短尾（圖 2-38：3）。

圖 2-38　晉系春秋早期牛造型

1.梁帶村 M27 牛首金扣環　2.梁帶村 M26 龍紋盉牛角形飾　3.梁帶村 M26 玉牛

牛為臥姿，一般用作鼎、鬲等器蓋鈕，在上海博物館藏鳥首龍紋壺頸部亦見浮雕臥牛造型。根據所屬器物及紋飾特徵可分為兩式：

Ⅰ式　牛身飾鱗片紋、蟠螭紋、雲紋。

侯馬鑄銅遺址 ⅡT50③C：6 牛紋陶範〔註143〕（圖 2-39：1），可見兩隻牛、一隻熊，熊首殘缺，牛身飾鱗片紋，相同紋飾見於上海博物館藏鳥首龍紋壺〔註144〕，其頸部淺浮雕有兩臥牛造型（圖 2-39：2、3），其中一牛頭和頸椎有三個凸起（圖 2-39：3）；太原金勝村 M251：611 牛形鈕銅鼎〔註145〕，

〔註140〕上海博物館，陝西省考古研究院，金玉華年：陝西韓城出土周代芮國文物珍品〔M〕，上海：上海書畫出版，2012：170～171。

〔註141〕上海博物館，陝西省考古研究院，金玉華年：陝西韓城出土周代芮國文物珍品〔M〕，上海：上海書畫出版，2012：202。

〔註142〕上海博物館，陝西省考古研究院，金玉華年：陝西韓城出土周代芮國文物珍品〔M〕，上海：上海書畫出版，2012：243。

〔註143〕山西省考古研究所，侯馬鑄銅遺址〔M〕，北京：文物出版社，1993：257。

〔註144〕中國青銅器全集編輯委員會，中國青銅器全集・東周 2〔M〕，北京：文物出版社，1995：58～59。

〔註145〕山西省考古研究所，太原晉國趙卿墓〔M〕，北京：文物出版社，1996：24～25。

頭頂有蘑菇形鈕,頸椎有三個凸起(圖 2-39:4、5),身蹄膀處飾龍紋;瑞典
國立博物館東陽美術部藏蟠螭花朵紋銅鬲,蓋上亦飾頸椎有凸起的小牛(圖
2-39:6)。

圖 2-39　晉系 I 式臥牛造型

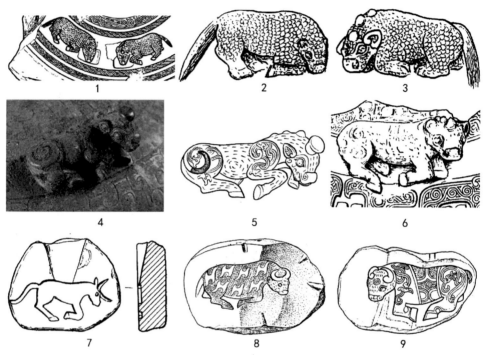

1.侯馬鑄銅遺址 II T50③C 牛紋陶範　2、3.上海博物館藏鳥首龍紋壺頸部臥牛造型
4、5.太原金勝村 M251 牛形鈕銅鼎　6.瑞典國立博物館藏蟠螭花朵紋銅鬲上牛造型
7.侯馬白店 H20 牛紋範　8.侯馬鑄銅遺址 56T102③牛形陶範　9.侯馬鑄銅遺址 II
T24H24 牛形陶範

　　有牛角。侯馬白店 H20:1 牛紋範〔註146〕(圖 2-39:7),前蹄跪下,頭
上有角,尾揚起。侯馬鑄銅遺址 56T102③:3 牛形陶範〔註147〕(圖 2-39:8),
牛跪臥,身填圓點紋及雲紋。侯馬鑄銅遺址 II T24H24:24 牛形陶範〔註148〕
(圖 2-39:9),牛跪臥,身填蟠螭紋。

〔註146〕山西省考古研究所,侯馬白店鑄銅遺址〔M〕,北京:科學出版社,2012:274,
　　　　275。
〔註147〕山西省考古研究所,侯馬鑄銅遺址〔M〕,北京:文物出版社,1993:256~
　　　　257。
〔註148〕山西省考古研究所,侯馬鑄銅遺址〔M〕,北京:文物出版社,1993:256~
　　　　257。

II式　牛身飾「月」字形紋。

故宮博物院藏三牲鼎〔註149〕（圖2-40：1），蓋上飾三臥牛，鼎腹部有凸棱，蓋、頸、耳均飾有變形蟠螭紋。故宮博物院藏團花紋鼎〔註150〕（圖2-40：2），蓋上飾三臥牛（圖2-40：3），三牛以回紋相連，內、外各飾團花一周。根據鼎的形制、紋飾等判斷，應均是三晉製造。

圖2-40　晉系II式臥牛造型

1.故宮博物院藏三牲鼎　2、3.故宮博物院藏團花紋鼎、臥牛

2.1.7　猴

聞喜上郭村89M7帶流小蓋鼎〔註151〕（圖2-41：1）、刖人守囿輓車，蓋頂有蹲踞猴子的形象。聞喜上郭村74M374：14小銅盒〔註152〕（圖2-41：2），蓋上有蹲踞猴的形象。侯馬白店鑄銅遺址H15：56猴模〔註153〕（圖2-41：5），由大中小三個猴子組成，大猴繫母猴，雙手抱一小猴、背上爬一猴；H15：74、H15：73猴範與H15：56相同，下有棱形柱相連接（圖2-41：3、4）。1954長治分水嶺M14出土有攀猴形柄形飾〔註154〕（圖2-41：6），猴攀於一側。

〔註149〕故宮博物院，故宮青銅器〔M〕，北京：紫禁城出版社，1999：302。
〔註150〕故宮博物院，故宮青銅器〔M〕，北京：紫禁城出版社，1999：303。
〔註151〕山西省考古研究所，聞喜上郭村1989年發掘簡報〔A〕，山西省考古研究所，三晉考古（第一輯）〔C〕，太原：山西省考古研究所，1994：144。
〔註152〕朱華，聞喜上郭古墓群試掘〔A〕，山西省考古研究所，三晉考古（第一輯）〔C〕，太原：山西省考古研究所，1994：110。
〔註153〕山西省考古研究所，侯馬白店鑄銅遺址〔M〕，北京：科學出版社，2012：170～171。
〔註154〕山西省文物管理委員會，山西長治市分水嶺古墓的清理〔J〕，考古學報，1957，1：116，圖版五：8。

圖 2-41　晉系猴造型

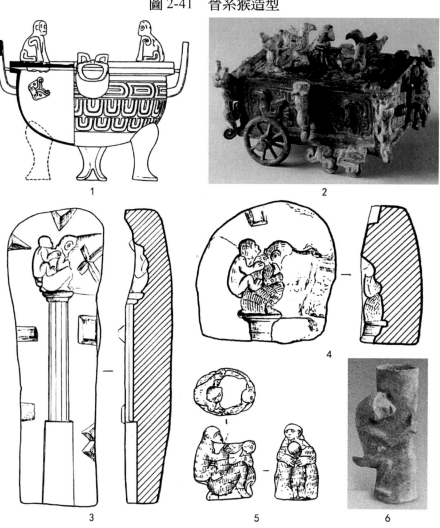

1.聞喜上郭村 89M7 帶流小蓋鼎　2.聞喜上郭村 74M374 銅盒　3、4、5.侯馬白店鑄銅
遺址 H15 猴模、猴範　6.長治分水嶺 M14 攀猴形柄形飾

2.1.8　馬

　　法國私家所藏狩獵紋銅壺〔註155〕，有馴馬駕車形象（圖 2-42：3）。趙王
陵二號陵北封土墓出土青銅馬 3 件〔註156〕，可分為行走狀和佇立狀（圖 2-42：
1、2）。

〔註155〕李夏廷，李劭軒，晉國青銅藝術圖鑒〔M〕，北京：文物出版社，2009：321。
〔註156〕趙建朝，李海祥，河北邯鄲趙王陵二號陵出土的戰國文物〔J〕，文物，2009，
　　　　　3：89～94。

2.1.9　豬

　　侯馬鑄銅遺址出土豬紋陶範〔註157〕（圖2-42：4），造型為大豬下頜有一小豬；太原晉國趙卿墓M251：589豬鈕銅鼎〔註158〕，蓋正中立雕一隻小豬（圖2-42：5）。上海博物館藏鳥獸龍紋壺〔註159〕，壺的頸、腹部淺浮雕有豬噬蛇造型（圖2-42：6）。

圖2-42　晉系豬、羊、馬動物紋樣

1、2.趙王陵二號陵北封土墓青銅馬　3.法國私家藏狩獵紋銅壺駟馬駕車形象　4.侯馬鑄銅遺址豬紋陶範　5.太原金勝村M251銅鼎豬鈕　6.上海博物館鳥獸龍紋壺豬形象　7.侯馬晉國遺址陶豆盤　8.長治分水嶺M7羊首琴軫鑰　9.吉美博物館藏橢方形蟠魑紋鼎

〔註157〕轉引自李夏廷，李劭軒，晉國青銅藝術圖鑒〔M〕，北京：文物出版社，2009：249。

〔註158〕山西省考古研究所，太原晉國趙卿墓〔M〕，北京：文物出版社，1996：32。

〔註159〕中國青銅器全集編輯委員會，中國青銅器全集・東周2〔M〕，北京：文物出版社，1995：58～59。

2.1.10 羊

長治分水嶺 M7 羊首琴軫鑰〔註 160〕，裝飾一隻蹲踞狀寫實的羊（圖 2-42：8）。巴黎吉美博物館藏橢方形蟠魑紋鼎〔註 161〕，蓋上有兩隻抓著虺蛇的彎角羊（圖 2-42：9），腹部飾勾連龍紋和單體卷屈龍紋，龍紋樣式為典型的晉式。侯馬晉國遺址出土一件陶豆盤〔註 162〕，鬥盤內有十分生動的線刻動物造型，既有龍，也有一對羊的形象（圖 2-42：7），羊有角、躍動似角抵狀，身飾波折紋。

2.1.11 **類犀動物**

侯馬鑄銅遺址 II T25H27 銅犧尊陶範〔註 163〕（圖 2-43：1），僅剩頭部和頸部。侯馬鑄銅遺址 II T21H18-T21③犧尊陶範 4 塊〔註 164〕（圖 2-43：2），紋飾與分水嶺銅犧尊立人擎盤花紋相同。長治分水嶺 M126 銅犧尊立人擎盤〔註 165〕（圖 2-43：5），犀昂首豎耳，短尾。潞城縣潞河 M7：148 銅獸足方盤〔註 166〕，器座為 4 個銅犧獸（圖 2-43：6）。美國弗利爾美術館藏銅犧尊〔註 167〕（圖 2-43：4）。美國弗利爾美術館藏 1923 年渾源李峪村銅犧尊〔註 168〕（圖 2-43：3）。

〔註 160〕山西省文物管理委員會，山西長治市分水嶺古墓的清理〔J〕，考古學報，1957，1：105，山西省博物館，山西省博物館館藏文物精華〔M〕，太原：山西人民出版社，1999：44。

〔註 161〕李夏廷，李劭軒，晉國青銅藝術圖鑒〔M〕，北京：文物出版社，2009：30～31。

〔註 162〕李夏廷，李劭軒，晉國青銅藝術圖鑒〔M〕，北京：文物出版社，2009：56～58。

〔註 163〕轉引自李夏廷，李劭軒，晉國青銅藝術圖鑒〔M〕，北京：文物出版社，2009：247。

〔註 164〕山西省考古研究所，侯馬鑄銅遺址〔M〕，北京：文物出版社，1993：129。

〔註 165〕山西省考古研究所，山西博物院，長治市博物館，長治分水嶺東周墓地〔M〕，北京：文物出版社，2010：301，彩版一四。

〔註 166〕山西省考古研究所，山西省潞城潞河戰國墓〔J〕，文物，1986，6，中國青銅器全集編輯委員會，中國青銅器全集·東周 2〔M〕，北京：文物出版社，1995：128。

〔註 167〕李夏廷，李劭軒，晉國青銅藝術圖鑒〔M〕，北京：文物出版社，2009：247。

〔註 168〕李夏廷，李劭軒，晉國青銅藝術圖鑒〔M〕，北京：文物出版社，2009：248～249。

圖2-43　晉系類犀動物造型

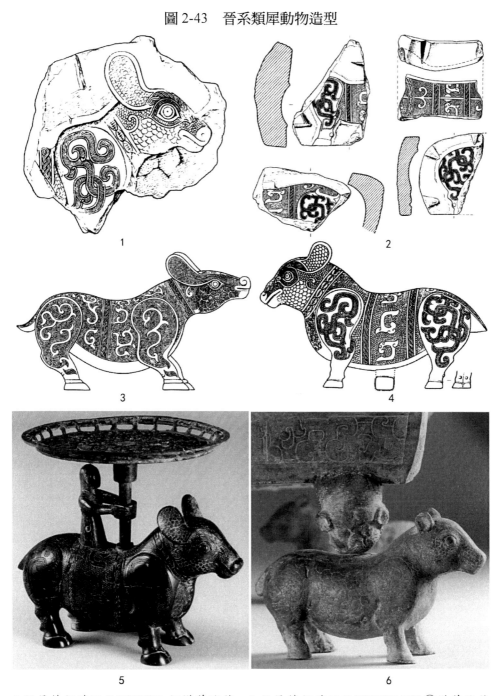

1.侯馬鑄銅遺址ⅡT25H27 銅犧尊陶範　2.侯馬鑄銅遺址ⅡT21H18-T21③犧尊陶範
3、4.弗利爾美術館藏銅犧尊　5.長治分水嶺M126 銅犧尊立人擎盤　6.潞城縣潞河M7
方盤銅獸足

2.1.12　狩獵紋

　　春秋晚期首次出現狩獵、攻戰、燕樂等帶有敘事性圖畫場景的銅器，是中國銅器發展的一大創新與突破；流行年代為春秋晚期至戰國早、中期，包括鑄紋與刻紋兩種，其中鑄紋者為圖像紋銅器，刻紋者為刻紋銅器。

　　研究發現，圖像紋銅器不僅分布地點集中在三晉北方，銅器風格也相當統一，相同主題的表現也十分雷同，採用的可能是相同的底本、來自同一個鑄銅中心：當時規模最大的鑄銅遺址——侯馬〔註169〕。侯馬鑄銅遺址曾出土一塊採桑陶範〔註170〕（圖2-44：1）；襄汾南賈鎮大張村出土的銅壺（圖2-44：2、3），紋飾共四層，第一層為射禮採桑紋，其餘三層為龍紋和蟠螭紋，其中雙身龍紋、長鼻蟠虺紋和斜角雲紋均是晉國特有的紋飾種類〔註171〕；可證明晉都新田不僅是當時的政治中心，附近的侯馬也是三晉、北方圖像紋銅器的鑄造中心。

圖 2-44　侯馬採桑陶範與襄汾大張村銅壺

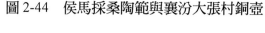

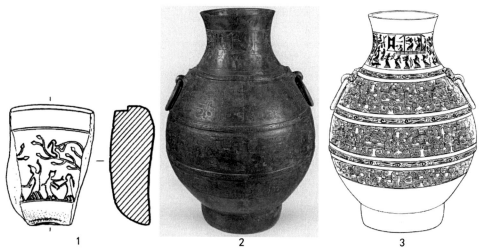

1.侯馬鑄銅遺址採桑陶範　2、3.襄汾南賈鎮大張村銅壺

〔註169〕許雅惠，東周的圖像紋銅器與刻紋銅器〔J〕，故宮學術季刊，第二十卷第二期：63～108。

〔註170〕山西省考古研究所，侯馬鑄銅遺址〔M〕，北京：文物出版社，1993：203。

〔註171〕李夏廷，李劭軒，晉國青銅藝術圖鑒〔M〕，北京：文物出版社，2009：310～311。

　　根據形制，可分為早晚兩個階段，早期以上海博物館藏鑲嵌狩獵紋豆〔註172〕（圖2-45：1）、唐山賈各莊銅壺〔註173〕（圖2-45：2）為代表，晚期以美國亞洲藝術博物館狩獵紋銅壺〔註174〕（圖2-45：4）、法國私家所藏狩獵紋銅壺〔註175〕（圖2-45：3）為代表；銅壺的演變趨勢是肩腹變圓鼓。

圖2-45　晉系狩獵紋銅豆、銅壺

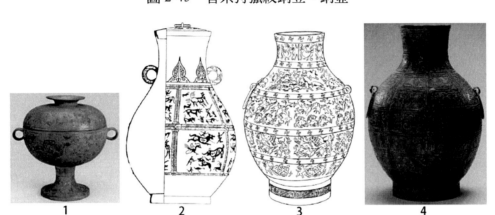

1.上海博物館銅豆　2.唐山賈各莊銅壺　3.法國私家藏銅壺　4.亞洲藝術博物館銅壺

　　狩獵紋中所鑲嵌動物分為鳥類和哺乳動物兩大類，哺乳動物又可細分為兩類，一類是食肉目，一類是偶蹄目。部分鑲嵌動物頭部特徵不明顯，但從蹄爪可分為環勾形和偶蹄形，環勾形爪應是食肉目。

　　通過早、晚期相同主題動物比較，裝飾有明顯不同，可分為兩個階段：早期的鑲嵌動物造型均飾以「桃心」紋，如虎（圖2-46：1、2）、鹿（圖2-46：5～7）、牛（圖2-46：11～14）、豬（圖2-46：16）、鳥（圖2-46：18）等，用以表示肌肉，富於動感；晚期動物裝飾較多元，有素面、圓點紋、水滴紋，如虎（圖2-46：3、4）、鹿（圖2-46：8～10）、牛（圖2-46：15）、豬（圖2-46：17）、鳥（圖2-46：19～21）等。

〔註172〕陳佩芬，夏商周青銅器研究・東周篇上〔M〕，上海：上海古籍出版社，2004：156～157。

〔註173〕安志敏，河北省唐山市賈各莊發掘報告〔J〕，考古學報，第6期：84～86，圖10-11。

〔註174〕李夏廷，李劭軒，晉國青銅藝術圖鑒〔M〕，北京：文物出版社，2009：324，中國青銅器全集編輯委員會，中國青銅器全集・東周2〔M〕，北京：文物出版社，1995：61。

〔註175〕李夏廷，李劭軒，晉國青銅藝術圖鑒〔M〕，北京：文物出版社，2009：321。

圖 2-46　晉系狩獵紋銅器早、晚動物造型比較

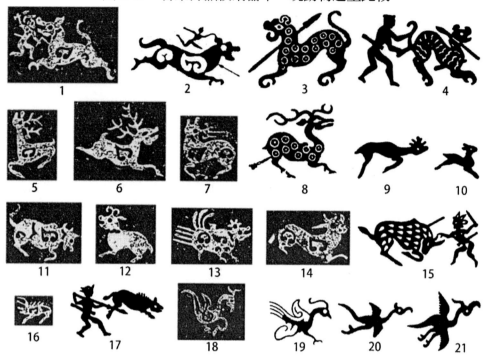

1、5、6、7、11、12、13、14、16、18.上博銅豆　2、19.賈各莊銅壺　3、8、20.亞洲
藝術博物館銅壺　4、9、10、17、21.法國私家藏銅壺

2.1.13　晉系青銅器動物紋樣特徵

　　晉系平面龍紋,「最有特徵的是以一獸頭為中心,卷體龍和角龍從獸口中
穿銜而過,龍軀幹上飾有細密的圓形和三角形的雷紋」〔註176〕。

　　立體的瓶角龍、螺角龍、「L」形角龍、「Y」形角龍,春秋早期階段,與
西周晚期造型相較變化不大。

　　瓶角龍在春秋早期基本消失,春秋中期未發現相關造型,春秋晚期戰國早
期又重新發現,造型與春秋早期瓶角龍不同。長治分水嶺 270：18 銅盃瓶角
龍,角呈柱狀,侯馬鑄銅遺址 HPⅡ：020 陶模瓶角龍,龍軀幹上飾細密的圓
形和三角形雷紋,已是典型晉系紋樣裝飾特點,有可能是一種「復古」。

　　螺角龍流行於春秋早期,中期後趨於消失。

　　傳統「L」形角龍在晉系僅流行在春秋早期,新鄭鄭公大墓出土多件龍紋

〔註176〕馬承源,中國青銅藝術總論〔A〕,馬承源,中國青銅器研究〔M〕,上海古籍
　　　　出版社,2002：60。

曲耳鼎，年代為春秋中期，腹間附兩環鈕，過去一直認為是牛首，從形制看應是龍耳、「L」形角，此「L」形角形制已與春秋早期「L」角外展不同，形成向內弧曲，這也是晉系龍紋造型的一個創新，但僅在這幾件銅鼎上有發現。這種向內弧曲的「L」形龍角似對齊魯地區影響較大。

立體「Y」形角龍，在春秋中期開始發生較大變化，春秋早期龍身單純為「C」形，春秋中期龍身新增爬龍形；「Y」形角裝飾變繁縟、華麗。春秋晚期後，「Y」形角龍漸趨消失，取而代之的是各式鋪首等。

春秋晚期，在晉系龍、虎身上有非常寫實的羽翼紋，如侯馬鑄銅遺址ⅡT13⑤：6龍紋鐘鈕範、侯馬鑄銅遺址92T9H79：19虎形陶範等器物，可稱之為翼龍、翼虎；比寫實性強的翼龍年代早的新鄭蓮鶴方壺等，附飾傳統龍形，但在龍身上附兩小翼，似亦可稱翼龍，兩者應有承繼關係。翼龍、翼虎在晉系青銅器上發現較多、特徵明顯、自稱序列，在中國區域內年代最早，其他區域發現的翼龍應是在晉系青銅器影響下而產生的；翼虎僅在晉系和巴蜀系青銅器中有發現，翼虎造型上有較大的差別，兩者是否有淵源關係還不能確定，暫定為自成體系。

鳳紋在商周青銅器裝飾中大量使用〔註177〕，三門峽M2001：90號季方壺、梁帶村M27：1001鳳鳥紋銅壺、梁帶村M19：195銅盉等所裝飾的長冠、長尾鳳，是西周傳統的延續，年代為兩周之際或春秋早期，之後，此類型的鳳紋樣不再流行。

春秋中期，晉系青銅器在鳳紋樣裝飾方面有了新的變化，以侯馬上馬墓地M13蟠龍紋方壺年代為最早，其上裝飾龍身鳳，身軀似龍或獸，也有人稱其為「夔鳳」，此類型鳳流行至戰國早期，其紋樣演變經歷了從簡單到繁縟、至再簡化這樣一個過程。

以晉子之弄鳥尊為代表的立體鳳，其造型也別具一格，均有勾狀喙和圓眼，有些鳳項部還有項圈形裝飾，其爪部大多為獸形爪，兇猛有力。

戰國時期，萬榮廟前村61M1絡繩紋鳥紋壺、洛陽西宮銅壺上的鳳紋樣與春秋中晚期龍身鳳等造型不同，應是新興起的一種造型，一般採用紅銅鑲鑄而成，造型活潑、靈動，與楚地發現的漆器、絲織品上鳳紋樣有異曲同工之妙，疑是受楚系影響，但壺造型為中原式，暫定為晉系鳳紋樣。

〔註177〕陳公柔，張長壽，殷周青銅容器上鳥紋的斷代研究〔J〕，考古學報，1984，3：265～286。

春秋晚期以來，牛、猴、馬、豬、羊、狩獵紋等大量寫實動物增多，李伯謙認為：從公元前 585 年晉景公遷都新田開始逐漸形成「新田風格」以後，晉國青銅藝術才表現得繁花似錦，散發出強烈的自由浪漫氣息和泱泱大國風範……寫實性和裝飾手法的多樣性是晉國青銅藝術的重要特徵〔註 178〕。

從晉系青銅器動物紋樣發展、演變歷程來看，春秋中期突破似是西周晚期、春秋早期以來的禮器，主要表現在對瓶角龍、螺角龍、「L」形角龍、「Y」形角龍的興廢與改造方面；春秋晚期以來，寫實性動物紋樣增多，逐漸完成了由廟堂至世俗的轉變。這在東周列國動物紋樣發展、演變軌跡中最具代表性，並且與東周時期社會發展大的歷史軌跡相吻合。

2.2　秦系青銅器動物紋樣

根據《史記·秦本紀》等史書記載，秦人先祖「在西戎，保西垂」，一直到周孝王時期，「非子」善於蔘養馬匹，得到孝王的重視，因為此一功勞將「秦邑」封給了非子，由此才正式有了「秦」的族號，秦也成為周王朝的附庸。

周宣王時期，秦莊公因伐西戎有功，受封為「西垂大夫」，領地在今天甘肅東部地區，政治地位開始上升。

後來犬戎攻破西周首都，西周滅亡，「襄公以兵送周平王，平王封襄公為諸侯……襄公於是始國」〔註 179〕。因有此匡扶繼絕的大功，被封為諸侯，秦國始建立諸侯國，有了與關東諸國「通聘享之禮」的權利。自春秋開始，一步步在甘肅東部和陝西西部站穩了腳跟。

經過長期與戎人的交融和鬥爭，初有容身之地。之後，秦國向東步步為營，逐漸壯大，先都雍城，自秦德公元年（677B.C.）「初居雍城大鄭宮」時始，一直到獻公二年「城櫟陽」止，雍城作為秦國春秋中期至戰國早期時的都城長達 294 年。

公元前 350 年，秦孝公遷都咸陽，到秦完成統一大業和最後覆亡，這裡作為秦國和秦王朝的首都達 144 年之久。秦始皇建立了中國歷史上第一個統一

〔註 178〕 李伯謙，晉國青銅藝術圖鑒·序〔A〕，李夏廷、李劭軒，晉國青銅藝術圖鑒〔M〕，北京：文物出版社，2009。
〔註 179〕 （漢）司馬遷，史記·秦本紀〔M〕，北京：中華書局，1963：177。

的中央集權制國家，秦王朝作為中國歷史上第一個大一統的王朝，其歷史影響深遠。

　　秦系青銅器主要有：禮縣大堡子山被盜的兩座秦公大墓所出青銅器〔註180〕，是春秋早期秦青銅器的標準器形；禮縣圓頂山98LDM1等幾座銅器墓〔註181〕、澳門珍秦齋藏「秦子姬簋蓋」〔註182〕等屬於春秋中期器；國家博物館藏秦公簋〔註183〕，則屬於春秋晚期的標準器。戰國早期秦器製做輕薄、明器化特徵明顯，裝飾有動物紋樣的數量較少；戰國中晚期至秦統一後，傳統的秦式青銅器類已基本消亡，代之而起的是來自中原，而主要是來自三晉兩周地區的一套新器形，主要有圓形帶蓋鼎、蓋豆、壺、鈁，以及來自巴蜀的鍪、釜、釜甑，這些銅器以素面為主〔註184〕。但戰國早期以來，秦國動物紋瓦當較為發達，可彌補相關材料之闕。

　　韓偉首次對秦國青銅器做了初步的分期研究〔註185〕；陳平大體建立起秦國青銅器的分期與年代序列，將東周秦國青銅禮容器概括為春秋型和戰國型〔註186〕；滕銘予對秦國青銅器制度諸問題進行了探討〔註187〕；梁雲將秦文化與六國文化進行比較，討論了秦國青銅器使用制度與六國的差異等問題〔註188〕；隨著禮縣大堡子山秦公大墓及秦子樂器坑青銅器的發現，趙化成對秦國青銅器的分期斷代及發展階段性進行再思考〔註189〕。

〔註180〕　王輝，趙化成，甘肅省禮縣大堡子山遺址流散文物調查研究〔A〕，曹瑋，任天洛，秦時期冶金考古國際學術研究會論文集〔C〕，北京：科學出版社，2014：9～26。

〔註181〕　甘肅省文物考古研究所，禮縣博物館，禮縣圓頂山春秋秦墓〔J〕，文物，2002，2，甘肅省文物考古研究所，禮縣博物館，甘肅禮縣圓頂山 98LDM2、2000LDM4 春秋秦墓〔J〕，文物，2005，2。

〔註182〕　蕭春源，珍秦齋藏金‧秦銅器篇〔M〕，澳門：澳門基金會，2006：28。

〔註183〕　禮縣博物館，禮縣秦西垂文化研究會，秦西垂陵區〔M〕，北京：文物出版社，2004：127。

〔註184〕　趙化成，秦國青銅器的發展階段性〔A〕，曹瑋，任天洛，秦時期冶金考古國際學術研究會論文集〔C〕，北京：科學出版社，2014：6。

〔註185〕　韓偉，略論陝西春秋戰國秦墓〔J〕，考古與文物，1981，1。

〔註186〕　陳平，試論關中秦墓青銅容器的分期問題〔J〕，考古與文物，1984，3、4。

〔註187〕　滕銘予，秦文化：從封國到帝國的考古學觀察〔M〕，北京：學苑出版社，2002。

〔註188〕　梁雲，戰國時代的東西差別：考古學的視野〔M〕，北京：文物出版社，2008。

〔註189〕　趙化成，秦國青銅器的發展階段性〔A〕，曹瑋，任天洛，秦時期冶金考古國際學術研究會論文集〔C〕，北京：科學出版社，2014：1～8。

圖 2-47　東周秦青銅文化分布圖

2.2.1　龍

2.2.1.1　螺角龍

　　上海博物館藏秦公壺〔註190〕（圖 2-48：1），頸飾波帶紋，腹部飾龍紋，頸部飾螺角形龍首，腹部兩龍身共一螺角龍首，器口內壁有銘文「秦公作鑄尊壺」。寶雞千河魏家崖銅簋〔註191〕（圖 2-48：2），蓋及器飾瓦紋和簡化竊曲

〔註190〕禮縣博物館，禮縣秦西垂文化研究會，秦西垂陵區〔M〕，北京：文物出版社，2004：53。
〔註191〕蔡慶良，張志光，嬴秦溯源──秦文化特展〔M〕，臺北：國立故宮博物院，2016：226～229。

紋，兩附耳上端飾螺角龍。中國國家博物館藏秦公簋〔註192〕（圖2-48：3），鑄銘「丕顯朕皇祖受天命，鼏宅禹跡，十又二公……」，器身飾細密方折龍紋。

　　秦公壺的年代有秦莊公〔註193〕、文公〔註194〕、東周初期〔註195〕等觀點，基本確定秦公壺的年代為春秋早期偏早階段。國博藏秦公簋銘文中的「十又二公」指文公至桓公，器形、紋飾有春秋中晚期之交的特點，秦公簋的年代應為春秋晚期的秦景公〔註196〕。

2.2.1.2　「L」形角龍

　　上海博物館藏禮縣大堡子山出土秦公簋〔註197〕（圖2-48：4），蓋邊和器沿飾竊曲紋，每組間設一浮雕龍首，蓋上和器腹飾瓦紋，圈足飾垂鱗紋，圈足有龍形足，龍飾「L」形角（圖2-48：5）。

圖 2-48　秦系螺角龍、「L」形角龍

1.上海博物館藏秦公壺　2.寶雞千河魏家崖銅簋　3.中國國家博物館藏秦公簋
4、5.上海博物館藏秦公簋、圈足「L」形角龍

〔註192〕禮縣博物館，禮縣秦西垂文化研究會，秦西垂陵區〔M〕，北京：文物出版社，2004：127。
〔註193〕李學勤，艾蘭，最新出現的秦公壺〔N〕，中國文物報，1994-10-23。
〔註194〕陳昭容，談新出秦公壺的時代〔J〕，考古與文物，1995，4：64～70。
〔註195〕白光琦，秦公壺應為東周初期器〔J〕，考古與文物，1995，4：71。
〔註196〕王輝，王偉，秦出土文獻編年訂補〔M〕，西安：陝西出版媒體集團，三秦出版社，2014：25～28。
〔註197〕蔡慶良，張志光，嬴秦溯源──秦文化特展〔M〕，臺北：國立故宮博物院，2016：168～169。

2.2.1.3 「Y」形角龍。

根據吻部長短，可分短吻「Y」形角龍和長吻「Y」形角龍。

短吻「Y」形角龍。

立體短吻「Y」形角龍造型，根據形制，可分為三式：

Ⅰ式 「Y」形角上端近平，簡樸。

首陽齋秦公簋〔註198〕（圖2-49：1），腹上部飾獸目交連紋，下部飾垂鱗紋，三獸形蹄足，有兩龍形附耳，短吻，下頜（長獠牙）內卷，尾端分叉，耳「Y」形角，角短近平，造型厚重、古樸。

圖2-49 秦系立體短吻「Y」形角龍

1.首陽齋秦公簋 2、3.圓頂山98LDM1銅方壺、龍形飾 4、5.圓頂山98LDM2銅簋、龍形耳

Ⅱ式 角方折，角短上挑。

禮縣圓頂山98LDM1：8銅方壺〔註199〕（圖2-49：2），器身飾龍紋，壺圈

〔註198〕首陽齋，上海博物館，香港中文大學文物館，首陽吉金——胡盈瑩、范季融藏中國古代青銅器〔M〕，上海：上海古籍出版社，2008：136～139。

〔註199〕甘肅省文物考古研究所，禮縣博物館，禮縣圓頂山春秋秦墓〔J〕，文物，2002，2：8，10～11。

足四角有四隻相向的臥虎將壺托起，壺頸部飾長鼻龍銜環耳；壺蓋四周、腹四周各有一凸起的龍首（圖2-49：3），龍「Y」形角、方折，一角端上挑亦平齊。

Ⅲ式　角方折、裝飾繁縟。

禮縣圓頂山98LDM2：35銅簋[註200]（圖2-49：4），蓋頂四角各有1隻俯鳥支足，器身是蟠螭紋、瓦棱紋，裝飾有數支老虎；腹壁外兩龍形銜鳥首組成的環形耳，龍短吻，「Y」形角、裝飾繁縟（圖2-49：5）。

秦公簋的年代為春秋早期，98LDM1的年代為春秋中期，98LDM2的年代為春秋中期偏晚或晚期偏早階段，98LDM2的年代應晚於98LDM1。

平面「Y」型角，根據形制可分為兩式：

Ⅰ式　「Y」形角、略方折。

上海博物館藏龍紋方壺，被認為是不具銘文的秦公壺[註201]，壺腹下部飾交龍紋，龍短鼻，「Y」形角，一角端上挑（圖2-51：4）。禮縣大堡子山秦國君墓出土盾形金飾片[註202]（圖2-51：1），原定為「組合獸面紋」，應是龍紋。龍目橢圓，龍下頜內卷、短吻，「L」形額角，有「Y」形角、一端上揚，角底端內卷，其體軀分成三段，似有表現龍爪。

圖2-50　禮縣大堡子山秦公大墓（M2）漆匣

〔註200〕甘肅省文物考古研究所，禮縣博物館，甘肅禮縣圓頂山98LDM2、2000LDM4春秋秦墓〔J〕，文物，2005，2。

〔註201〕李朝遠，上海博物館新藏秦器研究〔A〕，李朝遠，青銅器學步集〔M〕，北京：文物出版社，2007：97～98。

〔註202〕禮縣博物館，禮縣秦西垂文化研究會，秦西垂陵區〔M〕，北京：文物出版社，2004：38。

禮縣大堡子山秦公大墓（M2）出土的漆匣〔註203〕（圖 2-50），定名為鳳鳥紋漆匣，通過對紋飾單元分解來看，應是龍紋。漆匣紋飾摹本由四組龍紋組成（圖 2-51：2），斜角對稱，實為龍紋 A 和龍紋 B 兩組。龍紋 A 短鼻、「L」形額角，下頜內卷、吐舌，「Y」形角，一端上挑，略方折（圖 2-51：3）。

圖 2-51　平面短吻「Y」形角龍

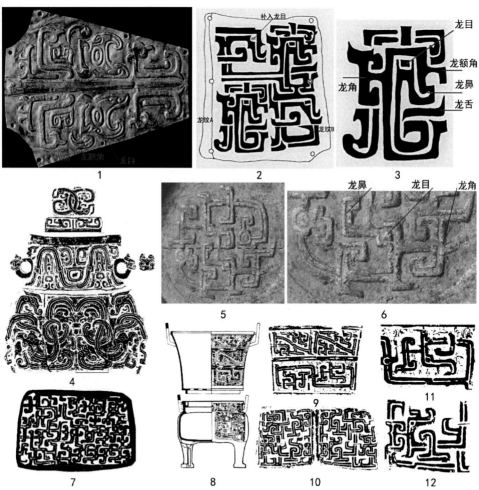

1.禮縣大堡子山盾形金飾片　2、3.禮縣大堡子山秦公大墓（M2）漆匣龍紋　4.上海博物館藏龍紋方壺　5、6.珍秦齋藏秦子姬簋蓋　7.鳳翔八旗屯 BM2 銅鼎龍紋　8～12.隴縣邊家莊一號墓 M1 銅瓿

〔註203〕禮縣博物館，禮縣秦西垂文化研究會，秦西垂陵區〔M〕，北京：文物出版社，2004：15。

II式　「Y」形角，方折。

珍秦齋藏秦子姬簋蓋〔註204〕（圖 2-51：5、6），蓋頂為圓形，飾兩形制相同的龍紋，兩龍紋互為顛倒。龍角呈「Y」字形，一角端上揚、方折，體軀微弧。龍體軀尾部圓圈應是獸目交連紋，由於受器物形制的限制，獸目角對稱的龍紋未能表現出來。關於此器的年代，有秦文公太子靜公〔註205〕、秦出子〔註206〕兩說。

隴縣邊家莊一號墓 M1：11 銅甗〔註207〕（圖 2-51：8），鬲、甑均飾方折龍紋，鬲、甑龍紋的最小單元均為「Y」形角，一角端上揚，吐舌，兩者略有區別，鬲上龍紋額角為「L」形（圖 2-51：12），甑上龍紋額角為錐形凸點狀（圖 2-51：11）。

III式　方折，細密，角中部突出。

鳳翔八旗屯 BM2 銅鼎龍紋〔註208〕（圖 2-51：7），龍紋更細密，角兩端內卷，角頂由一端上揚，到中間部分凸出一角。

禮縣大堡子山秦公大墓（M2）漆匣、盾形金飾片的年代為春秋早期，珍秦齋藏秦子姬簋蓋、隴縣邊家莊一號墓 M1：11 銅甗的年代應略晚於 I 式，年代為春秋早期偏晚或中期偏早階段，鳳翔八旗屯 BM2 銅鼎龍紋的年代為春秋晚期偏早階段。

長吻「Y」形角龍

禮縣圓頂山 98LDM2 蟠虺紋方壺〔註209〕（圖 2-52：1），耳部裝飾較為特殊。楊式昭稱之為「鳳首套環耳」，鳳首耳的形制是「由兩側的獸首耳上高高支起鏤空的鳳首，鳳首長冠後垂，圓目勾喙，喙下也皆出一對角形獠牙。這種猙獰形象的鳳首，是春秋的新造型」〔註210〕。蔡慶良稱之為「神人紋飾」〔註211〕。

〔註204〕蕭春源，珍秦齋藏金・秦銅器篇〔M〕，澳門：澳門基金會，2006：28。

〔註205〕李學勤，論秦子簋蓋及其意義〔J〕，故宮博物院院刊，2005，6：21～26。

〔註206〕董珊，秦子姬簋蓋初探〔J〕，故宮博物院院刊，2005，6：27～32。

〔註207〕尹盛平，張天恩，陝西隴縣邊家莊一號春秋秦墓〔J〕，考古與文物，1986，6：15～22。

〔註208〕陳平，試論關中秦墓青銅容器的分期問題〔J〕，考古與文物，1984，3：63。

〔註209〕甘肅省文物考古研究所，禮縣博物館，甘肅禮縣圓頂山 98LDM2、2000LDM4 春秋秦墓〔J〕，文物，2005，2。

〔註210〕楊式昭，春秋青銅方壺的耳飾初探〔A〕，楊式昭，春秋方壺上的立體飾件研究〔M〕，臺北：臺北歷史博物館，2016：19～21。

〔註211〕蔡慶良，春秋時期秦國的藝術特色〔A〕，蔡慶良，張志光，嬴秦溯源——秦文化特展〔M〕，臺北：國立故宮博物院，2016：339～340。

　　通過對壺耳裝飾的解析，其應是長鼻「Y」形角龍，長鼻部分又被裝飾成龍，其有目、鼻、牙、角等均是龍常見的表現形式，尤其是「L」形額角、「Y」形且一端上揚的角（圖2-52：2）。

圖2-52　圓頂山98LDM2銅壺與立體長吻「Y」形角龍耳解析

1　　　　　　　　　2

　　從西周晚期的單五父壺（圖2-53：1）到春秋早期的小邾國邾君慶壺〔註212〕（圖2-53：3）、長清仙人臺銅壺、梁帶村M26仲姜壺〔註213〕（圖2-53：2）等均可見此種類型的裝飾風格，應是來源於周文化，表現的均應是龍的形象。

圖2-53　西周晚期至春秋早期長吻「Y」形角龍耳壺

1　　　　　　　　　2　　　　　　　　　3

1.單五父壺　2.梁帶村M26仲姜壺　3.邾君慶壺

〔註212〕棗莊市博物館，小邾國遺珍〔M〕，北京：中國文史出版社，2006：18。
〔註213〕上海博物館，陝西省考古研究院，金玉華年：陝西韓城出土周代芮國文物珍品〔M〕，上海：上海書畫出版，2012：200。

　　上海博物館藏秦公鎛〔註214〕、禮縣大堡子山秦子鎛〔註215〕、寶雞太公廟秦公鎛〔註216〕，扉棱均裝飾有「Y」形角長鼻龍。根據形制可分為兩式：

　　Ⅰ式　「Y」形角側端上揚。

　　上海博物館藏秦公鎛（圖2-54：1、2）、禮縣大堡子山秦子鎛（圖2-54：3、4），兩鎛鐘扉棱形制相似，最小單元由兩龍組成，兩龍共用一身呈「S」形，一龍長鼻、「Y」形角，角側端上揚，另一龍亦長鼻，柱形角。禮縣圓頂山98LDM2蟠虺紋方壺龍耳亦屬於此型式。

　　Ⅱ式　「Y」形角中間突出。

　　寶雞太公廟秦公鎛（圖2-54：5、6），扉棱紋飾最小單位亦由兩龍組成，龍長鼻、「Y」形角，角中間部分凸起。

圖2-54　秦子鎛、秦公鎛長吻「Y」形角龍扉棱

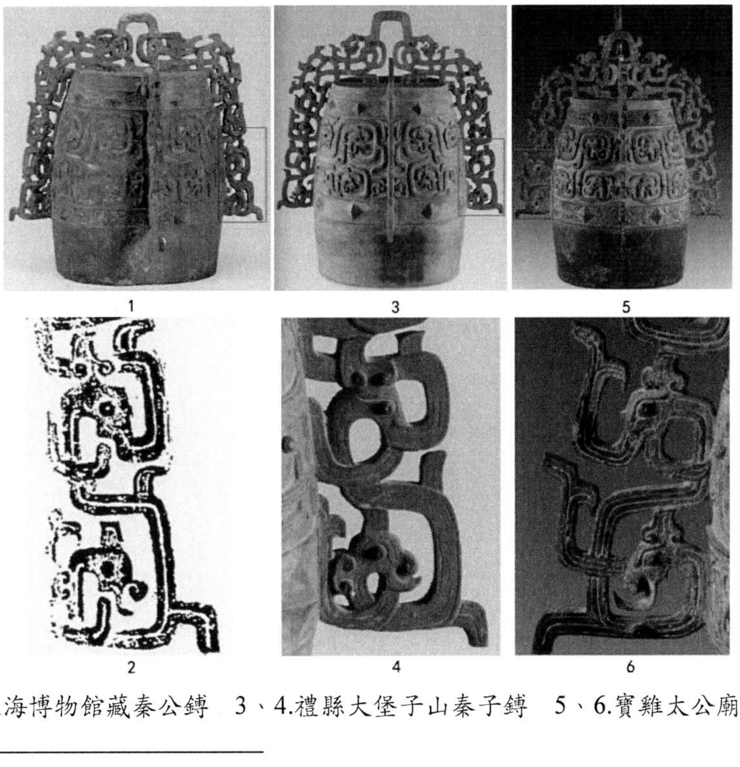

1、2.上海博物館藏秦公鎛　3、4.禮縣大堡子山秦子鎛　5、6.寶雞太公廟秦公鎛

〔註214〕陳佩芬，夏商周青銅器研究‧東周篇上〔M〕，上海：上海古籍出版社，2004：214〜216。

〔註215〕早期秦文化聯合考古隊，2006年甘肅禮縣大堡子山祭祀遺跡發掘簡報〔J〕，文物，2008，11：14〜29。

〔註216〕盧連成，楊滿倉，陝西寶雞縣太公廟村發現秦公鐘、秦公鎛〔J〕，文物，1978，11：1〜5，97〜98。

從形制、紋飾及銘文看，上海博物館藏秦公鎛最早，禮縣大堡子山秦子鎛與之年代相近而略晚，寶雞太公廟秦武公鎛次之，上博秦公鎛與秦子鎛年代為春秋早期，而寶雞太公廟秦公鎛的年代為春秋早期偏晚〔註217〕。

平面長吻「Y」形角龍

禮縣大堡子山遺址流散銅鼎〔註218〕，完整的目前發現有 10 件；根據花紋分出竊曲紋和垂鱗紋兩類。竊曲紋鼎 7 件，其中上海博物館藏 4 件〔註219〕，范季融原藏 3 件〔註220〕，器銘中上海博物館藏 1、2 號秦公鼎作「秦公作鑄用鼎」，銘文中的「秦」字下半部的寫法不帶「臼」；其餘 5 件銘文作「秦公作寶用鼎」，秦字均帶「臼」。

秦公鼎竊曲紋的最小單元應都是長鼻「Y」形角龍，上海博物館藏秦公鼎〔註221〕（圖 2-55：1），龍目圓睜，龍目左側為「Y」形角，兩角下端內卷，一角端上揚成「C」形，龍鼻較長、分三段（圖 2-55：2、3）。鳳翔雍城姚家崗遺址銅建築構件〔註222〕（圖 2-55：4），由四種形制的龍紋組合而成，其中有一為「Y」形角長鼻龍，下頷內勾，緊連「Y」形角，龍目圓形，左右兩側對稱，長鼻勾連。

秦公鼎的年代為春秋早期；有學者認為雍城姚家崗遺址建築構件的年代為春秋晚期〔註223〕、春秋中晚期〔註224〕，根據「Y」角龍形制來看，其年代可能稍早，或為春秋中期。

〔註217〕趙化成，王輝，韋正，禮縣大堡子山秦子「樂器坑」相關問題探討〔A〕，文物，2018，11：54～66。

〔註218〕王輝，趙化成，甘肅省禮縣大堡子山遺址流散文物調查研究〔A〕，曹瑋，任天洛，秦時期冶金考古國際學術研討會論文集〔C〕，北京：科學出版社，2014：24。

〔註219〕陳佩芬，夏商周青銅器研究‧東周篇上〔M〕，上海：上海古籍出版社，2004：2～9。

〔註220〕首陽齋，上海博物館，香港中文大學文物館，首陽吉金——胡盈瑩、范季融藏中國古代青銅器〔M〕，上海：上海古籍出版社，2008：130～135。

〔註221〕陳佩芬，夏商周青銅器研究‧東周篇上〔M〕，上海：上海古籍出版社，2004：3，5。

〔註222〕鳳翔縣文化館，陝西省文管會，鳳翔先秦宮殿試掘及其銅質建築構件〔J〕，考古，1976，2：121～128。

〔註223〕蔡慶良，春秋時期秦國的藝術特色〔A〕，蔡慶良，張志光，嬴秦溯源——秦文化特展〔M〕，臺北：國立故宮博物院，2016：339～340。

〔註224〕王元，秦都雍城「姚家崗」宮區再認識〔J〕，考古與文物，2016，3：69～74。

圖 2-55　秦系平面長吻「Y」形角龍

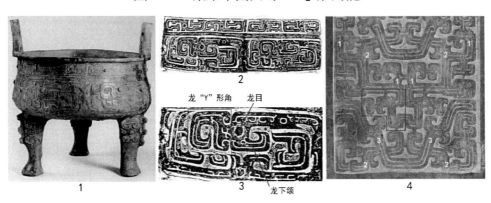

1、2、3.上海博物館藏秦公鼎及龍紋解析　4.鳳翔雍城姚家崗銅建築構件

2.2.1.3　方折型無角龍

上海博物館藏五件交龍波曲紋鼎〔註225〕（圖 2-56：3），腹部紋飾分為兩層，上層飾方折交連的蟠龍紋，下層飾波曲紋，耳外側與腹上部紋飾相同，是典型的秦器。龍紋方折、無角，有小額角、呈凸起小三角形（圖 2-56：4）。臺北故宮博物院藏蟠虺紋銅鼎〔註226〕（圖 2-56：1），從形制、紋飾來看，是典型的秦器；上腹飾龍紋，龍斜角對稱組成一個紋飾單元，龍紋方折、卷鼻、舌分叉，「L」形額角（圖 2-56：2）。隴縣邊家莊一號墓銅壺〔註227〕（圖 2-56：7），蓋頂兩龍紋尾部相交，龍方折、舌端分叉，斜角對稱部分略有差異，一龍為「L」形額角，一龍無額角（圖 2-56：8）。

禮縣大堡子山秦公大墓（M2）出土的龍紋漆匣〔註228〕（圖 2-50），紋飾最小單元為龍紋（圖 2-56：5），龍紋略方折，龍紋 B 無角（圖 2-56：6），吐舌，下頷內卷較甚，額角為凸起小三角。

〔註225〕陳佩芬，夏商周青銅器研究・東周上〔M〕，上海：上海古籍出版社，2004：10～13。

〔註226〕游國慶主編，吉金耀采——院藏歷代銅器〔M〕，臺北：臺北故宮博物院，2015：153。

〔註227〕尹盛平，張天恩，陝西隴縣邊家莊一號春秋秦墓〔J〕，考古與文物，1986，6：15～22，彩圖選自蔡慶良，張志光，嬴秦溯源——秦文化特展〔M〕，臺北：國立故宮博物院，2016：179。

〔註228〕禮縣博物館，禮縣秦西垂文化研究會，秦西垂陵區〔M〕，北京：文物出版社，2004：15。

圖 2-56 平面方折型無角龍紋

1、2.臺北故宮博物院藏蟠虺紋銅鼎　3、4.上海博物館藏交龍波曲紋鼎　5、6.禮縣大堡子山秦公大墓龍紋漆匣　7、8.隴縣邊家莊一號墓銅壺

2.2.2　鳳

　　鳳鳥與普通鳥的表現形式略有區別，主要體現在冠上，鳳鳥一般在頭上用不同形式表現出冠的形象；根據形制、表現形態及材質等，可將鳳鳥分為四型。

　　一般用作銅器蓋頂部的裝飾。

　　Ⅰ式，珍秦齋藏銅盉〔註229〕，盉蓋為鳳鳥，勾喙彎曲成直角，頭部單冠，雙翅、尾羽裝飾為直線條（圖 2-57：1）。

　　Ⅱ式，千河魏家崖出土銅盉蓋，勾喙變短，頭部多冠，頸部飾鱗紋，雙翅

〔註229〕蕭春源，珍秦齋藏金・秦銅器篇〔M〕，澳門：澳門基金會，2006：24～25。

及尾羽飾曲線條（圖 2-57：2）。

　　Ⅲ式，圓頂山 98LDM2 銅盉蓋，冠部裝飾繁縟，雙翅及尾羽飾變形方折龍紋（圖 2-57：3）。

　　Ⅳ式，雍城豆腐村鳳鳥銜環薰形器蓋，勾喙呈弧形，頭部單冠，頸部及軀幹飾鱗紋，雙翅飾幾何紋飾，形象靈動（圖 2-57：4）。

　　立鳳。

圖 2-57　秦系鳳造型

1　　　　　　　　　　　　　　2

3　　　　　　　　　　　　　　4

　　1.珍秦齋藏銅盉蓋　2.千河魏家崖銅盉蓋　3.圓頂山銅盉蓋（98LDM2）
　　4.雍城鳳鳥銜環薰形器蓋

　　表現的是鳳鳥站立的形態。咸陽城遺址 62XYCLJC4：55 鳳鳥紋銅鍰〔註230〕（圖 2-58：1）和乾縣出土的銅扁壺〔註231〕（圖 2-58：2），壺身飾站立鳳鳥紋。

〔註230〕陝西省考古研究所，秦都咸陽考古報告〔M〕，北京：科學出版社，2004：160～161。

〔註231〕蔡慶良，張志光，秦業流風——秦文化特展〔M〕，臺北：臺北故宮博物院，2016：267。

圖 2-58 秦系立鳳造型

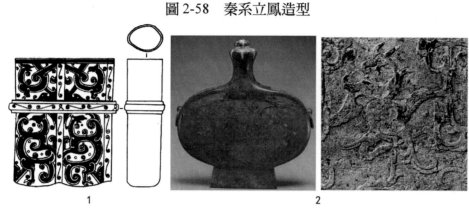

1   2

1.咸陽城遺址 62XYCLJC4 鳳紋銅錣　2.乾縣鳳紋銅扁壺

2.2.3 虎

虎呈奔或走狀。

立體型，根據形制可分為四式。

Ⅰ式　體軀纖細、較長，部分足部有穿孔，應是器物的附屬物。

圖 2-59 秦系Ⅰ式虎

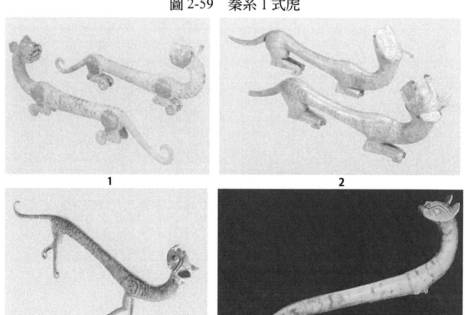

1   2

3   4

1、2.日本 MIHO 博物館藏銅虎、金虎　3.美國某私人藏銅虎
4.法國集美博物館展出金虎

　　日本MIHO博物館藏銅虎、金虎〔註232〕，肌肉突出，前後肢突出處有吐舌龍紋（圖2-59：1、2）。禮縣大堡子山出土，現美國私人藏銅虎〔註233〕（圖2-59：3）、法國集美博物館藏金虎〔註234〕（圖2-59：4），體軀瘦長、纖細，腿部肌肉表現不明顯。

　　Ⅱ式　體軀寬扁。

　　禮縣大堡子山樂器坑出土銅虎，與之同出的有秦子鎛、編鐘、編磬等，虎身飾渦紋和幾何雲紋（圖2-60：1），陳倉博物館藏一件金虎〔註235〕（圖2-60：2），出土於寶雞市千河魏家崖村；西安博物院藏一件金虎〔註236〕（圖2-60：3），1979年出土於鳳翔縣虢鎮；兩件金虎形制相似，有突出獠牙。

圖2-60　秦系Ⅱ、Ⅲ式虎

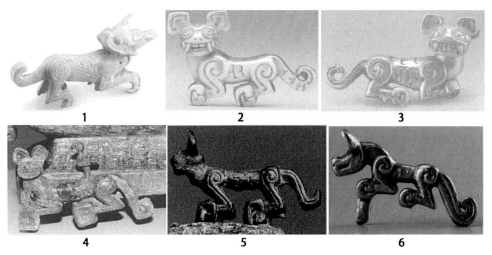

1.禮縣大堡子山樂器坑銅虎　2.陳倉博物館藏金虎　3.鳳翔縣虢鎮金虎　4.禮縣98LDM2銅簋虎形座　5.禮縣98LDM2銅盉虎蓋鈕　6.秦公一號大墓金虎

〔註232〕王輝，趙化成，甘肅省禮縣大堡子山遺址流散文物調查研究〔A〕，曹瑋，任天洛，秦時期冶金考古國際學術研討會論文集〔C〕，北京：科學出版社，2014：22，23。

〔註233〕王輝，趙化成，甘肅省禮縣大堡子山遺址流散文物調查研究〔A〕，曹瑋，任天洛，秦時期冶金考古國際學術研討會論文集〔C〕，北京：科學出版社，2014：23。

〔註234〕禮縣博物館，禮縣秦西垂文化研究會，秦西垂陵區〔M〕，北京：文物出版社，2004：40。

〔註235〕蔡慶良，張志光，嬴秦溯源——秦文化特展〔M〕，臺北：國立故宮博物院，2016：71。

〔註236〕西安博物院，西安博物院〔M〕，西安：世界圖書出版西安公司，2007：169。

Ⅲ式　體軀略細。

禮縣 98LDM2〔註 237〕銅壺、銅盉、銅簠的附屬裝飾物上有虎造型，銅盨座虎飾波折虎身紋（圖 2-60：4），M2：20 銅壺蓋側飾虎，虎身飾波折形虎紋（圖 2-60：5），雍城秦公一號大墓出土金虎〔註 238〕（圖 2-60：6），虎身素面。

Ⅳ式　虎身素面。

西安南郊北沈家橋杜虎符〔註 239〕（圖 2-61），素面，虎身特徵寫實性增強，表現較為明顯的虎掌、虎爪，與環勾形的爪區別較大；符內錯金篆書 40字「兵甲之符，右在君，左在杜，凡興士披甲，用兵五十人以上必會君符，乃敢興之。燔燧之事，雖毋會符，行殹」。與之形制相似的有秦新郪虎符〔註 240〕、秦陽陵虎符〔註 241〕等。

圖 2-61　杜虎符

〔註 237〕甘肅省文物考古研究所，禮縣博物館，甘肅禮縣圓頂山 98LDM2、2000LDM4春秋墓〔J〕，文物，2005，2：4～27。

〔註 238〕楊軍昌，陳建立，田亞岐，陝西鳳翔雍城遺址出土金製品之技術研究〔A〕，曹瑋，任天洛，秦時期冶金考古國際學術研討會論文集〔C〕，北京：科學出版社，2014：78。

〔註 239〕蔡慶良，張志光，秦業流風——秦文化特展〔M〕，臺北：臺北故宮博物院，2016：58～59。

〔註 240〕王國維，秦新郪虎符跋〔A〕，王國維，觀堂集林〔M〕，北京：中華書局，1959：903～904。

〔註 241〕王國維，秦陽陵虎符跋〔A〕，王國維，觀堂集林〔M〕，北京：中華書局，1959：904～905。

虎爪由「C」形到寫實，虎身軀造型經歷了細長、寬扁、變細這一過程，虎身裝飾使用「〈〈」紋時間較長，並有幾何紋等其他裝飾。

Ⅰ式虎應均是大堡子山出土，年代為春秋早期偏早；Ⅱ式虎的年代為春秋早期偏晚階段至春秋中期；Ⅲ式虎的年代為春秋晚期；Ⅳ式虎的年代為戰國時期。

2.2.4　豹

雍城豆腐村製陶作坊遺址發現有豹鹿魚紋瓦當〔註242〕（圖 2-62：1），面飾一回首張口的豹紋，細尾上卷，即將咬住一隻小獸。西安北郊徐家灣遺址曾出土豹紋瓦當（圖 2-62：2），顧首，身上飾斑點紋。

圖 2-62　秦系豹紋樣

1.豹鹿魚紋瓦當（豆腐村）　2.豹紋瓦當（西安北郊徐家灣遺址）

2.2.5　熊

圓頂山 98LDM1 出土一件四輪銅方盒〔註243〕，一扇盒蓋上為熊鈕（圖 2-63：1、2）；圓頂山 98LDM2〔註244〕銅盃的底座為熊（圖 2-63：3），虎又蹲踞其上。西安市北郊北郊第二磚瓦廠秦墓出土一件虎熊鬥壓鎮〔註245〕（圖 2-63：4、5），虎身為素面，口咬熊背；熊長吻，身飾細密紋飾。

〔註242〕陝西省考古研究院，秦雍城豆腐村戰國製陶作坊遺址〔M〕，北京：科學出版社，2013：149，150。

〔註243〕甘肅省文物考古研究所，禮縣博物館，禮縣圓頂山春秋秦墓〔J〕，文物，2002，2：4～30。

〔註244〕甘肅省文物考古研究所，禮縣博物館，甘肅禮縣圓頂山 98LDM2、2000LDM4 春秋墓〔J〕，文物，2005，2：4～27。

〔註245〕西安博物院，西安博物院〔M〕，西安：世界圖書出版西安公司，2007：88。

圖 2-63　秦系熊造型

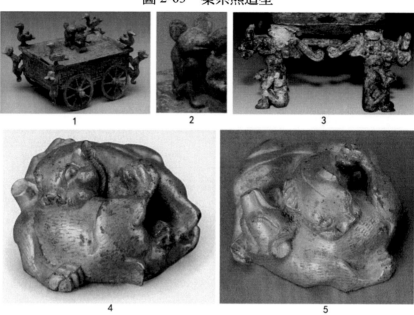

1、2.圓頂山 98LDM1 銅方盒及熊鈕　3.圓頂山 98LDM2 銅盉熊底座
4、5.西安北郊秦墓虎熊鬥壓鎮

2.2.6　蛇

春秋戰國時期，均發現有蛇造型，可分為蛇與複合蛇紋樣，複合蛇紋樣又分為鳥銜蛇、神人珥蛇、蛇咬鹿三類。

2.2.6.1　蛇

寶雞益門村 M2：23 盤蛇金帶鈎〔註246〕（圖 2-64：1），由一條大蛇和六條小蛇構成，大蛇盤曲、回首，四條小蛇盤於大蛇背部，兩條小蛇在大蛇中間首尾相接游動，小蛇頭為三角形。雍城豆腐村遺址出土的鳳鳥銜環薰形銅器〔註247〕（圖 2-64：2），爐體橢球狀，由「S」形蛇鏤空編織而成。單體蛇紋僅發現一件，在秦咸陽城長陵車站遺址採集一件陶響器〔註248〕（圖 2-64：3），兩面均有蛇紋，用三角形表示蛇頭。

〔註246〕寶雞市考古研究所，秦墓遺珍：寶雞益門村二號春秋墓〔M〕，北京：科學出版社，2016：22。

〔註247〕鳳翔縣博物館，鳳翔遺珍——鳳翔縣博物館藏品精粹〔M〕，西安：三秦出版社，2012：118～119，景宏偉，王周應，鳳翔發現戰國鳳鳥銜環銅薰爐〔J〕，文博，1996，1：57。

〔註248〕陝西省考古研究所，秦都咸陽考古報告〔M〕，北京：科學出版社，2004：273。

圖 2-64　秦系蛇紋樣

1.寶雞益門村 M2 盤蛇金帶鈎　2.雍城豆腐村鳳鳥銜環薰形銅器　3.秦咸陽城長陵車站陶響器　4.雍城豆腐村鹿蛇蛙紋瓦當　5.雍城豆腐村銜蛇、踐蛇瓦當模　6.秦咸陽城三義村銜蛇、踐蛇瓦當模　7.咸陽三號宮殿建築遺址龍鳳紋空心磚　8.秦咸陽城遺址神人騎鳳紋空心磚

2.2.6.2　複合蛇紋樣

　　秦雍城豆腐村製陶作坊遺址發現一件銜蛇、踐蛇瓦當模〔註249〕（圖 2-64：5）；在秦咸陽遺址三義村曾發現一件瓦當範〔註250〕，當面為一鳳鳥，高冠、卷尾，作行走狀，在鳳鳥口部銜有蛇（圖 2-64：6）；咸陽三號宮殿建築遺址出土一件龍鳳紋空心磚〔註251〕，雙龍繞三璧，璧中為鳳鳥，緊貼鳳鳥頭上部有一呈三角形的形象（圖 2-64：7），非鳳鳥冠，應是蛇形象；雙龍繞璧鳳鳥銜蛇用三角形表示蛇頭的蛇形象，與秦咸陽城遺址出土虎鹿豬蛇紋（圖 2-64：3）表現手法如出一轍。

　　秦咸陽城遺址採集一件神人騎鳳紋空心磚〔註252〕，神人坦胸光臂，手有

〔註249〕陝西省考古研究院，秦雍城豆腐村戰國製陶作坊遺址〔M〕，北京：科學出版社，2013：222。

〔註250〕陝西省考古研究所，秦都咸陽考古報告〔M〕，北京：科學出版社，2004：225。

〔註251〕陝西省考古研究所，秦都咸陽考古報告〔M〕，北京：科學出版社，2004：490。

〔註252〕陝西省考古研究所，秦都咸陽考古報告〔M〕，北京：科學出版社，2004：220。

二指似龍爪，耳側有一蛇，應是珥蛇形象（圖 2-64：8）。

秦雍城豆腐村製陶作坊遺址發現有鹿蛇蛙紋瓦當〔註253〕（圖 2-64：4）。面飾一站立的鹿，一條長蛇咬住鹿的前腿，蛇身圍繞鹿的四周，一蟾蜍位於鹿的腹下。如此長蛇應屬於蟒蛇之類。

2.2.7 蛙

圖 2-65　秦系蛙紋樣

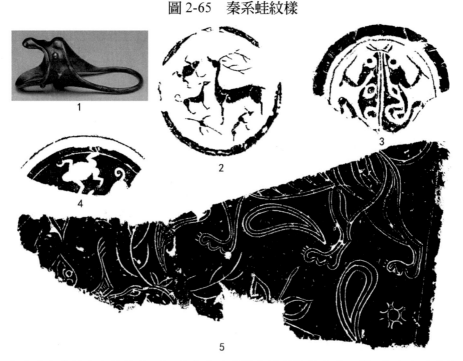

1.臨潼上焦村少府銀蟾蜍　2、4.雍城豆腐村鹿蟾狗雁紋瓦當、範　3.雍城豆腐村蛙紋瓦當　5.咸陽三號宮殿遺址虎鹿蛙紋空心磚

秦雍城豆腐村遺址出土有蛙紋（圖 2-65：3）、鹿蟾狗雁紋（圖 2-65：2）、鹿蛇蟾紋（圖 2-64：4）等瓦當，還出土一件鹿蛙狗雁紋瓦當範殘塊（圖 2-65：4）。秦咸陽城遺址三號宮殿遺址出土的虎鹿蛙紋空心磚（XYNⅢT102③：4），僅存蛙頭和前肢（圖 2-65：4），作爬行狀。

臨潼上焦村 M15：05 銀蟾蜍〔註254〕（圖 2-65：1），張口鼓目，體腔中空，口呈橢圓形。

〔註253〕　陝西省考古研究院，秦雍城豆腐村戰國製陶作坊遺址〔M〕，北京：科學出版社，2013：147，150。

〔註254〕　秦俑考古隊，臨潼上焦村秦墓清理簡報〔J〕，考古與文物，1980，2：42～50。

2.2.8　鬥獸

　　鬥獸紋瓦當〔註255〕（圖2-66：1），採集於鳳翔縣南指揮鎮東社村，當面表現出一人與怪獸搏鬥的場面。豆腐村製陶作坊遺址出土的鬥獸紋〔註256〕（圖2-66：2）；雍城豆腐村遺址出土的鳳鳥銜環薰形銅器〔註257〕（圖2-66：3、4），底座正立面上紋飾相同，上層飾手執戈盾的三個人物，空隙有三雙老虎，下層紋飾基本相同，僅在兩側各增加一雙鳥和一雙側立的老虎。

　　這四件器物年代均在戰國早期，儘管受材質的限制，表現方式略有差別，但主題是一致的。

圖 2-66　秦系鬥獸紋樣

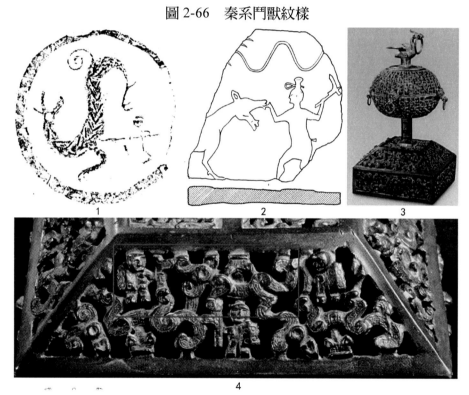

1.鳳翔東社村鬥獸紋瓦當　2.鳳翔豆腐村鬥獸紋磚　3、4.鳳翔豆腐村鳳鳥銜環薰形銅器鬥獸紋

〔註255〕陝西省考古研究所秦漢研究室，新編秦漢瓦當圖錄〔M〕，西安：三秦出版社，1986：5。

〔註256〕陝西省考古研究院，秦雍城豆腐村戰國製陶作坊遺址〔M〕，北京：科學出版社，2013：207。

〔註257〕鳳翔縣博物館，鳳翔遺珍──鳳翔縣博物館藏品精粹〔M〕，西安：三秦出版社，2012：118～119。

2.2.9　豬

圖 2-67　秦系豬紋樣

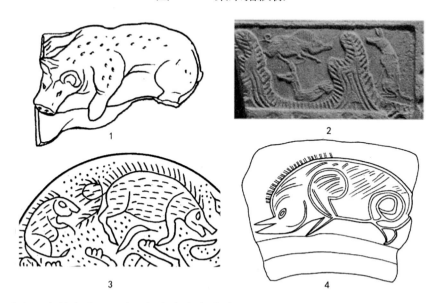

1.鳳翔豆腐村陶豬　2.鳳翔彪角宴樂畫像磚局部　　3、4.咸陽長陵車站陶器豬紋飾

　　秦出土文物形象中的豬似可分為兩種形態，野豬和家豬。鳳翔彪角畫像磚最下層表現山林景象，其中豬鬃毛較長、頭部較肥大（圖 2-67：2）；秦咸陽城長陵車站作坊遺址出土陶墊圈 59XYCLT6③：59 上有野豬形象〔註258〕（圖 2-67：4），尖嘴、圓眼猙獰、卷尾。鳳翔豆腐村出土一件陶豬〔註259〕伏臥在方形臺座上，身飾凹下的小芝麻點紋（圖 2-67：1）；咸陽城 59XYCL 採：92〔註260〕為兩面均模印有豬形象，一為單豬，一為子母豬（圖 2-67：3）。

2.2.10　雁

　　雁器物可分為兩類，全形雁和表現雁的局部，表現雁的局部類雁足、雁首等。

　　西安北郊樂百氏 M34 匠人墓出土一件雁足燈模〔註261〕（圖 2-68：1），燈柄為雁腿，燈座由雁足趾和踏板組成。咸陽市塔爾坡秦墓出土一件銅雁足

〔註258〕陝西省考古研究所，秦都咸陽考古報告〔M〕，北京：科學出版社，2004：93。
〔註259〕陝西省考古研究院，秦雍城豆腐村戰國製陶作坊遺址〔M〕，北京：科學出版社，2013：241～242。
〔註260〕陝西省考古研究所，秦都咸陽考古報告〔M〕，北京：科學出版社，2004：273。
〔註261〕陝西省考古研究所，西安北郊秦墓〔M〕，西安：三秦出版社，2006：127。

燈〔註262〕，形制相似，踏板形狀略有區別。山東臨淄商王戰國晚期 M1 出土一件雁足燈〔註263〕（圖 2-68：2），雁足三趾，膝部和足蹼刻畫細緻，應是秦地製造。

圖 2-68　秦系雁、鳧雁造型

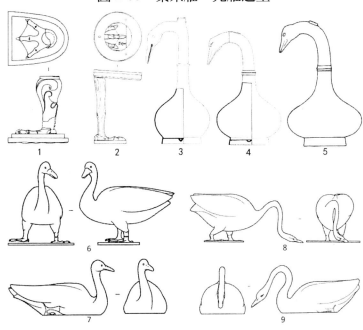

1.西安北郊秦墓雁足燈模　2.臨淄商王 M1 雁足燈　3、4、5.鳧雁壺（米脂縣博物館、延安李渠鎮、侯馬虒祁）　6～9.秦始皇陵兵馬俑 K0007 陪葬坑銅雁等

鳧雁壺，也稱曲頸壺，被視為秦文化的標準器〔註264〕，侯馬虒祁 M2129〔註265〕出土一件（圖 2-68：5）。米脂縣〔註266〕（圖 2-68：3）、延安李渠鎮周家灣〔註267〕（圖 2-68：4）各出土一件曲頸壺。

秦始皇陵兵馬俑 K0007 陪葬坑〔註268〕I 區過洞中部出土雁有立姿、臥姿

〔註262〕咸陽市博物館，陝西咸陽塔爾坡出土的銅器〔J〕，文物，1975，6：71，73。

〔註263〕淄博市博物館，齊故城博物館，臨淄商王墓地〔M〕，濟南：齊魯書社，1997：32。

〔註264〕吳小平，饒華松，曲頸壺小考〔J〕，華夏考古，2015，2：116～118。

〔註265〕山西省考古研究所侯馬工作站，山西侯馬市虒祁墓地的發掘〔J〕，考古，2002，4。

〔註266〕曹瑋，陝北出土青銅器（2）〔M〕，成都：巴蜀書社，2009：203。

〔註267〕曹瑋，陝北出土青銅器（2）〔M〕，成都：巴蜀書社，2009：205。

〔註268〕陝西省考古研究院，秦始皇兵馬俑博物館，秦始皇帝陵園考古報告（2001-2003）〔M〕，北京：文物出版社，2007：170～172。

（圖 2-68：6、7），K0007 陪葬坑Ⅰ區過洞西部出土天鵝有立姿、臥姿（圖 2-68：8、9）。

2.2.11 鶴

鳳翔彪角鎮出土宴飲畫像磚〔註269〕（圖 2-69：1），圖中有三人，二人對坐，中間擺了兩個耳杯，左側人的身後置一提梁壺，右側人的身後置一卮，表現正在對飲，畫面的上方還有一正在鳳翔的鶴的形象。陝西歷史博物館藏雲鶴紋瓦當〔註270〕（圖 2-69：3），瓦面中心為雙鶴紋，中間為雲紋。西安市文管會藏雲鳥（鶴）紋瓦當〔註271〕（圖 2-69：4），當面的正中上方有鶴紋。

秦始皇帝陵陪葬坑 K0007Ⅰ區過洞青銅鶴〔註272〕（圖 2-69：2），鶴呈立姿，長曲頸下伸至地面作覓食狀，喙中含一銅質蟲狀物，表現的是鶴從水中覓得蟲蝦後尖喙離開水面的瞬間姿態。

圖 2-69 秦系鶴、鷗鴉紋樣

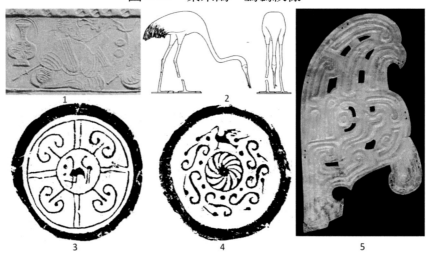

1.鳳翔彪角鎮宴飲畫像磚　2.秦始皇帝陵陪葬坑 K0007 青銅鶴　3.陝西歷史博物館藏雲鶴紋瓦當　4.西安市文管會藏雲鶴紋瓦當　5.禮縣大堡子山金飾片

〔註269〕西北大學文博學院考古專業，百年學府聚珍〔M〕，北京：文物出版社，2002：82。

〔註270〕陝西省考古研究所秦漢研究室，新編秦漢瓦當圖錄〔M〕，西安：三秦出版社，1986：46。

〔註271〕陝西省考古研究所秦漢研究室，新編秦漢瓦當圖錄〔M〕，西安：三秦出版社，1986：47。

〔註272〕陝西省考古研究院，秦始皇兵馬俑博物館，秦始皇帝陵園考古報告（2001-2003）〔M〕，北京：文物出版社，2007：171。

2.2.12　鷗鴉

　　大堡子山出土金飾片〔註273〕（圖2-69：5），吻部向下勾起，眼睛、軀體皆以長直略帶圓曲的線條勾勒而成。

2.2.13　其他鳥類

　　陝西鳳翔南指揮村秦公一號大墓出土一件鳥首環身玉帶鉤〔註274〕（圖2-70：3），環形鉤身，鉤頭為回首鳥形，鳥圓頭尖喙，嘴中雕一陰線，眼部琢出一淺孔。西安三橋後衛寨出土的「廿一年寺工」車軎（圖2-70：2），軎首作卷角羊首形，軎體飾一突起的巨喙鳥首（圖2-70：4）。禮縣圓頂山98LDM1出土的銅方盒〔註275〕，四角有鳥的造型（圖2-70：1）。

圖2-70　秦系其他鳥造型

1.禮縣圓頂山98LDM1銅方盒　2、4.西安後衛寨「廿一年寺工」車軎
3.秦公一號大墓鳥首玉帶鉤

〔註273〕禮縣博物館，禮縣秦西垂文化研究會，秦西垂陵區〔M〕，北京：文物出版社，2004：33～34。

〔註274〕劉雲輝，陝西出土東周玉器〔M〕，北京：文物出版社，2006：119。

〔註275〕甘肅省文物考古研究所，禮縣博物館，禮縣圓頂山春秋秦墓〔J〕，文物，2002，2：4～30。

2.2.14 羊

西安三橋後衛寨 1956 年出土「廿一年寺工」車軎〔註276〕（圖2-70：2），軎首作卷角羊首形，軎體飾一突起的巨喙鳥首，軎上有刻銘「廿一年，寺工獻，工上造但」；據銘文，此器是秦王政廿一年鑄造。

2.2.15 秦系青銅器動物紋樣特徵

秦器藝術裝飾有明顯的地方性風格。春秋早期，青銅器鼎、簋以竊曲紋、重環紋、垂鱗紋為特徵，方壺以回首龍紋為主要裝飾，進入春秋中期，花紋有了明顯的變化，竊曲紋、垂鱗紋、回龍紋已少見，最流行的是一種勾連方折虺龍紋，這種勾連方折虺龍單體還較大、較舒展，春秋晚期至戰國早期流行糾結緻密狀蟠虺紋〔註277〕。

立體龍形裝飾，秦器暫未發現瓶角龍裝飾的器物，「L」形角龍僅見於秦公簋圈足裝飾，與列國同時期裝飾相同，均應是繼承西周晚期的樣式，春秋早期以後不再流行。

螺角龍裝飾在秦國一直延續到春秋晚期。其中，春秋早期秦公壺腹部以螺角盤龍為飾，是西周晚期開始流行的紋飾，如頌壺；這種腹部以盤龍為飾，在春秋中期禮縣圓頂山 98LDM2 銅壺上亦有發現，此銅壺龍角為「Y」形；春秋中期以後不再流行。秦在春秋中期依然沿用春秋早期圓腹、圈足簋，簋半環耳、螺角龍形制也被沿用，這種對傳統用簋禮制的堅持一直延續到春秋晚期，「陝西秦區不只保守用簋的禮制，且保守用簋的形制」〔註278〕；秦人在簋的形體上繼承了西周晚期的樣式，卻在裝飾上加以發揮，如春秋晚期的秦公簋，秦式的蟠虺紋密密布滿器物表面，轉折的線條顯得剛硬四方。

立體「Y」形角龍在春秋早期見於秦公簋等器物耳部；春秋早期偏晚階段開始方折化，春秋中晚期發現於銅壺、銅罍等器物耳部等，裝飾繁縟、華麗，形制依然為「C」形環耳，未發現有爬龍形象；春秋晚期，立體「Y」形角龍漸趨消失。

〔註276〕蔡慶良，張志光，秦業流風──秦文化特展〔M〕，臺北：臺北故宮博物院，2016：40～41。

〔註277〕趙化成，秦國青銅器的發展階段性〔A〕，曹瑋，任天洛，秦時期冶金考古國際學術研究會論文集〔C〕，北京：科學出版社，2014：5～6。

〔註278〕陳芳妹，盆、敦與簋──論春秋早、中期間青銅粢盛器的轉變〔J〕，故宮學術季刊，二卷三期：104～105。

秦青銅器動物紋樣，除龍、鳳、虎等傳統造型外，秦動物紋樣還有一個比較重要的特點，即動物紋樣瓦當造型發達。戰國早期，秦動物紋樣種類大幅度增加，有鹿、豹、蛇、雁、豬、羊、鶴、鳥、蛙等，寫實性增強。熊的形象在春秋中期已出現，圓頂山 98LDM1 出土一件四輪銅方盒，一扇盒蓋上為熊鈕；西安市北郊北郊第二磚瓦廠秦墓出土一件虎熊鬥壓鎮，虎身為素面，口咬熊背，熊長吻，身飾細密紋飾；兩者的功能、造型有別，虎熊鬥壓鎮似是受北方草原文化的影響。

2.3 楚系青銅器動物紋樣

楚系包括曾國、楚國、蔡國等國，地處長江中游地區。這一地區具有古老而發達的史前文化體系（城背溪—大溪—屈家嶺—石家河新石器時代文化體系），在夏王朝建立後，長江中游地區的古代文化發生了重大變化，土著文化發展線索中斷，外來文化因素顯著增加，商周時期對長江中游地區的民族稱之為荊蠻、楚蠻或荊楚，《詩經・商頌・殷武》：「撻彼殷武，奮伐荊楚」，可見荊楚民族在商代已相當強大。周成王封荊楚的一支首領熊繹於荊山丹陽，為楚子，是西周王朝一個等級甚低的諸侯國。

西周晚期至春秋初年，中原周王朝勢力日漸衰微，而楚國政治制度逐漸完善，經濟和軍事力量得到了空前的發展，楚君熊通自立為「武王」，並開始向北方擴張。至楚文王時先後征服和滅掉了鄀、息、軫、鄖、隨、申、呂、鄧、汝、蔡等「漢陽諸姬」，其勢力從丹陽至江陵一帶擴充到了漢水流域。春秋早期，楚國已經控制了長江中游地區，成為一個強大的諸侯國。楚莊王時，已「並國二十六，開地三千里」，觀兵問鼎，直指周王室，並先後擊敗晉、鄭等諸侯國。楚莊王成為春秋「五霸」之一。

進入戰國時期，楚經歷了楚悼王、楚宣王時期的繼續發展，至楚威王時，楚國與秦、齊、韓、趙、魏、燕並為戰國「七雄」。楚國的疆域「南卷沅、湘，北繞穎泗，西包巴蜀，東裸郯淮，穎汝以為洫，江、漢以為池，垣之以鄧林，綿之以方城，山高尋雲，谷肆無景」，包括了現在的湖北、湖南等省的大部分和河南、陝西、四川、江西、安徽、浙江、山東等省的一部分。荊楚地區 20 世紀 70 年代之後不斷發現特色鮮明的春秋文化遺存，說明大約在春秋中期前後，以荊楚民族為主體、以楚國為中心的楚文化體系已經形成〔註279〕。

〔註279〕楊權喜，楚文化〔M〕，北京：文物出版社，2000：2〜3。

　　曾即文獻記載中的隨國,《左傳》中記載:「漢東之國隨為大」,曾在商代卜辭和西周的銅器銘文中被多次提及。西周時,周宣王征服了漢水流域以後,為防範楚國勢力北上,在漢水流域分封了以姬姓為主的若干諸侯國,即「漢陽諸姬」,在眾多的姬姓諸侯國中,曾國是其中之一。春秋早期,曾的疆域大致在今湖北棗陽、隨州、京山到河南西南部的新野一帶。公元前四〇〇年左右,楚逐漸征服「漢陽諸姬」,曾國也併入了楚國的版圖。

圖 2-71　東周楚曾青銅器分布示意圖

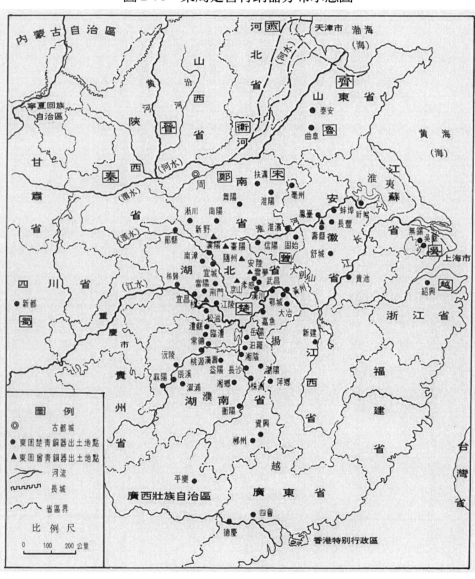

楚系青銅器典型銅器，主要有淅川下寺楚墓銅器群〔註280〕、壽縣蔡侯墓銅器群〔註281〕、曾侯乙墓銅器群〔註282〕、望山 M1 銅器群〔註283〕、包山 M2 銅器群〔註284〕、壽縣楚王墓銅器群〔註285〕等，這些銅器群基本代表了楚系青銅器不同時代的風格，有些墓葬有絕對年代可考。劉彬徽〔註286〕、袁豔玲和張聞捷〔註287〕等對楚系青銅器的分期與斷代，是楚系動物紋樣研究的基礎。

2.3.1　龍

2.3.1.1　瓶角龍

隨州均川熊家老灣「曾伯文」銅罍〔註288〕（圖 2-72：1），肩飾龍紋一周，肩上兩龍形耳，蓋面飾高浮雕龍紋五條，其中一條可明顯為瓶角，鑄銘「唯曾白（伯）文自乍（作）……」。

圖 2-72　楚系瓶角龍、「L」形角龍

1　　　　　　　　　　　　　2
1.隨州均川熊家老灣「曾伯文」銅罍　2.隨州安居桃花坡 M1「起右」銅盤

〔註280〕河南省文物研究所，淅川下寺春秋楚墓〔M〕，北京：文物出版社，1991。

〔註281〕安徽省文物管理委員會，安徽省博物館，壽縣蔡侯墓出土遺物〔M〕，北京：科學出版社，1956。

〔註282〕湖北省博物館，曾侯乙墓〔M〕，北京：文物出版社，1989。

〔註283〕湖北省文物考古研究所，江陵望山沙冢楚墓〔M〕，北京：文物出版社，1996。

〔註284〕湖北省荊沙鐵路考古隊，包山楚墓〔M〕，北京：文物出版社，1991。

〔註285〕郭德維，關於壽縣楚王墓槨室形制復原問題〔J〕，江漢考古，1982，1。

〔註286〕劉彬徽，楚系青銅器研究〔M〕，武漢：湖北教育出版社，1995。

〔註287〕袁豔玲，張聞捷，楚系青銅器的分期與年代〔J〕，考古學報，2015，4。

〔註288〕中國國家博物館，湖北省博物館，江漢湯湯——湖北出土商周文物〔M〕，北京：北京時代華文書局，2015：142。

2.3.1.2 螺角龍

根據形制可分為兩式：

Ⅰ式　螺角呈螺旋形，較長。

圖 2-73　楚系螺角龍

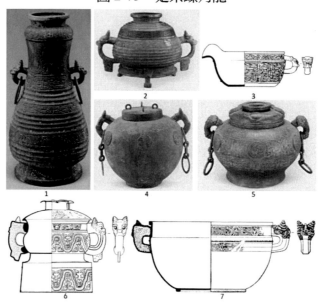

1.隨州安居桃花坡 M1 銅壺　2.隨州均川熊家老灣「曾伯文」銅簋
3.棗陽郭家廟 M8 龍紋匜　4.鄖縣肖家院 M6 銅缶　5.曾侯乙墓銅
盥缶　6.徐家嶺 M10 方座簋　7.淅川下寺 M2 銅鑑

隨州安居桃花坡 M1 瓦紋銅壺〔註289〕（圖 2-73：1），器通體飾竊曲紋與
瓦紋，頸部有一對螺角龍銜環。隨州均川熊家老灣「曾伯文」銅簋〔註290〕（圖
2-73：2），蓋面及腹飾瓦楞紋，器腹有螺角龍耳，耳下有方珥，器、蓋均鑄銘
「唯曾白（伯）文自乍（作）寶簋」。棗陽郭家廟 M8：2 龍紋匜〔註291〕（圖
2-73：3），飾交細密的龍紋，匜作平底，一般平底匜始見於春秋中期。鄖縣肖
家院 M6：10 渦紋青銅缶〔註292〕（圖 2-73：4），上腹部飾渦紋一周，肩腹間

〔註289〕中國國家博物館，湖北省博物館，江漢湯湯——湖北出土商周文物〔M〕，北
　　　　京：北京時代華文書局，2015：115。

〔註290〕中國國家博物館，湖北省博物館，江漢湯湯——湖北出土商周文物〔M〕，北
　　　　京：北京時代華文書局，2015：117。

〔註291〕襄樊市考古隊，棗陽郭家廟曾國墓地〔M〕，北京：科學出版社，2005：127，
　　　　129。

〔註292〕湖北省文物考古研究所，湖北鄖縣喬家院春秋殉人墓〔J〕，考古，2008，4：
　　　　28～50。

有兩個對稱的龍形耳各套一提鏈，龍耳螺角。淅川下寺 M2：50 銅鑒〔註 293〕（圖 2-73：7），頸部及腹上部飾有蟠螭紋和三角紋組成的紋帶各一周，耳上部鑄成龍形，龍螺角。

Ⅱ式　螺角較短、近平。

曾侯乙墓銅盥缶〔註 294〕（圖 2-73：5），主體紋飾為鳳鳥紋，肩腹間有兩個對稱的龍形耳各套一提鏈，龍裝飾繁縟，龍角較短、近平。

徐家嶺 M10：81 方座簋〔註 295〕（圖 2-73：6），蓋頂捉手為蓮花瓣形，腹部及方座飾波曲紋，附耳為螺角龍。

2.3.1.3 「L」形角龍

隨州安居桃花坡 M1「起右」銅盤〔註 296〕（圖 2-72：2），圈足承托四個臥牛形足，盤口一側有短流，另一側附龍形鋬，龍角「L」形、微內卷；盤鑄銘「唯起右自乍（作）用其吉金寶盤……」。

2.3.1.4 「Y」形角龍

角呈「Y」形，根據鼻的形狀，可分為短鼻「Y」形角與長鼻「Y」形角兩型。

短鼻「Y」形角

立體短鼻「Y」形角龍，根據形制，可分為兩式：

Ⅰ式　「Y」形角，造型簡單。

棗陽郭家廟 M17 銅壺〔註 297〕（圖 2-74：1），蓋頂有一周蓮花瓣形外展的高冠；壺頸部附一對半圓環狀的龍首銜環耳，龍首頂上有角，前額外凸，圓形目，高卷鼻，角前端分叉。萬店塔爾灣「曾太保」銅簋〔註 298〕（圖 2-75：1），高圈足下三獸足，器、蓋口沿下飾竊曲紋，器腹飾瓦棱紋，半環龍首形附耳，

〔註 293〕河南省文物研究所，淅川下寺春秋楚墓〔M〕，北京：文物出版社，1991：136、137。

〔註 294〕湖北省博物館，曾侯乙墓〔M〕，北京：文物出版社，1989：236～240。

〔註 295〕河南省文物考古研究所，南陽市文物考古研究所，淅川和尚嶺與徐家嶺楚墓〔M〕，鄭州：大象出版社，2004：257，262～265。

〔註 296〕中國國家博物館，湖北省博物館，江漢湯湯——湖北出土商周文物〔M〕，北京：北京時代華文書局，2015：142。

〔註 297〕襄樊市考古隊，棗陽郭家廟曾國墓地〔M〕，北京：科學出版社，2005：64，66～67。

〔註 298〕中國國家博物館，湖北省博物館，江漢湯湯——湖北出土商周文物〔M〕，北京：北京時代華文書局，2015：118。

龍角「Y」形，有獠牙。京山蘇家壟竊曲紋銅匜（圖2-75：3），上腹飾竊曲紋，四足作獸形，有半環形龍首形鋬，龍角「Y」形。

II式 「Y」形角，龍角繁縟。

淅川下寺M1：50龍耳虎足方壺〔註299〕（圖2-74：2），圈足下有雙虎作踞伏狀，以背承壺，壺頸附雙龍耳，龍頭向上、尾向下，頭頂「Y」形角外挑、角繁縟。淅川下寺M1：47鄬子佣簠〔註300〕（圖2-75：2），蓋沿、器腹飾蟠虺紋帶一周，四壁附有透雕龍形扉棱，有兩半環形龍形耳捉手，龍角「Y」形，裝飾繁縟。鄖縣喬家院M4：6銅匜〔註301〕（圖2-75：4），平底，口沿下飾龍紋，柄為龍形，龍「Y」形角，裝飾繁縟。

圖2-74 楚系銅壺「Y」形角龍

1.棗陽郭家廟M17銅壺 2.淅川下寺M1龍耳虎足方壺

〔註299〕河南省文物研究所，淅川下寺春秋楚墓〔M〕，北京：文物出版社，1991：64～65，67。
〔註300〕河南省文物研究所，淅川下寺春秋楚墓〔M〕，北京：文物出版社，1991：64～65，67。
〔註301〕湖北省文物考古研究所，湖北鄖縣喬家院春秋殉人墓〔J〕，考古，2008，4：28～50。

圖 2-75　楚系銅簋、匜「Y」形角龍

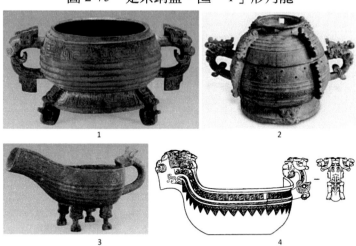

1.萬店塔爾灣「曾太保」銅簋　2.淅川下寺 M1 鄬子佣簋
3.京山蘇家壟銅匜　4.鄖縣喬家院 M4 銅匜

平面短鼻「Y」形角

吳店曹門灣銅鼎〔註302〕（圖 2-76：1），鼎腹部凸弦紋上下各飾一周紋飾，上部為竊曲紋，下部為龍紋，龍「Y」形角（圖 2-76：2）。棗陽郭家廟 M17 銅壺〔註303〕（圖 2-74：1），壺腹部飾四組連體龍紋，八隻龍眼外凸呈乳丁狀，腹部主體龍紋的角為「Y」形（圖 2-76：4）。隨州均川熊家老灣「曾伯文」銅罍〔註304〕（圖 2-72：1），肩飾龍紋一周，主體龍紋為「Y」形角龍（圖 2-76：3）。此三件器物上「Y」形角龍紋飾形制基本相同，「Y」形角一端翹起、呈「桃心形」。

淅川下寺 M1：55 銅升鼎〔註305〕，口沿下飾龍紋一周，最小單位為 S 形蟠曲的雙首共身龍（圖 2-76：5），一龍首無角，一龍為「Y」形角，兩端近平，中間有凸起。

吳店曹門灣銅鼎的年代為西周晚期，郭家廟 M17 銅壺、曾伯文罍的年代為兩周之際。

〔註302〕湖北省文物考古研究所，曾國青銅器〔M〕，北京：文物出版社，2007：64～67。
〔註303〕襄樊市考古隊，棗陽郭家廟曾國墓地〔M〕，北京：科學出版社，2005：64，66～67。
〔註304〕中國國家博物館，湖北省博物館，江漢湯湯——湖北出土商周文物〔M〕，北京：北京時代華文書局，2015：142。
〔註305〕河南省文物研究所，淅川下寺春秋楚墓〔M〕，北京：文物出版社，1991：60，62。

圖 2-76 　楚系平面「Y」形角龍

1、2.吳店曹門灣銅鼎及龍紋　3.隨州均川熊家老灣「曾伯文」銅罍龍紋
4.棗陽郭家廟 M17 銅壺龍紋　5.淅川下寺 M1 銅升鼎龍紋

曾侯乙墓 XIX 馬甲片〔註 306〕，繪有數條龍、鳳、鹿等，其中龍四條，形
象各異、姿態不同，根據角形可分為兩類：角為「L」形，略向後折（圖 2-77：
1）；角為「Y」形，內卷呈上挑桃心形（圖 2-77：2、3、4）。

圖 2-77 　曾侯乙墓 XIX 馬甲片「Y」形角龍紋

1　　　　　2　　　　　3　　　　　4

〔註 306〕湖北省博物館，曾侯乙墓〔M〕，北京：文物出版社，1989：344〜347。

長鼻「Y」形角

京山蘇家壟銅甗[註307]（圖2-78：1），年代為兩周之際，甗體兩個長邊和短邊的紋飾各自相同：龍紋共四組8個位於甗體中部，甗的長邊為龍首相對（圖2-78：3），而在短邊則是相背（圖2-78：2），龍紋上下各有一周竊曲紋，龍紋的特徵是長鼻，有尖額角，「Y」形角，角端一側平折。淅川下寺 M1 邧叔甗[註308]（圖2-78：4），鬲腹飾龍紋三組，每組兩兩相對，龍長鼻、無額角，角呈「Y」形且一端上挑（圖2-78：5）。

圖2-78　楚系長鼻「Y」形角龍

1、2、3.京山蘇家壟銅甗及龍紋　4、5.淅川下寺 M1 邧叔甗及龍紋

2.3.1.5　獸身龍

根據形制可分為鹿角獸身龍、「S」形角或短角獸身龍、無角獸身龍三型：鹿角獸身龍，分為立體造型和平面造型。

立體鹿角獸身龍

根據形制可以分為三式：

Ⅰ式　龍身、龍角裝飾繁縟。

淅川下寺 M1：55 銅升鼎[註309]（圖2-79：1），在腰、沿之上，附有六

[註307] 湖北省文物考古研究所，曾國青銅器[M]，北京：文物出版社，2007：18～20。

[註308] 河南省文物研究所，淅川下寺春秋楚墓[M]，北京：文物出版社，1991：60，63。

[註309] 山西博物院，爭鋒——晉楚文明[M]，太原：山西出版傳媒集團，山西人民出版社，2018：57，河南省文物研究所，淅川下寺春秋楚墓[M]，北京：文物出版社，1991：60，63。

個相同的獸身龍，昂首、凹腰、揚尾，頭上有彎曲的雙角，口銜鼎口外沿；葉縣舊縣 M4 許公寧鼎〔註 310〕所附獸身龍形制與之相似。

II式　龍身肥大，裝飾略繁縟。

曾侯乙墓連禁銅壺〔註 311〕（圖 2-79：3），壺頸兩側攀附兩條拱曲的獸身龍，龍角「S」，又裝飾成龍形。淅川和尚嶺 M9：42 銅龍形器座〔註 312〕（圖 2-79：2），龍張口、吐舌，龍首鹿角形、裝飾繁縟，龍身飾鑲嵌綠松石的龍、鳳、虎、雲紋、渦紋等。

III式　龍身素面，龍角簡單。

荊州天星觀 M2：128 銅升鼎〔註 313〕（圖 2-79：4），附有四獸身龍，龍首上有兩立角，呈盤旋狀，似鹿角。

圖 2-79　楚系立體鹿角獸身龍

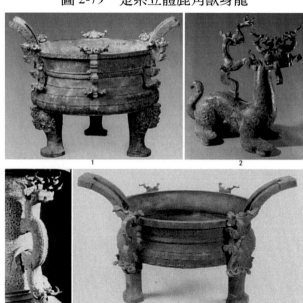

1.淅川下寺 M1 銅升鼎　2.淅川和尚嶺 M9 銅龍形器座
3.曾侯乙墓連禁銅壺龍形耳　4.荊州天星觀 M2 銅升鼎

〔註 310〕平頂山市文物管理局，葉縣文化局，河南葉縣舊縣四號春秋墓發掘簡報〔J〕，
　　　　文物，2007，9：8，10，13。
〔註 311〕湖北省博物館，曾侯乙墓文物藝術〔M〕，武漢：湖北美術出版社，1992：65。
〔註 312〕河南省文物考古研究所，南陽市文物考古研究所，淅川和尚嶺與徐家嶺楚墓
　　　　〔M〕，鄭州：大象出版社，2004：187～190。
〔註 313〕湖北省荊州博物館，荊州天星觀二號楚墓〔M〕，北京：文物出版社，2003：
　　　　42～46，彩版一〇。

鹿角獸身龍，根據形制可分為三式：

Ⅰ式　體軀略瘦。

淅川徐家嶺 M9：21 龍鳳紋銅鼎〔註314〕（圖2-80：1、2），蓋頂弦紋間飾以網格紋為地的龍紋，鹿角形頂角；鄖縣喬家院 M5：6 銅鼎〔註315〕（圖2-80：4），蓋頂中央一龜龍形鈕銜環，器蓋頂部飾龍紋（圖2-80：3），龍呈「S」形，吻部上卷，鹿角形頂角，「C」字環勾形爪，龍紋均以顆粒紋為地。

Ⅱ式　體前軀變肥大。

淅川徐家嶺 M1：1 銅鼎〔註316〕（圖2-80：5、6），蓋中部飾一周圓點紋為地的寬帶狀龍紋。

Ⅲ式　角簡化、體軀肥大。

長沙楚墓 M1333：1 龍紋敦〔註317〕（圖2-80：8），龍紋由單凹線構成，原來應有鑲嵌物，龍昂首、曲體，尾上卷，作奔馳狀（圖2-80：7）。

圖 2-80　楚系平面鹿角獸身龍

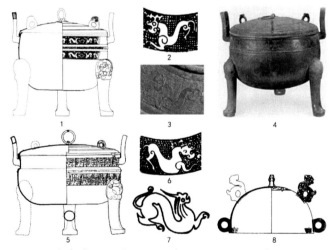

1、2.淅川徐家嶺 M9 龍鳳紋銅鼎　3、4.鄖縣喬家院 M5 銅鼎
5、6.淅川徐家嶺 M1 銅鼎　7、8.長沙楚墓 M1333 龍紋敦

〔註314〕河南省文物考古研究所，南陽市文物考古研究所，淅川和尚嶺與徐家嶺楚墓〔M〕，鄭州：大象出版社，2004：174，179～180。

〔註315〕湖北省文物考古研究所，湖北鄖縣喬家院春秋殉人墓〔J〕，考古，2008，4：36。

〔註316〕河南省文物考古研究所，南陽市文物考古研究所，淅川和尚嶺與徐家嶺楚墓〔M〕，鄭州：大象出版社，2004：221，223，225。

〔註317〕湖南省博物館，湖南省文物考古研究所，長沙市博物館，長沙市文物考古研究所，長沙楚墓〔M〕，北京：文物出版社，2000：151，157。

短角或「S」形角獸身龍。

立體型。

曾侯乙墓楚王熊章鎛鐘〔註318〕（圖2-81：1），鈕飾為兩對獸身龍，其下一對回首卷尾，龍「S」形角，龍首飾鱗紋。曾侯乙銅升鼎 C.89〔註319〕（圖2-81：2），腹外有對稱的四條拱曲圓雕龍形附飾（圖2-81：3），龍口銜住鼎沿，龍角為圓錐形短角，身飾鱗紋。

圖2-81 楚系立體「S」形角或短角獸身龍

1.曾侯乙墓楚王熊章鎛鐘 2、3.曾侯乙銅升鼎 C.89

平面型，根據形制可分為三式：

Ⅰ式 體軀細長。

淅川下寺 M2隔子佣浴缶〔註320〕（圖 2-82：1），器表上飾滿鑄鑲上的紅銅龍紋和幾何形花紋，紅銅龍紋分為兩種，顧首式（圖2-82：2）和前行式（圖2-82：3）。

Ⅱ式 體軀肥大、變長。

淅川和尚嶺二號墓青銅器座〔註321〕（圖2-82：5），整體呈穹隆形，穹隆方座四面花紋相同，框內上下層左右兩區飾兩個相背的曲體龍紋（圖 2-82：4）。隨州東風油庫 M3 曾仲姬壺〔註322〕（圖2-82：6），腹部紋飾以六周工字形紋為間隔，其間飾五周花紋，由上及下第一、二、四周造型為龍紋，其中第

〔註318〕湖北省博物館，曾侯乙墓文物藝術〔M〕，武漢：湖北美術出版社，1992：13。

〔註319〕湖北省博物館，曾侯乙墓文物藝術〔M〕，武漢：湖北美術出版社，1992：50，52。

〔註320〕河南省文物研究所，淅川下寺春秋楚墓〔M〕，北京：文物出版社，1991：130，131。

〔註321〕河南省文物考古研究所，南陽市文物考古研究所，淅川和尚嶺與徐家嶺楚墓〔M〕，鄭州：大象出版社，2004：109～111。

〔註322〕湖北省文物考古研究所，曾國青銅器〔M〕，北京：文物出版社，2007：365～367。

二周為顧首式龍紋（圖 2-82：8），第一、四周圍前伸式龍紋（圖 2-82：7）；上腹外壁鑄有「曾仲姬之壺」等。

Ⅲ式　體軀肥大、裝飾繁縟。

曾侯乙墓 C.97 銅鼎〔註 323〕（圖 2-82：9），腹部飾龍紋（圖 2-82：10），龍昂首、張口，身蟠曲，卷尾，前後各顯兩足爪，均為鑲嵌和鑄鑲而成。長沙楚墓 M1640：12 龍紋敦〔註 324〕（圖 2-82：12），龍紋由雙線構成，有角、曲身，尾下垂而下卷，作奔跑狀（圖 2-82：11）。

圖 2-82　楚系平面「S」形角或短角獸身龍

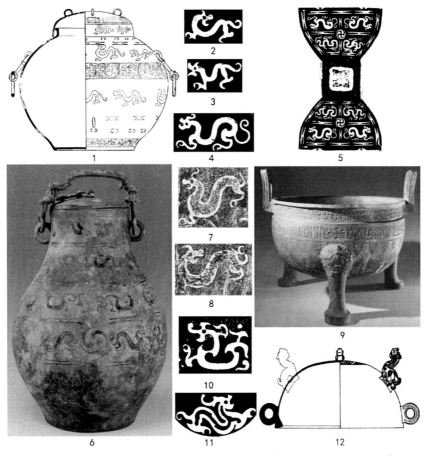

1～3.淅川下寺 M2 浴缶　4、5.淅川和尚嶺二號墓青銅器座　6-8.隨州東風油庫
M3 曾仲姬壺　9、10.曾侯乙墓 C.97 銅鼎　11、12.長沙楚墓 M1640 龍紋敦

〔註 323〕湖北省博物館，曾侯乙墓〔M〕，北京：文物出版社，1989：182。

〔註 324〕湖南省博物館，湖南省文物考古研究所，長沙市博物館，長沙市文物考古研究所，長沙楚墓〔M〕，北京：文物出版社，2000：151，157。

無角獸身龍

根據形制可分為兩式：

Ⅰ式　裝飾繁縟。

曾侯乙墓出土楚王熊章鎛鐘〔註325〕（圖 2-83：1、2），鈕飾為兩對獸身龍，其上一對引頸對峙，龍無角。

Ⅱ式　體軀肥大，素面。

壽縣李三孤堆銅升鼎〔註326〕（圖 2-83：3），鼎腹部四龍攀援直上，作向內探視狀，無角，龍身素面（圖 2-83：4）；鼎口沿有銘文「鑄客為王後小府為之」。

圖 2-83　楚系無角獸身龍

1、2.曾侯乙墓楚王熊章鎛鐘　3、4.壽縣李三孤堆銅升鼎

〔註325〕湖北省博物館，曾侯乙墓文物藝術〔Ｍ〕，武漢：湖北美術出版社，1992：13，20。

〔註326〕湖南省博物館，首都博物館，鳳舞九天──楚文物特展〔Ｍ〕，北京：科學出版社，2015：45。

獸身龍大多裝飾於升鼎、箍口鼎、子口鼎、浴缶、敦等器物上，升鼎、箍口鼎、子口鼎均屬於楚式鼎〔註 327〕，銅浴缶〔註 328〕也被認為是東周時期楚系銅禮器組合的基本器種之一；獸身龍在楚地序列完整，尤其是鹿角獸身龍，在其他區域均未發現；因此，獸身龍是楚系典型裝飾紋樣。

淅川下寺 M2 的年代為春秋晚期前段，M2 墓主為楚令尹蓮子馮〔註 329〕（卒於公元前 548 年），年代確定；鄖縣喬家院 M5 的年代為春秋晚期偏晚階段〔註 330〕；短角或「S」形角獸身龍 I 式的年代為春秋晚期。

淅川徐家嶺 M1 的年代為戰國早期或偏早；隨州東風油庫 M3 曾仲姬壺的年代為春秋晚期偏晚或春戰之際，短角或「S」形角獸身龍 II 式的年代為春秋、戰國之際。曾侯乙墓的年代為戰國早期，長沙楚墓 M1333、1640 的年代為戰國中期，短角或「S」形角獸身龍 III 式的年代為戰國早中期。

2.3.1.6　蜥蜴形龍

曾侯乙墓漆箱 E.66〔註 331〕（圖 2-84：1），蓋面中心朱書一個篆文「鬥」字，環繞「鬥」字，寫有二十八宿的名稱，蓋頂面兩頭，分別繪青龍（圖 2-84：2）、白虎。20 世紀 40 年代長沙出土人物龍鳳帛畫〔註 332〕（圖 2-84：3），畫面描繪一個高髻細腰、廣繡長裙的貴族女子，側身站立在一彎月狀物上，合掌祈求，頭頂鳳鳥展翅、前方夔龍升騰（圖 2-84：4）。

江陵紀南城龍橋河西 II 段 1 號堆積出土龍紋空心磚〔註 333〕（圖 2-84：5），花紋圖形為大方格內相間浮雕出雙龍紋和米字形紋，龍的形象似壁虎，反方向並列；紀南城陳家臺亦發現此種類型龍紋空心磚〔註 334〕（圖 2-84：6），雙龍為反方向並列，龍前肢呈蹼狀。

〔註 327〕高崇文，東周楚式鼎形態分析〔J〕，江漢考古，1983，1：1～18，袁豔玲，楚式鼎的分類、組合及其禮制涵義〔J〕，考古，2015，8：103～112。

〔註 328〕劉彬徽，論東周青銅缶〔J〕，考古，1994，10，劉彬徽，楚系青銅器研究〔M〕，武漢：湖北教育出版社，1995：205～210。

〔註 329〕李零，「楚叔之孫佣」究竟是誰——河南淅川下寺二號墓之墓主和年代問題的討論〔J〕，中原文物，1981，4。

〔註 330〕馮峰，鄖縣喬家院春秋墓初識〔J〕，南方文物，2009，4：98～106。

〔註 331〕湖北省博物館，曾侯乙墓〔M〕，北京：文物出版社，1989：354，356。

〔註 332〕湖南省博物館，首都博物館，鳳舞九天——楚文化特展〔M〕，北京：科學出版社，2015：188。

〔註 333〕湖北省博物館，楚都紀南城的勘查與發掘（下）〔J〕，考古學報，1982，4：490。

〔註 334〕高至喜，楚文物圖典〔M〕，武漢：湖北教育出版社，2000：284。

圖 2-84　楚系蜥蜴形龍紋樣

1、2.曾侯乙墓漆箱 E.66　3、4.長沙人物龍鳳帛畫　5、6.江陵紀南城龍紋空心磚

2.3.2　鳳

2.3.2.1　獸身鳳

獸身鳳，其特徵是「鳳首、獸身」，在平面上看一般是兩足，應是四足。可分立體造型和平面造型。

立體造型：曾侯乙墓出土銅簋〔註335〕（圖 2-85：1），簋側附兩鳥首獸身

〔註335〕湖北省博物館，曾侯乙墓〔M〕，北京：文物出版社，1989：207～209，湖北省博物館，曾侯乙墓文物藝術〔M〕，武漢：湖北美術出版社，1992：53。

耳（圖 2-85：2），獸弓身、四足。隨州文峰塔 M18 銅燈〔註 336〕（圖 2-85：3），鳥首，獸身，四足，鳥喙略鈍。

圖 2-85　楚系立體獸身鳳造型

1　　　　　　　　　　2　　　　　　　　　3

1、2.曾侯乙墓銅簋　3.隨州文峰塔 M18 銅燈

平面造型：

平面造型見於漆器、絲織品、銅器等紋樣裝飾，平面上一般只有兩足；其中曾侯乙墓Ⅳ馬甲片〔註 337〕，可見表現獸身四足形象（圖 2-86：2），可確定平面與立體造型描摹的均為獸身鳳。

曾侯乙墓Ⅳ馬甲片，其中長條形馬額位置甲片描繪有獸身鳳、蛇、蛙等圖案（圖 2-86：1），其中獸身鳳角形、形態各異（圖 2-86：2～6）。

淮陰高莊戰國墓刻紋銅器〔註 338〕，發現有三例鳥首獸身形象（圖 2-86：7～9），其一為一頭雙身形象。長沙子彈庫楚墓帛書十月月神〔註 339〕（圖 2-87），其造型亦為鳥首獸身形象，李學勤描述為「形如大鳥，首白色反顧，頂有歧冠，體後有獸尾。兩足勁健，一前一後，作奔走狀」〔註 340〕。

〔註 336〕湖北省文物考古研究所，隨州市博物館，湖北隨州市文峰塔東周墓地〔J〕，考古，2014，7：32。

〔註 337〕湖北省博物館，曾侯乙墓〔M〕，北京：文物出版社，1989：343，圖二〇九。

〔註 338〕淮安市博物館，淮陰高莊戰國墓〔M〕，北京：文物出版社，2009：156～160。

〔註 339〕李零，子彈庫帛書（下）〔M〕，北京：文物出版社，2017，圖像自左至右分別採自：蔡修渙摹本（156-157 頁）、商承祚摹本（158～159 頁）、巴納摹本（162～163 頁）、塞克勒美術館 2012（附圖一），下同。

〔註 340〕李學勤，再論帛書十二神〔A〕，李學勤，簡帛佚籍與學術史〔M〕，南昌：江西教育出版社，2001：61。

圖 2-86　楚系平面獸身鳳紋樣

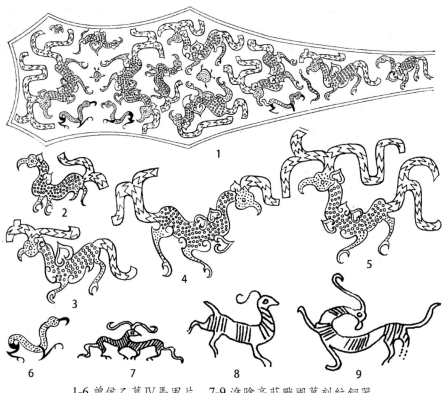

1-6.曾侯乙墓Ⅳ馬甲片　7-9.淮陰高莊戰國墓刻紋銅器

圖 2-87　子彈庫楚帛書獸身鳳紋樣

淅川徐家嶺 M9：21 龍鳳紋銅鼎〔註 341〕（圖 2-88：1），腹部上、下各飾一周以網格紋為地的鳳首獸身紋（圖 2-88：2），鳳首有冠，周圍有雲氣紋；郎

〔註 341〕河南省文物考古研究所，南陽市文物考古研究所，淅川和尚嶺與徐家嶺楚墓〔M〕，鄭州：大象出版社，2004：174，179～180。

縣喬家院 M5：6 銅鼎〔註342〕（圖 2-88：4），蓋頂中央一龜龍形鈕銜環，器腹部一道凸弦紋，弦紋上下各飾一周鳳鳥紋（圖 2-88：3），鳳「C」字環勾形爪，鳳紋均以顆粒紋為地。淅川和尚嶺 M2：32 龍鳳紋鼎〔註343〕（圖 2-88：5），腹部上下各飾一周以圓點紋為地的鳳首獸紋，鳳首頭上有角（圖 2-88：6），鳳首相對；長沙楚墓 M89 銅鼎〔註344〕（圖 2-88：8），蓋面四周飾鳳鳥紋十隻（圖 2-88：7），鳳鳥紋外伏三隻牛形小鈕。

　　曾侯乙墓、和尚嶺 M2、徐家嶺 M9、鄖縣喬家院 M5、長沙楚墓 M89 的年代均為戰國早期〔註345〕，獸身鳳的流行時間比較集中。

圖 2-88　楚系銅器獸身鳳紋樣

1、2.淅川徐家嶺 M9 龍鳳紋銅鼎　3、4.鄖縣喬家院 M5 銅鼎　5、6.淅川和尚嶺 M2 龍鳳紋鼎　7、8.長沙楚墓 M89 銅鼎

〔註342〕湖北省文物考古研究所，湖北鄖縣喬家院春秋殉人墓〔J〕，考古，2008，4：36。

〔註343〕河南省文物考古研究所，南陽市文物考古研究所，淅川和尚嶺與徐家嶺楚墓〔M〕，鄭州：大象出版社，2004：27，29。

〔註344〕湖南省博物館，湖南省文物考古研究所，長沙市博物館，長沙市文物考古研究所，長沙楚墓〔M〕，北京：文物出版社，2000：145，147。

〔註345〕袁豔玲，張聞捷，楚系青銅器的分期與年代〔J〕，考古學報，2015，4：492～493，499。

2.3.2.2 龍身鳳

根據形制,可將鳳分為三式:

Ⅰ式　體軀細長。

淅川和尚嶺 M2：66 青銅器座〔註346〕（圖 2-89：1）,整體呈穹隆形,穹隆方座四面花紋相同,框內上層左右兩區飾兩個相向的曲體鳳鳥（圖 2-89：2）。隨州東風油庫墓葬 M3 龍紋器蓋〔註347〕（圖 2-89：4）,蓋面內外分別飾有龍紋、鳳紋、蛇紋和幾何形紋飾,其中外周布局是一組對首龍紋間以一組背首鳳紋（圖 2-89：3）,背首鳳紋尾部再接一蛇紋。

圖 2-89　楚系銅器龍身鳳紋樣

1、2.淅川和尚嶺 M2 青銅器座　3、4.隨州東風油庫 M3 龍紋器蓋
5、6.曾侯乙墓銅盥缶　7.包山 M2 方形龍身鳳紋鏡

Ⅱ　尾羽裝飾繁縟。

曾侯乙墓銅盥缶〔註348〕（圖 2-89：5）,主體紋飾為鳳鳥紋（圖 2-89：6）。

〔註346〕河南省文物考古研究所,南陽市文物考古研究所,淅川和尚嶺與徐家嶺楚墓〔M〕,鄭州：大象出版社,2004：109～111。
〔註347〕湖北省文物考古研究所,曾國青銅器〔M〕,北京：文物出版社,2007：369～370。
〔註348〕湖北省博物館,曾侯乙墓〔M〕,北京：文物出版社,1989：236～240。

隨州擂鼓墩二號墓銅方壺〔註349〕，蓋鼎及器腹飾鳳鳥紋（圖2-89：7），鳥首高冠，張口，有前後兩足。

Ⅲ　龍身細長，尾羽進一步簡化。

包山M2：432-3方形鳳紋鏡〔註350〕（圖2-89：8），橋鈕，周圍鑄鏤空四鳳，鳳身鑄羽地紋。

漆器、絲織品類：曾侯乙墓ⅩⅨ馬甲片〔註351〕，甲片上描繪有鳥首龍身形象（圖2-90：4）。江陵馬山一號楚墓N22錦袍袍面〔註352〕（圖2-90：1），上有舞鳳紋繡樣，每單元上下兩組各為一立鳳、一龍身鳳，其中一鳳足亦被簡化（圖2-90：2、3）。

圖2-90　楚系漆器、絲織品龍身鳳紋樣

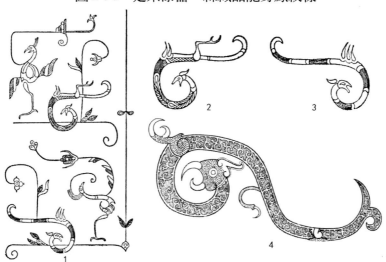

1～3.江陵馬山一號楚墓N22錦袍袍面　4.曾侯乙墓ⅩⅨ馬甲片

淅川和尚嶺M2的年代有春秋晚期〔註353〕、戰國早期〔註354〕二說，但和尚嶺M2銅器座的年代略早，隨州東風油庫路M3的年代為春秋晚期偏晚階段，Ⅰ

〔註349〕隨州市博物館，隨州擂鼓墩二號墓〔M〕，北京：文物出版社，2008：54～56。

〔註350〕湖北省荊沙鐵路考古隊，包山楚墓〔M〕，北京：文物出版社，1991：194～195。

〔註351〕湖北省博物館，曾侯乙墓〔M〕，北京：文物出版社，1989：344～347。

〔註352〕湖北省荊州地區博物館，江陵馬山一號楚墓〔M〕，北京：文物出版社，1985：59，62。

〔註353〕河南省文物考古研究所，南陽市文物考古研究所，淅川和尚嶺與徐家嶺楚墓〔M〕，鄭州：大象出版社，2004。

〔註354〕袁豔玲，張聞捷，楚系青銅器的分期與年代〔J〕，考古學報，2015，4：492～493，499。

式年代為春秋晚期。曾侯乙墓的年代為戰國早期，隨州擂鼓墩的年代略晚於曾侯乙墓，II式的年代為戰國早期。包山2號墓的年代為戰國中期晚段，江陵馬山一號楚墓的年代為戰國中期偏晚或戰國晚期偏早，III式的年代為戰國中晚期。

2.3.2.3　鳳鳥銜珠

包山M2：89銅鳳首匜[註355]（圖2-91：1），折流鳳首形，嘴內銜珠。包山M2：31木帶流杯[註356]（圖2-91：2），器口略呈桃形，流外側雕刻成鳳首，張口銜珠，器身彩繪鳳身。包山M2：189彩繪鳳鳥雙連杯[註357]（圖2-91：3），前端為鳳的頭、腹，後端尾微上翹，鳳首微昂，喙銜珠，胸外鼓。棗陽九連墩2號墓漆木匜形器[註358]（圖2-91：4），形制與包山M2：31木帶流杯相似。

圖2-91　楚系鳳鳥銜珠造型

1.包山M2銅鳳首匜　2.包山M2彩繪鳳鳥雙連杯
3.包山M2漆匜形器　4.棗陽九連墩M2漆匜形器

〔註355〕湖北省荊沙鐵路考古隊，包山楚墓〔M〕，北京：文物出版社，1991：189～193，圖版選自湖南省博物館，首都博物館，鳳舞九天——楚文化特展〔M〕，北京：科學出版社，2015：38。

〔註356〕湖北省荊沙鐵路考古隊，包山楚墓〔M〕，北京：文物出版社，1991：141～144。

〔註357〕湖北省荊沙鐵路考古隊，包山楚墓〔M〕，北京：文物出版社，1991：137～141，高至喜，楚文物圖典〔M〕，武漢：湖北教育出版社，2000：237。

〔註358〕湖北博物館，成都金沙遺址，湖北九連墩楚墓精品文物特展——九連墩的故事〔M〕，成都：四川人民出版社，2016：45。

2.3.2.4　幾何形鳳鳥

鳳鳥造型為幾何形。

銅器

當陽趙家湖出土三件鳥紋銅戈〔註359〕，這三件戈的年代集中在戰國早期：
JM43：5，援和胡上有錯金銘文「番中之白皇之造戈」八字，內部錯金鳥紋（圖
2-92：2）；JM45：1，援和胡上有錯金銘文「許之造戈」四字，內部陰刻鳥紋
（圖2-92：3）；JM40：7，內部飾有鳥紋（圖2-92：1）。徐家嶺M9許公戈內
上鳳鳥紋〔註360〕（圖2-92：4）。

淅川和尚嶺M1銅車軎鳳鳥紋〔註361〕，M1：37為八棱形車軎（圖2-92：
5），M1：39為圓形車軎（圖2-92：6），固始侯古堆M1鳳鳥紋銅車軎〔註362〕
（圖2-92：7）。

図 2-92　楚系銅器幾何形鳳紋樣

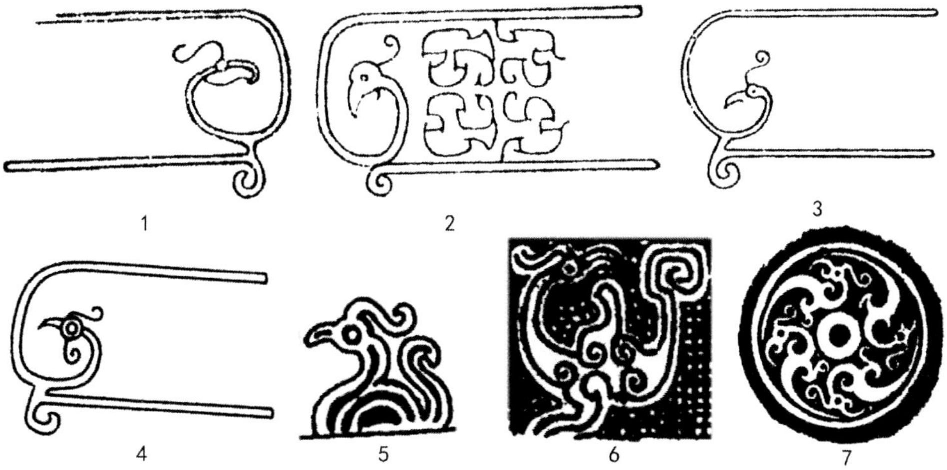

1.當陽趙家湖JM40銅戈　2.當陽趙家湖JM43銅戈　3.當陽趙家湖JM45銅戈　4.徐家
嶺M9許公戈　5、6.淅川和尚嶺M1銅車軎鳳鳥紋　7.固始侯古堆M1鳳鳥紋銅車軎

〔註359〕湖北省宜昌地區博物館，北京大學考古系，當陽趙家湖楚墓〔M〕，北京：文
　　　　物出版社，1992：129，131～132。

〔註360〕河南省文物考古研究所，南陽市文物考古研究所，淅川和尚嶺與徐家嶺楚墓
　　　　〔M〕，鄭州：大象出版社，2004：201。

〔註361〕河南省文物考古研究所，南陽市文物考古研究所，淅川和尚嶺與徐家嶺楚墓
　　　　〔M〕，鄭州：大象出版社，2004：19。

〔註362〕河南省文物考古研究所，固始侯古堆一號墓〔M〕，鄭州：大象出版社，2004：
　　　　68。

漆器

曾侯乙墓瑟、琴〔註363〕，琴面上漆繪有振翅飛翔的鳳鳥（圖2-93：1、2），包山楚墓 M2 變形鳳鳥紋漆木柄〔註364〕（圖2-93：3），牌面繪變形鳳鳥紋。

荊州天星觀 M2：238 鳳鳥蓮花紋豆〔註365〕，鳳鳥背的兩側繪有幾何形鳳鳥，鳳頭向前，鳳嘴鳥喙呈鷹勾狀（圖2-93：8）。江陵望山 1 號墓漆器變形鳳鳥紋〔註366〕（圖2-93：5），沙冢 1 號墓變形鳳鳥紋〔註367〕（圖2-93：6、7）。荊州望山橋一號楚墓漆耳杯〔註368〕，內底飾黑彩鳳鳥紋（圖2-93：4）。

圖 2-93　楚系漆器幾何形鳳紋樣

1、2.曾侯乙墓瑟、琴鳳鳥紋　3.包山楚墓 M2 變形鳳鳥紋漆木柄　4.荊州望山橋一號楚墓漆耳杯鳳鳥紋　5.江陵望山 1 號墓漆器變形鳳鳥紋　6、7.沙冢 1 號墓變形鳳鳥紋　8.荊州天星觀 M2 鳳鳥蓮花紋豆鳳鳥紋

〔註363〕湖北省博物館，曾侯乙墓〔M〕，北京：文物出版社，1989：156，158，164～166。

〔註364〕湖北荊沙鐵路考古隊，包山楚墓〔M〕，北京：文物出版社，1991：263，265。

〔註365〕湖北省荊州博物館，荊州天星觀二號楚墓〔M〕，北京：文物出版社，2003：141，143～148。

〔註366〕湖北省文物考古研究所，江陵望山沙冢楚墓〔M〕，北京：文物出版社，1996：83。

〔註367〕湖北省文物考古研究所，江陵望山沙冢楚墓〔M〕，北京：文物出版社，1996：187。

〔註368〕荊州博物館，湖北荊州望山橋一號楚墓發掘簡報〔J〕，文物，2017，2：19。

2.3.2.5　鳳首

江陵雨臺山 M526 鳥首飾〔註369〕（圖 2-94：2），長喙，頭上有冠，頸下有一半圓形鈕。荊州天星觀 M2：99 銅鳳鳥首飾〔註370〕（圖 2-94：1），尖嘴合攏，頭頂高冠後揚，兩圓眼外鼓，長頸上部較細。包山五號墓 5：18 銅鳳鳥首飾〔註371〕（圖 2-94：3）。

圖 2-94　楚系銅器鳳首造型

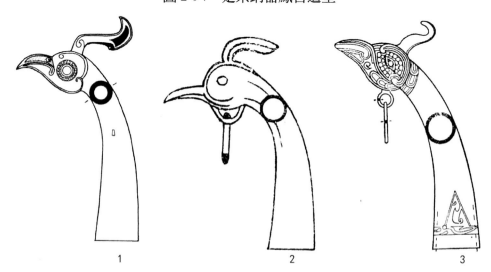

1.荊州天星觀 M2 銅鳳鳥首　2.江陵雨臺山 M526 鳥首　3.包山五號墓銅鳳鳥首

2.3.3　鳥

荊門包山二號墓兩件銅飛鳥〔註372〕，2：103，鳥首偏向一側，作顧盼狀，圓眼外凸，喙上翹，雙足鑄於橫柱上（圖 2-95：2）；2：104，鳥作翱翔狀，首及長喙前伸，圓眼外凸，雙翅前卷，尾微張，腹下部接立柱和圓盤座（圖 2-95：1）。包山二號墓鳥首車飾〔註373〕（圖 2-95：3），長方形銅環上兩邊中部鑄相背對稱兩鳥首，一側鳥喙上翹為長柄，頂端杯形，另一鳥冠上有單環套五節連

〔註369〕湖北省荊州地區博物館，江陵雨臺山楚墓〔M〕，北京：文物出版社，1984：90。

〔註370〕湖北省荊州博物館，荊州天星觀二號楚墓〔M〕，北京：文物出版社，2003：101，107。

〔註371〕湖北荊沙鐵路考古隊，包山楚墓〔M〕，北京：文物出版社，1991：324～325。

〔註372〕湖北荊沙鐵路考古隊，包山楚墓〔M〕，北京：文物出版社，1991：262～263。

〔註373〕湖北荊沙鐵路考古隊，包山楚墓〔M〕，北京：文物出版社，1991：241～242。

環。鳥首上鑄點、眼組成的鳥面紋。河南正陽蘇莊楚墓鳥形木器〔註374〕（圖2-95：7），鳥立姿、昂首、喙已殘，短頸，垂尾，作展翅欲飛狀，鳥通體髹黑漆，並用紅、銀等色繪以變形卷雲紋、梅花點紋，鳥尾的羽毛亦用銀色繪製。信陽長臺關M2彩繪鳥飾木梳〔註375〕（圖2-95：4），北部作半圓形並在背部雕一立鳥為飾。江陵望山1號墓與沙冢1號墓鳥紋〔註376〕（圖2-95：5、6）。

圖2-95　楚系立體鳥造型

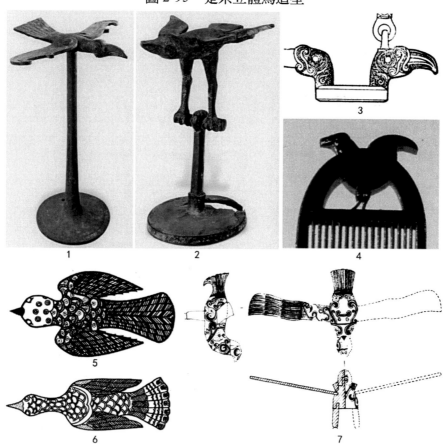

1、2.包山二號墓銅飛鳥　3.包山二號墓鳥首車飾　4.信陽長臺關M2彩繪鳥飾木梳
5.江陵望山1號墓鳥紋　6.江陵沙冢1號墓鳥紋　7.正陽蘇莊楚墓鳥形木器

〔註374〕駐馬店地區文化局、正陽縣文化局：《河南正陽蘇莊楚墓發掘報告》，《華夏考古》1988年2期。第37頁。
〔註375〕河南省文物研究所，信陽楚墓〔M〕，北京：文物出版社，1986：106，彩版一六。
〔註376〕湖北省文物考古研究所，江陵望山沙冢楚墓〔M〕，北京：文物出版社，1996：83，188。

　　長沙楚墓鳥形戈[註377]，M738：16，鳥長喙，圓眼，長頸，頸背有雲紋（圖2-96：1）；M946：12，鳥身上下均飾水波紋（圖2-96：2）；M1630：4，鳥喙較粗長，頭上有冠，長頸、展翅，翅尾頸飾密點，羽翅內填短線（圖2-96：3）；M504：10，鳥仰首引頸長鳴，鳥羽清晰（圖2-96：4）；M460：10，鳥長喙圓眼，利爪，作飛翔狀，鳥身有多排細點連線紋（圖2-96：5）；M1065：8，鳥寬喙寬翅，作飛翔狀，翅上有大小不一的方圈紋、菱形紋、長三角形紋表示羽毛（圖2-96：6）。江陵雨臺山M554銅鳥[註378]（圖2-96：7），尾呈八棱形，凸棱上有鳥、魚及雲紋。

圖2-96　楚系銅戈鳥造型

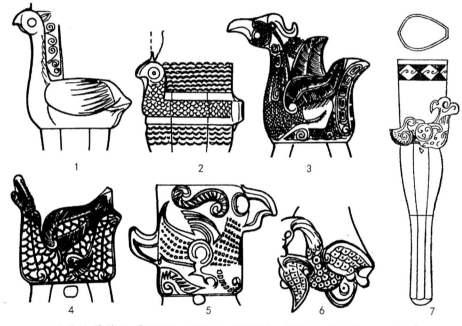

1-6.長沙楚墓戈（M738、M946、M1630、M504、M460、M1065）
7.江陵雨臺山M554銅戈

2.3.4　鴛鴦

　　曾侯乙墓鴛鴦形漆盒[註379]（圖2-97：1），頭與身份別雕成，器身肥碩，

〔註377〕湖南省博物館，湖南省文物考古研究所，長沙市博物館，長沙市文物考古研究所，長沙楚墓〔M〕，北京：文物出版社，2000：206，208～209。
〔註378〕湖北省荊州地區博物館，江陵雨臺山楚墓〔M〕，北京：文物出版社，1984：81，83。
〔註379〕湖北省博物館，曾侯乙墓〔M〕，北京：文物出版社，1989：363～365。

翅微上翹，尾平伸，足作蜷曲狀，全身以黑漆為地，施豔麗彩繪，在腹的兩側，繪有兩幅精彩的漆畫。淮安運河村戰國墓木雕水鳥〔註380〕（圖2-97：2），似鴛鴦，作蹲伏狀，昂首翹尾，兩翼微張，通體黑地紅彩。江陵雨臺山M427彩繪鴛鴦形豆〔註381〕（圖2-97：3），鴛鴦作盤頸側視狀，雙翅收合，蜷爪，尾略翹，尾部兩側繪有兩隻對稱的金鳳。鴛鴦的各個部分用朱紅、金、黃等色描繪。

圖2-97 鴛鴦形器

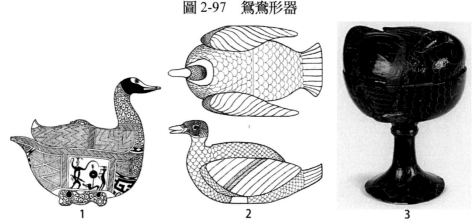

1   2   3

1.曾侯乙墓鴛鴦形漆盒   2.淮安運河村戰國墓木雕水鳥
3.江陵雨臺山M427彩繪鴛鴦形豆

2.3.5 虎

立體虎

淅川和尚嶺一號墓銅虎形飾〔註382〕（圖2-98：2），虎昂首，前後肢作蹲伏狀，體飾卷雲紋。曾侯乙墓編鐘爬虎套環〔註383〕（圖2-98：1），「爬虎」尾巴捲曲成環，前肢左右擺開，兩爪心為透空的方樺眼。包山二號墓木虎〔註384〕（圖2-98：3），頭伏地，匍匐狀，卷尾，背上壓一木條，虎首雕眼、耳、鼻、嘴，虎身雕刻卷雲紋和帶紋。包山二號墓虎頭車飾〔註385〕（圖2-98：4），兩端浮雕成虎頭形，虎身截面為六邊梯形，通體以紅線勾描，繪對稱虎首和勾連雲紋黑漆彩。

〔註380〕 淮安市博物館：《淮安運河村戰國墓》，文物出版社，2011年。第32-33頁。
〔註381〕 湖北省荊州地區博物館，江陵雨臺山楚墓〔M〕，北京：文物出版社，1984：100～101。
〔註382〕 河南省文物考古研究所，南陽市文物考古研究所，淅川和尚嶺與徐家嶺楚墓〔M〕，鄭州：大象出版社，2004：12，18。
〔註383〕 湖北省博物館，曾侯乙墓〔M〕，北京：文物出版社，1989：118，119。
〔註384〕 湖北荊沙鐵路考古隊，包山楚墓〔M〕，北京：文物出版社，1991：256，258。
〔註385〕 湖北荊沙鐵路考古隊，包山楚墓〔M〕，北京：文物出版社，1991：234～235。

圖 2-98 楚系立體虎造型一

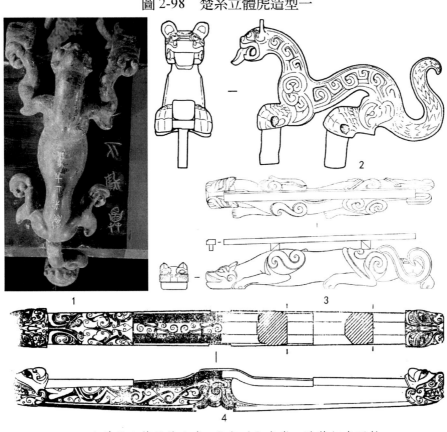

1.曾侯乙墓編鐘爬虎　2.淅川和尚嶺一號墓銅虎形飾
3.包山二號墓木虎　4.包山二號墓虎頭車飾

天星觀 M2：23 虎座鳥架鼓〔註 386〕，漆木虎呈前伏後蹲狀（圖 2-99：
1），虎身描繪羽狀紋。天星觀 M1 漆木虎座屏〔註 387〕（圖 2-99：2），屏中間
透雕一虎，虎瞪目、吐舌、屈身、卷爪，作欲騰狀。天星觀 M2 漆木虎座飛
鳥〔註 388〕，虎呈匍臥狀（圖 2-99：3），虎胸部、背部繪變形鳥紋和卷雲紋。
臨澧九里 M1 木雕臥虎〔註 389〕（圖 2-99：4），為一整木雕刻而成，虎為昂首

〔註 386〕湖北省荊州博物館，荊州天星觀二號楚墓〔M〕，北京：文物出版社，2003：
125，彩版三十。

〔註 387〕湖北省荊州地區博物館，江陵天星觀 1 號楚墓〔J〕，考古學報，1982，1：
101。

〔註 388〕湖北省荊州博物館，荊州天星觀二號楚墓〔M〕，北京：文物出版社，2003：
187，彩版四五。

〔註 389〕湖南省博物館，熊傳薪，湖南臨澧九里一號大型楚墓發掘簡報〔A〕，湖南省
博物館，湖南省博物館館刊第八輯〔C〕，長沙：嶽麓書社，2011：111。

蹲伏狀，全身漆繪羽狀紋。九連墩 M2 漆木虎座鳥架鼓〔註390〕，虎身飾鱗片紋、折線紋、水滴紋（圖 2-99：5）。

圖 2-99　楚系立體虎造型二

1.天星觀 M2 虎座鳥架鼓　2.天星觀 M1 漆木虎座屏　3.天星觀 M2 漆木虎座飛鳥
4.臨澧九里 M1 木雕臥虎　5.九連墩 M2 漆木虎座鳥架鼓

平面虎紋

卸甲山 05 銅盉（圖 2-100：1），整個提梁側視呈獸形，提梁的兩側各有兩隻半浮雕的伏虎（圖 2-100：2、3），虎首相背，各自作前行狀。南古丈白鶴 M31 銅虎形印〔註391〕（圖 2-100：4），印面陰刻一虎形，其形取側視，姿態呈揚尾奮爪騰躍之勢。曾侯乙墓 E.66 漆箱〔註392〕，蓋面當中朱書一篆文大「鬥」字，

〔註390〕湖北省博物館，九連墩——長江中游的楚國貴族大墓〔M〕，北京：文物出版社，2007：116。
〔註391〕湖南省博物館，湘西土家族苗族自治州文物工作隊，古丈白鶴灣楚墓〔J〕，考古學報，1986，3：352。
〔註392〕湖北省博物館，曾侯乙墓〔M〕，北京：文物出版社，1989：354～356。

蓋頂面一頭繪白虎（圖2-100：6）。荊門左冢 M1 浮雕車壁皮袋〔註393〕，M1S：100 彩繪龍鳳虎相蟠，虎用金色勾繪並用紅色點睛，虎首上揚、吐舌，尾上翹，身飾虎斑紋（圖2-100：5）。江陵沙冢 SM1：23～1 漆矢箙面板〔註394〕，下部為顧首虎紋（圖2-100：7），虎飾鱗片紋。

圖2-100　楚系平面虎紋樣

1-3.卸甲山 05 銅盉　4.南古丈白鶴 M31 銅印　5.荊門左冢 M1 浮雕車壁皮袋
6.曾侯乙墓 E.66 漆箱　7.江陵沙冢 SM1 漆矢箙面板

2.3.6　蛇

2.3.6.1　單體蛇

棗陽郭家廟 GM17：16 銅器座〔註395〕（圖2-101：1），上層四面各飾一組蛇雲紋，蛇呈昂首盤身狀（圖2-101：2）。當陽楊家山 M6：1 銅鼎〔註396〕，

〔註393〕湖北省文物考古研究所，荊門市博物館，襄荊高速公路考古隊，荊門左冢楚墓〔M〕，北京：文物出版社，2006：98～99。

〔註394〕湖北省文物考古研究所，江陵望山沙冢楚墓〔M〕，北京：文物出版社，1996：179～181。

〔註395〕襄樊市考古隊，棗陽郭家廟曾國墓地〔M〕，北京：科學出版社，2005：68～72。

〔註396〕湖北省宜昌地區博物館，北京大學考古系，當陽趙家湖楚墓〔M〕，北京：文物出版社，1992：120。

蓋中央有一大圓環作捉手，周立三個立鈕，內周飾蟠蛇紋（圖2-101：3）；固始侯古堆 M1P：51 銅鼎〔註397〕，蓋滿飾蛇紋紋（圖2-101：4）。淅川下寺 M11 銅車耑〔註398〕（圖2-101：7），耑體飾蛇紋、貝紋及絢索紋帶三周。隨州東風油庫 M3：22 銅器蓋〔註399〕（圖2-101：5），外周飾一組龍鳳紋間以蛇紋（圖2-101：6），蛇首三角形。

圖 2-101　楚系銅器蛇紋樣

1、2.棗陽郭家廟 GM17 銅器座　3.當陽楊家山 M6 銅鼎　4.固始侯古堆 M1P 銅鼎　5、6.隨州東風油庫 M3 銅器蓋　7.淅川下寺 M11 銅車耑　8.楊家山 M4 蛇鈕銅器蓋　9.曾侯乙墓 N.5 大尊缶

〔註397〕河南省文物考古研究所，固始侯古堆一號墓〔M〕，鄭州：大象出版社，2004：34。

〔註398〕河南省文物研究所，淅川下寺春秋楚墓〔M〕，北京：文物出版社，1991：302，303。

〔註399〕湖北省文物考古研究所，曾國青銅器〔M〕，北京：文物出版社，2007：369～370。

　　楊家山 M4：13 蛇鈕銅器蓋〔註400〕，蓋中有一蛇形鈕，外圍飾絢索紋（圖2-101：8）。曾侯乙墓 N.5 大尊缶〔註401〕，缶肩有一蛇形鈕（圖2-101：9）。

　　江陵雨臺山 M471 蛇紋漆卮〔註402〕（圖2-102：1），蓋上雕八條相蟠的蛇，四條紅、四條黃，卮身四周雕十二條蟠蛇，其中有四條對稱的長黃蛇和長紅蛇，八條端粗的黃蛇相蟠其間。蛇頭、身和鱗片都用紅、黃漆繪出。江陵望山 1 號墓與沙冢 1 號墓蛇紋，蛇呈「S」形蟠曲狀（圖2-102：2、3）；荊門左冢 M1 浮雕車壁皮袋〔註403〕（M1S：104），底框中部的一段浮雕為兩蛇相蟠（圖2-102：4），兩蛇的頭和尾呈 45°對角排列。天星觀二號墓 M2：238 鳳鳥蓮花紋豆〔註404〕，鳳鳥的兩側腹、鳳腿上緣有紅漆繪一蛇，蛇頭呈扁三角形（圖2-102：5）。

圖 2-102　楚系漆器蛇紋樣

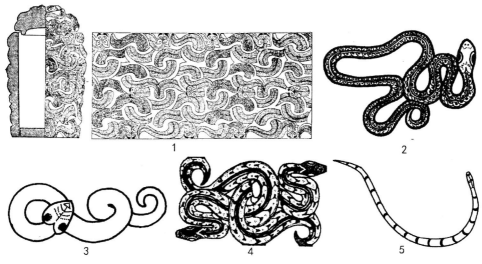

1.江陵雨臺山 M471 蛇紋漆卮　2.江陵望山 1 號墓蛇紋　3.江陵沙冢 1 號墓蛇紋
4.荊門左冢 M1 浮雕車壁皮袋　5.天星觀二號墓 M2 鳳鳥蓮花紋豆蛇紋

〔註400〕湖北省宜昌地區博物館，北京大學考古系，當陽趙家湖楚墓〔M〕，北京：文物出版社，1992：124，126。

〔註401〕湖北省博物館，曾侯乙墓〔M〕，北京：文物出版社，1989：217～218。

〔註402〕湖北省荊州地區博物館，江陵雨臺山楚墓〔M〕，北京：文物出版社，1984：98～101。

〔註403〕湖北省文物考古研究所，荊門市博物館，襄荊高速公路考古隊，荊門左冢楚墓〔M〕，北京：文物出版社，2006：101～102。

〔註404〕湖北省荊州博物館，荊州天星觀二號楚墓〔M〕，北京：文物出版社，2003：141，143～148。

2.3.6.2 鳥銜蛇、踐蛇

湖北隨縣曾侯乙墓主內棺上彩繪大量的蛇紋、鳥銜蛇類圖像〔註405〕，以墓主內棺足擋為例進行說明，左上角部分當中兩蛇纏繞（圖2-103：1），兩側為兩鳥，蛇首在鳥口邊，表現的應是鳥銜蛇主題；左側中間部分為一組，有一鳳一龍加四蛇組成（圖2-103：2），鳳羽華麗，一足立於龍背上，四條蛇中有三條為花蛇，其中一條蛇首在鳳鳥口邊，也應表現的是鳥銜蛇主題。

圖2-103　曾侯乙墓內棺足擋鳥銜蛇、踐蛇紋樣

江陵馬山一號墓鳳鳥踐蛇紋繡〔註406〕（圖2-104：1），主題是一隻張開雙翅的鳳鳥正在啄食一條蛇，腳下另踐一蛇；此墓葬還有出土一鳳二蛇相蟠紋繡（圖2-104：2）、一鳳三蛇相蟠紋繡〔註407〕（圖2-104：3），二蛇、三蛇盤繞於鳳身。

〔註405〕湖北省博物館，曾侯乙墓〔M〕，北京：文物出版社，1989：34。

〔註406〕湖北省荊州地區博物館，江陵馬山一號楚墓〔M〕，北京：文物出版社，1985：69。

〔註407〕湖北省荊州地區博物館，江陵馬山一號楚墓〔M〕，北京：文物出版社，1985：60。

　　虎座鳥架鼓是楚文化的典型器物之一〔註408〕，因其形制特徵為兩虎昂首相背伏臥、鳥立於其背、木鼓懸掛兩鳥之間而得名。九連墩出土的虎座鳥架鼓與其他略有區別，裝飾有虎（獸）踐蛇主題（圖2-105：1）和鳥銜蛇主題（圖2-105：2），臥虎匍匐於六蛇糾結的底座上，立鳥翅膀上浮雕有鳥銜蛇造型〔註409〕。

圖2-104　江陵馬山一號墓鳳鳥銜蛇、踐蛇紋繡

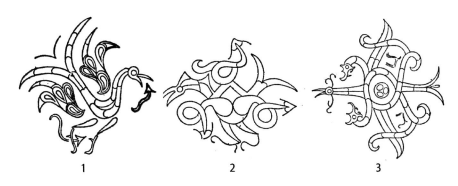

1　　　　　　　　2　　　　　　　　3

圖2-105　楚系鳳鳥銜蛇、踐蛇造型

1、2.九連墩虎座鳥架鼓、鳥銜蛇　3.天星觀二號墓鳳鳥蓮花豆　4.江陵望山沙冢 WM1 彩繪木雕小座屏　5.壽縣李三孤堆楚王墓銅鷹攫蛇

〔註408〕陳振裕，談虎座鳥架鼓〔J〕，江漢考古，1980，1：65～68。
〔註409〕湖北省博物館，九連墩──長江中游的楚國貴族大墓〔M〕，北京：文物出版社，2007：117。

　　天星觀二號墓鳳鳥蓮花豆〔註410〕（圖2-105：3），鳳鳥頭後仰向上，鳳鳥
站立於蛇身之上，兩爪平齊抓住一條蜷伏的蛇；鳥身上繪龍紋、鳳紋、蛇紋、
蟾蜍紋和鳳鳥紋。江陵望山沙冢 WM1：B84 彩繪木雕小座屏〔註411〕（圖2-
105：4），動物有透雕和浮雕兩種，可見蛇咬鹿、鳥銜蛇、鳳銜蛇。荊州天星
觀 M2：14 彩繪漆座屏〔註412〕，為對鳥銜蛇。湖北九連墩二號墓〔註413〕亦出
土一件彩繪木雕小座屏，造型與江陵望山沙冢 WM1：B84 木雕小座屏相似，
但中間為鳳鳥銜獸圖案。

　　安徽壽縣朱家集李三孤堆楚王墓出土一件銅鷹攫蛇〔註414〕（圖 2-105：
5），方形底座之上浮雕鷹在攫到蛇後騰空而起的瞬間情景。

2.3.6.3　獸（龍）銜蛇、踐蛇

　　信陽楚墓一號墓鎮墓獸〔註415〕（圖2-106：3），作蹲坐狀，頭頂插有兩個
殘長 15 釐米的彩繪鹿角，獸兩耳翹起，頭部似獸，雙目圓大，張口吐舌，前
肢上舉，兩爪持蛇，作吞食狀。全身除眼、舌髹黃漆外，其餘各部分皆髹褐漆
並繪有紅、黃相間的鱗紋。老河口安崗 1 號墓木雕虎（獸）噬蟒座屏〔註416〕
（圖2-106：2），兩虎（獸）共噬咬一蟒，虎（獸）爪踐蟒身，蟒首噬咬其
中一虎（獸），形成座屏。湖北棗陽九連墩 1 號墓出土一件彩繪龍鳳紋漆豆
〔註 417〕（圖 2-106：1），整器以盤踞於方形圓角底足上的回首銜蛇的蹲龍為
座，以龍角、龍爪和龍頭為支點，托起橢圓形蓮花口淺盤。

〔註410〕湖北省荊州博物館，荊州天星觀二號楚墓〔M〕，北京：文物出版社，2003：
　　　　144～148。
〔註411〕湖北省文物考古研究所，江陵望山沙冢楚墓〔M〕，北京：文物出版社，1996：
　　　　95。
〔註412〕湖北省荊州博物館，荊州天星觀二號楚墓〔M〕，北京：文物出版社，2003：
　　　　164。
〔註413〕湖南省博物館，首都博物館，鳳舞九天——楚文物特展〔M〕，北京：科學出
　　　　版社，2015：114。
〔註414〕湖南省博物館，首都博物館，鳳舞九天——楚文物特展〔M〕，北京：科學出
　　　　版社，2015：171。
〔註415〕河南省文物研究所，信陽楚墓〔M〕，北京：文物出版社，1986：60～61。
〔註416〕湖北省博物館，圖說楚文化——恢詭譎怪 驚彩絕豔〔M〕，武漢：湖北美術
　　　　出版社，2006：274。
〔註417〕湖南省博物館，首都博物館，鳳舞九天——楚文物特展〔M〕，北京：科學出
　　　　版社，2015：103。

圖 2-106　楚系獸銜蛇、踐蛇造型

1.棗陽九連墩 1 號墓彩繪龍鳳紋漆豆　2.老河口安崗 1 號墓木雕虎（獸）噬蟒座屏　3.信陽長臺關一號墓鎮墓獸

2.3.6.4　神人操蛇、珥蛇

　　湖北隨縣曾侯乙墓墓主內棺上亦有神人珥蛇、操蛇類圖像〔註418〕（圖2-103：3），曾侯乙墓五弦琴面上，漆繪有神人珥蛇的紋樣〔註419〕（圖2-107：2）。隨州擂鼓墩二號墓出土 4 件神人操蛇大甬鐘〔註420〕，在其正鼓部飾有半浮雕神人操蛇跨龍的圖像（圖2-107：1），神人雙手各操一蜷曲蛇體，胯乘龍軀，龍軀下連龍首，龍首有一對向後彎曲的長角。信陽楚墓一號墓漆瑟〔註421〕巫師戲蛇圖（圖2-107：4），巫師頭戴前有鳥首而後為鵲尾形的帽子，雙手似鳥爪，各持一蛇，張口扁眼，作咆哮狀；巫師戲龍圖（圖2-107：3），一巨人雙手各持一蛟龍，龍頭昂起，體飾鱗紋，在其右側有一鱗身猛獸，四肢前曲，張口欲嚼，並在獸的腹下有一卷尾小狗，曲身狂吠。

　　1942 年湖南長沙子彈庫出土的楚帛書，多數學者分其內容為三篇〔註422〕：《四時》、《天象》、《月忌》，《月忌》每章都有神像，用細筆勾勒，填有紅、棕、青三色彩繪。其中六月（圖2-108：1～4）、十二月（圖2-108：5～8）神像應與操蛇、啖蛇有關。

〔註418〕湖北省博物館，曾侯乙墓〔M〕，北京：文物出版社，1989：34。

〔註419〕湖北省博物館，曾侯乙墓〔M〕，北京：文物出版社，1989：165。

〔註420〕隨州市博物館，隨州擂鼓墩二號墓〔M〕，北京：文物出版社，2008：74，彩版三四。

〔註421〕河南省文物研究所，信陽楚墓〔M〕，北京：文物出版社，1986：30～31，彩版二：3，彩版三：1。

〔註422〕李學勤，再論帛書十二神〔A〕，李學勤，簡帛佚籍與學術史〔M〕，南昌：江西教育出版社，2001：56。

圖2-107　楚系神人珥蛇、操蛇紋樣

1.擂鼓墩二號墓甬鐘神人操蛇　2.曾侯乙墓內棺神人珥蛇
3、4.信陽楚墓一號墓漆瑟巫師戲蛇圖

　　六月、十二月神像，李學勤的描述為「形如雄性猿猴，有尾，面有紅色邊緣，露白。兩臂似著長袖」、「人形正立，面有紅色周緣，獸耳，口吐歧舌」〔註423〕；李零的描述為「是一獼猴，正與月名相符」、「鳥足人，頭戴羽飾，口吐長舌」〔註424〕。有學者指出：楚人用繪畫手段達到他們對巫的功能的認識時，實際上依據的是對神的理解，已有的文字記載都認為唯有神才「操兩龍」或「操兩蛇」〔註425〕。因此，從圖像上看，所表現的應是神操蛇、踐蛇或啖蛇的形象。

〔註423〕李學勤，再論帛書十二神〔A〕，李學勤，簡帛佚籍與學術史〔M〕，南昌：江西教育出版社，2001：61。

〔註424〕李零，子彈庫帛書（下）〔M〕，北京：文物出版社，2017：72，77。

〔註425〕范迪安，楚帛書圖像及其結構解析〔A〕，中央美術學院美術史系，篳路藍縷四十年——中央美術學院美術史系教師論文集〔M〕，北京：人民美術出版社，1997：687。

圖 2-108　長沙子彈庫楚帛書神人操蛇、銜蛇紋樣

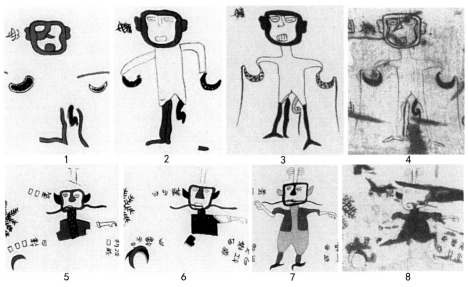

2.3.7　駱駝

江陵望山 2 號墓人騎駱駝銅燈〔註 426〕（圖 2-109：1），銅人昂首直腰騎坐於駱駝上，頭部較大，面向正前方，圓胖臉型，鑄有向腦後梳的髮紋。兩手屈肘前伸托住管形銅圈，雙腿曲膝彎足貼於駝身兩側，駱駝之頭前伸，弓背垂尾，四足立於長方形銅板上。

2.3.8　鹿

在楚的造型藝術中，既有圓雕的銅鹿、木鹿，漆座屏上與蛇、蛙同在的鹿，又有平面造型的鹿。根據姿態可分為臥鹿和奔鹿。

臥鹿

曾侯乙墓漆臥鹿 E.113〔註 427〕（圖 2-109：2），平首，俯臥，前腿跪曲，後腿彎屈，頭插真鹿角，在大腿上方留有一方孔，背上原裝有一物；全身以黑漆為地，飾水滴形圓點紋。荊州望山橋一號墓楚臥鹿〔註 428〕（圖 2-109：3），姿態作臥伏狀，昂首側視，前肢跪臥，後肢亦向前屈臥，器身以黑漆為地，滿

〔註 426〕湖北省文物考古研究所，江陵望山沙冢楚墓〔M〕，北京：文物出版社，1996：137。

〔註 427〕湖北省博物館，曾侯乙墓〔M〕，北京：文物出版社，1989：360～361。

〔註 428〕荊州博物館，湖北荊州望山橋一號楚墓發掘簡報〔J〕，文物，2017，2：22，30。

飾紅色水滴狀斑紋。江陵雨臺山 M363 木鹿〔註 429〕（圖 2-109：4），鹿作臥狀，昂首側視，頭上有角，在後背插有小木鼓，周身涂墨，用紅、黃、金色繪斑紋。

圖 2-109　楚系駱駝、鹿造型

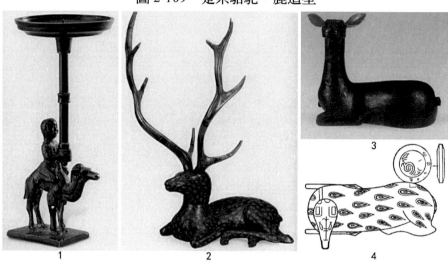

1.江陵望山 2 號墓人騎駱駝銅燈　2.曾侯乙墓漆臥鹿　3.荊州望山橋一號墓臥鹿
4.江陵雨臺山 M363 木鹿

奔鹿

曾侯乙墓ⅩⅨ馬甲片〔註 430〕，一紋飾為鹿、龍共身，鹿雙角，身體前方一鹿腿、彎曲（圖 2-110：4）。荊州天星觀二號墓鹿紋角篦〔註 431〕（圖 2-110：5），框內透雕二鹿，兩鹿鹿身相背，鹿首回顧相向，鹿尾相連，呈奔行狀。信陽楚墓一號墓瑟首、尾彩繪〔註 432〕（圖 2-110：6），射獵圖中有鹿形象。望山一號墓漆座屏〔註 433〕（圖 2-110：1），奔鹿形象。棗陽九連墩楚墓 M8：815 漆木弩繪製彩畫〔註 434〕（圖 2-110：2），射獵圖中有奔鹿，形象生動。長沙顏家

〔註 429〕湖北省荊州地區博物館，江陵雨臺山楚墓〔M〕，北京：文物出版社，1984：108，111。

〔註 430〕湖北省博物館，曾侯乙墓〔M〕，北京：文物出版社，1989：344～347。

〔註 431〕湖北省荊州博物館，荊州天星觀二號楚墓〔M〕，北京：文物出版社，2003：204～205。

〔註 432〕河南省文物研究所，信陽楚墓〔M〕，北京：文物出版社，1986：29～31。

〔註 433〕湖北省文物考古研究所，江陵望山沙冢楚墓〔M〕，北京：文物出版社，1996：83。

〔註 434〕湖北省文物考古研究所，襄陽市文物考古研究所，湖北棗陽九連墩楚墓出土的漆木弩彩畫〔J〕，文物，2017，2：39～49。

嶺乙 35 號墓彩繪狩獵紋漆樽〔註435〕（圖 2-110：3），在褐漆地上朱繪三道變形鳳鳥紋，將紋飾分成上下兩部分，下部有獵犬追鹿。

圖 2-110　楚系平面鹿紋樣

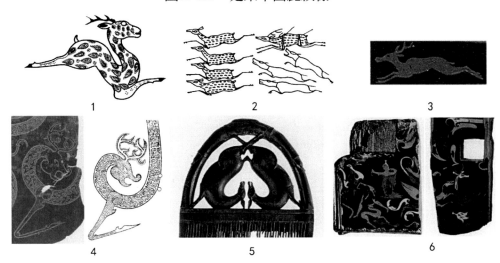

1.望山一號墓漆座屏　2.棗陽九連墩楚墓 M8 漆木弩　3.長沙顏家嶺乙 35 號墓彩繪狩獵紋漆樽　4.曾侯乙墓ⅩⅨ馬甲片　5.荊州天星觀二號墓鹿紋角篦　6.信陽楚墓一號墓瑟首、尾

2.3.9　牛

　　固始侯古堆 M1P：50 銅鼎〔註436〕（圖 2-111：1、2），蓋上有三個臥牛形鈕，臥牛身飾雲雷紋。曾侯乙墓牛形鈕蓋鼎 C.98〔註437〕，蓋中心有一曲拱的蛇形鈕，蓋近緣處有等距離立著的三個牛形鈕飾，牛頭側顧向外，形態逼真、生動，牛形蓋鈕的牛身上為陰線渦雲紋（圖 2-111：3）。隨州擂鼓墩二號墓出土牛形鈕蓋鼎六件〔註438〕，牛形鈕分立牛和臥牛，M2：71 立牛，位於鼎蓋面，牛身飾卷雲紋（圖 2-111：4）；M2：68，蓋面上有三個臥式牛形鈕（圖 2-111：5）。

〔註435〕湖南省博物館，首都博物館，鳳舞九天——楚文物特展〔M〕，北京：科學出版社，2015：120，湖南省博物館、湖南省文物考古研究所，長沙市博物館，長沙市文物考古研究所，長沙楚墓〔M〕，北京：文物出版社，2000：355～356。

〔註436〕河南省文物考古研究所，固始侯古堆一號墓〔M〕，鄭州：大象出版社，2004：34，彩版一〇。

〔註437〕湖北省博物館，曾侯乙墓〔M〕，北京：文物出版社，1989：195～196。

〔註438〕隨州市博物館，隨州擂鼓墩二號墓〔M〕，北京：文物出版社，2008：13～19。

安徽壽縣邱家花園大府銅牛〔註439〕（圖2-111：6），牛作伏臥狀，頭頂回伸仰起，前膝雙跪，後腿屈於腹部，牛眼、眉、鼻用白色金屬鏤錯而成，牛的腹下鑄「大府之器」。

圖2-111　楚系銅器牛造型

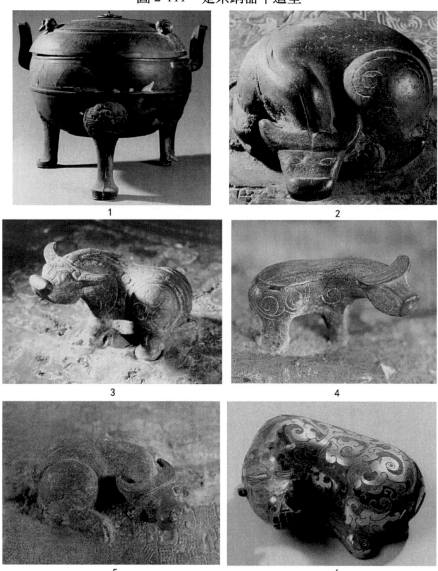

1、2.固始侯古堆 M1P 銅鼎　3.曾侯乙墓蓋鼎牛形鈕　4、5.隨州擂鼓墩二號墓蓋鼎立牛、臥牛鈕　6.壽縣邱家花園大府銅牛

〔註439〕殷滌非，安徽壽縣新發現的銅牛〔J〕，文物，1959，4：1～2。

2.3.10 豬

　　九連墩 M1：815 彩繪漆木弩〔註 440〕，狩獵圖中有野豬奔跑形象（圖 2-112：1）。九連墩 M2 玉人〔註 441〕（圖 2-112：2），為三疊人雙足踏豕造型，下層為一張口卷尾作奔跑狀的巨豕。荊州天星觀 M2 漆豬形盒〔註 442〕（圖 2-112：3）、江陵雨臺山 M10 漆豬形盒〔註 443〕（圖 2-112：4），兩端各雕成一豬頭形，底部雕有蹲伏狀四足；這類酒具盒常見於高等級楚墓之中，為楚國漆器的典型器物。

圖 2-112　楚系豬造型

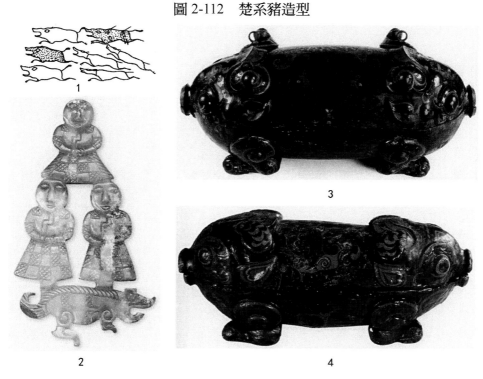

1.九連墩 M1 彩繪漆木弩　2.九連墩 M2 玉人
3.荊州天星觀 M2 漆盒　4.江陵雨臺山 M10 漆盒

〔註 440〕湖北省文物考古研究所，襄陽市文物考古研究所，湖北棗陽九連墩楚墓出土的漆木弩彩畫〔J〕，文物，2017，2：39～49。

〔註 441〕湖北省博物館，九連墩——長江中游的楚國貴族大墓〔M〕，北京：文物出版社，2007：77。

〔註 442〕湖北省荊州博物館，荊州天星觀二號楚墓〔M〕，北京：文物出版社，2003：143，146，149。

〔註 443〕湖南省博物館，首都博物館，鳳舞九天——楚文化特展〔M〕，北京：科學出版社，2015：126。

2.3.11 馬

棗陽九連墩楚墓 M2：998 銅馬〔註444〕（圖 2-113），站立狀，身體前傾，前腿直立，後腿前繃，尾略後擺，腹腔下有雄性生殖器。

圖 2-113　九連墩 M2：998 銅馬

2.3.12 狩獵紋

棗陽九連墩楚墓 4 件漆木弩繪製彩畫〔註445〕，對研究戰國中期楚國的貴族和繪畫藝術具有十分重要的價值。4 件的弩的編號分別為 M1：728（圖 2-114：1）、M1：815（圖 2-114：2）、M1：817（圖 2-114：3）、M2：130（圖 2-114：4），弩臂各部位髹黑、紅漆，弩身或其中段漆繪、彩繪人物故事畫，主題為車馬出行、狩獵等，有數量較多的動物形象，繪畫比例適當、動作展示準確，具有很強的寫實性，應是當時真實生活的寫照。

〔註444〕湖北省文物考古研究所，襄陽市文物考古研究所，湖北棗陽九連墩 M2 發掘簡報〔J〕，文物，2018，6：25、28、30。
〔註445〕湖北省文物考古研究所，襄陽市文物考古研究所，湖北棗陽九連墩楚墓出土的漆木弩彩畫〔J〕，文物，2017，2：39～49。

圖 2-114　九連墩 M1、M2 漆木弩彩畫

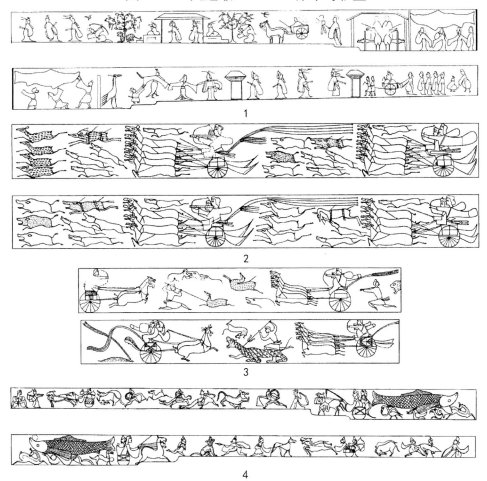

　　M1：728 表現的動物有關內容有：一闊葉樹上落一鳥，樹下伏虎，樹前一人跪伏於地，回首張滿弓射向落鳥，其頭上有一飛鳥（圖 2-115：1）；馬車，馬的上部有一鳥（圖 2-115：2）；立鶴，長嘴高冠（圖 2-115：3）。M1：815 表現的動物有關內容有：射獵圖中的獵狗追鹿（圖 2-115：4、6）、獵狗追逐野豬（圖 2-115：5）。M8：817 表現的動物形象有：鹿、人刺梅花鹿（圖 2-115：7）；人刺虎，虎半蹲，仰天長嘶，上部一獵狗屈身回首對虎頭狂吠（圖 2-115：8）。M2：130 表現的動物形象有：車後有兩隻動物，外側似屈腿以雙角前頂的羊，內側似一隻張嘴咆哮的長尾猛獸（圖 2-115：9）；虎，張嘴、右前腿抬起，其餘三腿著地（圖 2-115：10）；鑲嵌魚形骨片下有四隻動物，前三隻為大鳥，最前站立者嘴銜一蛇類動物，最後為奔鹿（圖 2-115：11）；牽狗者和刺虎（圖 2-115：12）。

圖 2-115　九連墩漆木弩彩畫動物形象

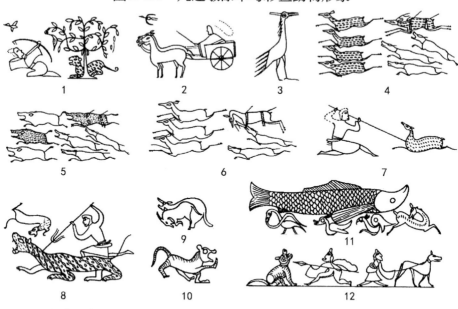

1.射鳥、虎　2.馬　3.鶴　4、6.獵狗逐鹿　5.豬　7.人刺鹿　8.人刺虎
9.獸　10.虎　11.魚、鳥銜蛇、奔鹿　12.牽狗與刺虎

圖 2-116　長沙顏家嶺乙 35 號墓漆樽及彩繪動物

1.長沙顏家嶺乙 35 號墓彩繪狩獵紋樽　2.豬　3、7.犬
4.牛　5.牽猴　6.奔鹿　8.鳳　9.鶴

　　湖南長沙顏家嶺乙 35 號墓彩繪狩獵紋漆樽〔註 446〕（圖 2-116：1），在褐漆地上朱繪三道變形鳳鳥紋，將紋飾分成上下兩部分：上部反映獵人勇鬥野牛情景，前一人持戟刺向野牛，後一人作引弓待發狀，牛低首揚角、殊死抵禦（圖 2-116：4），下部繪有老者牽猴（圖 2-116：5）、獵犬追鹿（圖 2-116：6）、鳳鳥飛奔（圖 2-116：8）和兩鶴啄食（圖 2-116：9）等圖案。所繪動物還有豬（圖 2-116：2）、犬（圖 2-116：3、7）等。

2.3.13　楚系青銅器動物紋樣特徵

　　楚系青銅器紋飾，春秋中晚期最典型的淅川下寺楚墓青銅器群，紋樣普遍採用角龍紋，以二方連續的雙龍交纏的紋樣作上下左右連續排列，淅川下寺楚墓大型禮器上細密的交龍紋是為楚器紋樣。曾侯乙墓青銅器表現為戰國早、中期的楚器影響，曾侯乙墓的青銅紋飾為三類，一類是以大小的圓突點或羽翅組合的各種動物紋；一類是較平整的紋樣都是橫豎轉折交連的構造，條紋較為規整，基本不用弧線；還有一類是用活潑的弧線組成各種龍、鹿和雲紋等的變形物象，和上述紋樣形成了風格不同的對比〔註 447〕。

　　瓶角龍僅在「曾伯文」銅甗的蓋頂蟠龍形捉手裝飾中有發現，「L」形角龍僅在隨州安居桃花坡 M1「起右」銅盤附耳裝飾有發現，年代為西周晚期或兩周之際，後被棄用。說明兩周之際及前後，雖然諸侯國青銅器紋飾從類別到構圖多是沿用周式青銅器，但在一些紋樣的使用上有不同的選擇。

　　螺角龍是西周晚期的傳統裝飾，春秋早期用於裝飾銅壺、銅簠等，與列國無別，春秋中期，楚系青銅器逐漸形成，螺角龍裝飾於楚式缶、平底匜、銅盆等器物，春秋至戰國早期，螺角龍的形制亦發生變化，由圓錐形凸出到微凸這一過程。徐家嶺 M10 的年代為戰國早期，M10 銅方座簠飾傳統的竊曲紋，簠腹部和方座飾波曲紋，應是「復古器」〔註 448〕，簠「C」形環耳、飾螺角龍，即是一例。

　　「Y」形角龍，在春秋早期至戰國早期均有發現。立體「Y」形角龍，其

〔註 446〕湖南省博物館，首都博物館，鳳舞九天——楚文化特展〔M〕，北京：科學出版社，2015：120，湖南省博物館，湖南省文物考古研究所，長沙市博物館，長沙市文物考古研究所，長沙楚墓〔M〕，北京：文物出版社，2000：355～356。
〔註 447〕馬承源，中國青銅藝術總論〔A〕，馬承源，中國青銅器研究，上海：上海古籍出版社，2002：61。
〔註 448〕張聞捷，戰國時代的銅器復古〔J〕，考古，2017，4：91～102。

所裝飾的器物有銅壺、銅簋、銅匜等，以春秋中期為界，風格明顯分為兩個階段，由春秋早期的裝飾簡單到春秋中晚期的裝飾繁縟，其中淅川下寺 M1：50 龍耳壺，龍體軀為爬龍形，與「C」形龍身有異。平面「Y」形角龍，春秋中期以後漸趨消失，而在春秋早期曾侯乙墓漆馬甲冑中出現的「Y」形龍，其形制、裝飾風格等均與銅器「Y」形風格迥異，是否也是一種「復古」，還需要更多的材料去證實。

獸身龍在春秋中期以前未發現，應是新出現的一類龍形裝飾。目前年代最早的見於淅川下寺 M2 銅浴缶，紅銅鑲嵌獸身龍紋飾；淅川下寺 M2 的年代為春秋晚期前段，M2 墓主為楚令尹薳子馮〔註449〕（卒於公元前 548 年），年代明確；戰國中期，楚系青銅器、漆器中還流行此類紋樣。

獸身龍大多裝飾於升鼎、箍口鼎、子口鼎、浴缶、敦等器物上，升鼎、箍口鼎、子口鼎均屬於楚式鼎〔註450〕，銅浴缶〔註451〕也被認為是東周時期楚系銅禮器組合的基本器種之一；獸身龍在楚地序列完整，尤其是鹿角獸身龍，在其他區域均未發現；因此，獸身龍是楚系典型裝飾紋樣；並且對列國有較大影響。

與其他國家相比，楚地鳳紋發達。相傳楚人祖先為南方神祝融，他本身就是鸑鳳神鳥的化身，《白虎通·五行篇》：「南方之神祝融，其精為鳥，離為鸑。」所以楚人慣以鳳鳥為圖騰並有崇鳳心理，因此，鳳為楚藝術中最流行的神獸〔註452〕；也有學者認為，鳳圖像在楚文化遺物中並沒有表現出絕對優勢〔註453〕。

從考古發現鳳紋樣來看，只有「獸身鳳」紋樣流行區域僅限於楚地，年代集中在戰國早期，其他鳳紋樣在列國中均可見到。楚系「龍身鳳」最早見於淅川和尚嶺 M2 青銅器座裝飾，流行年代為春秋晚期至戰國中晚期。「龍身鳳」造型僅流行於晉、楚地區，但晉系「龍身鳳」的年代更早，為春秋中期；雖然

〔註449〕 李零，「楚叔之孫佣」究竟是誰——河南淅川下寺二號墓之墓主和年代問題的討論〔J〕，中原文物，1981，4。

〔註450〕 高崇文，東周楚式鼎形態分析〔J〕，江漢考古，1983，1：1～18，袁豔玲，楚式鼎的分類、組合及其禮制涵義〔J〕，考古，2015，8：103～112。

〔註451〕 劉彬徽，論東周青銅缶〔J〕，考古，1994，10，劉彬徽，楚系青銅器研究〔M〕，武漢：湖北教育出版社，1995：205～210。

〔註452〕 張正明，楚文化史〔M〕，上海：上海人民出版社，1987。

〔註453〕 王紀潮，楚文化中的動物符號和前宗教問題〔J〕，江漢考古，2003，7：59～68。

晉、楚「龍身鳳」在形制、載體上有明顯差異，但在晉、楚之間交流密切的背景下，可能作為「符號」影響了楚系「龍身鳳」的產生。

戰國早期以來，楚系動物紋樣系統中新增加有鹿、牛、豬、狩獵紋、駱駝、鳥、鴛鴦等大量寫實動物造型，寫實性增強；但總體上似被濃重的怪異氣氛所掩蓋，應與楚地好巫習俗有關，《漢書・地理志》在記載漢時楚地風俗時有云「信巫鬼，重淫祠」，屈原時代，楚王也「隆祭祀，事鬼神，欲以獲福助」，亦可推知其時楚地巫風之盛。

2.4　齊魯系青銅器動物紋樣

周王朝最初分封異性諸侯中，以姜姓貴族最為顯赫。姜齊立國後，憑藉漁鹽之利，農工商並舉，很快壯大起來。在整個周代，齊國始終是一個東方大國，然而，在春秋戰國之交的激烈社會變革中，保守的姜齊統治最終卻為新興的田齊政權所取代。

史載，自齊獻公元年（前 859 年）「徙薄姑都」而「治臨淄」〔註454〕，至公元前 221 年秦滅齊止，臨淄一直是齊國國都。《戰國策・齊策一》稱，「臨淄之中七萬戶，……臨淄甚富而實，其民無不吹竽、鼓瑟、擊筑、彈琴、鬥雞、走犬、六博、蹹鞠者；臨淄之途，車轂擊，人肩摩，連衽成帷，舉袂成幕，揮汗成雨；家殷人足，志高氣揚。」由此可見，以國都臨淄為中心的齊國社會經濟與文化是多麼的發達。

數百年來，在臨淄齊國以及故齊疆域內，發現了眾多的齊國遺址、墓葬和大量的文物，為我們研究齊國的歷史與文化，提供了豐富的實物資料。

魯國在西周時期可謂「泗上十二諸侯」中的佼佼者，春秋已將則逐漸衰微，公元前 256 年被楚所滅，國存約八百年。

東周時代，在齊國和魯國的周圍，還有一些小諸侯國，如曹、莒、費、郱、鄣、邾、滕、薛、鄆等。山東地區東周諸小國銅器的器種、造型、花紋和裝飾與齊魯沒有明顯的差異，但在一定程度上也表現出國別的特點〔註455〕。

〔註454〕（漢）司馬遷，史記・齊太公世家〔M〕，北京：中華書局，1963：1482。
〔註455〕杜迺松，東周時代齊、魯、燕、中山國青銅器研究〔A〕，中國青銅器全集編輯委員會，中國青銅器全集・東周 3〔M〕，北京：文物出版社，1997：14。

圖 2-117　東周齊魯青銅器分布示意圖

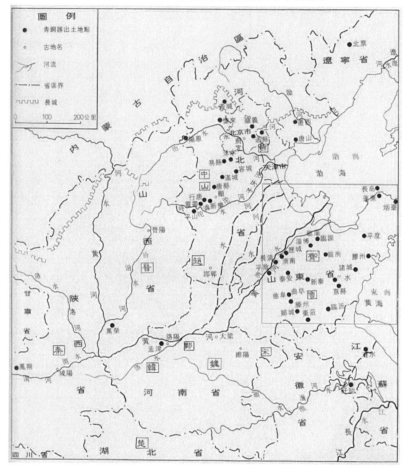

2.4.1　龍

2.4.1.1　瓶角龍

棗莊東江 M2 竊曲紋匜〔註456〕（圖 2-118：1），其鋬為瓶角（圖 2-118：2）。棗莊東江 M3 銅方盉〔註457〕（圖 2-118：3），蓋上有臥虎和蹲獸為蓋鈕，四壁中部各附一龍，龍為瓶角（圖 2-118：4）。圈足正、背面的兩端各飾半裸人，上蓋及四周飾龍紋。

〔註456〕棗莊市博物館，小邾國遺珍〔M〕，北京：中國文史出版社，2006。
〔註457〕棗莊市博物館，小邾國遺珍〔M〕，北京：中國文史出版社，2006：76～77，
　　　　棗莊市博物館，棗莊市文物管理辦公室，棗莊市東江周代墓葬發掘報告〔A〕，
　　　　山東省文物考古研究所，海岱考古（第四輯）〔C〕，北京：科學出版社，2011：
　　　　178，187。

圖 2-118　齊魯系瓶角龍造型

1、2.棗莊東江 M2 竊曲紋匜　3、4.棗莊東江 M3 銅方盒

棗莊東江 M2 的年代為春秋早期偏晚，棗莊東江 M3 的年代為春秋中期，與東江 M2 銅匜相比，東江 M3 螺角龍的形制略發生變化，龍的體軀已演變呈獸形。

2.4.1.2　螺角龍

螺角龍主要發現於銅壺、銅匜、銅罍等酒器、水器附耳裝飾等。

沂水劉家店子 M1：33「公鑄壺」〔註458〕（圖 2-119：1），壺蓋頂以兩條

〔註458〕山東省文物考古研究所，山東沂水劉家店子春秋墓發掘簡報〔J〕，文物，1984，9，中國青銅器全集編輯委員會，中國青銅器全集·東周 3〔M〕，北京：文物出版社，1997：78。

盤旋凸起的交龍為鈕，龍首為螺角，壺頸兩側裝飾兩個龍首銜環耳，頸、腹上部飾細密的蟠龍紋。山西省博物館藏陳喜壺〔註459〕（圖 2-119：4），壺口、頸、腹飾三層波曲紋，耳為龍形銜環，龍為螺角。臨淄區棕櫚城出土銅簠〔註460〕（圖 2-119：3），圈足下置三個較高的倒置「T」形足，腹飾一周竊曲紋，兩側有對稱的龍首形環耳，龍螺角。

圖 2-119　齊魯系螺角龍造型

1.沂水劉家店子 M1「公鑄壺」　2.遼寧旅順博物館魯士商匜　3.臨淄區棕櫚城銅簠
4.山西省博物館藏陳喜壺　5、6.沂水紀王崮 M1 銅罍

遼寧旅順博物館魯士商匜〔註461〕（圖 2-119：2），龍形鋬，龍口銜緣，首上有兩錐形角，尾上卷；口緣飾一周重環紋，四扁蹄足。腹內有一行銘文「魯士商作匜」。龍首鋬為螺角。沂水紀王崮 M1 銅罍〔註462〕（圖 2-119：5），肩

〔註459〕 中國青銅器全集編輯委員會，中國青銅器全集·東周3〔M〕，北京：文物出版社，1997：27。

〔註460〕 秦始皇陵博物院，泱泱大國──齊國歷史文化展〔M〕，西安：陝西新華出版傳媒集團，三秦出版社，2015：55。

〔註461〕 旅順博物館，旅順博物館館藏文物選粹·青銅器卷〔M〕，北京：文物出版社，2008：128。

〔註462〕 山東省文物考古研究所，沂水紀王崮春秋墓出土文物集萃〔M〕，北京：文物出版社，2016：72～73。

及腹上部有兩對稱的龍首銜環，龍螺角（圖 2-119：6）。

臨淄花園出土壺的年代為春秋早期，劉家店子「公鑄壺」為春秋中期的標準器，其角為螺旋形。馬承源明確指出陳喜壺〔註463〕的絕對年代為「齊悼公元年」，即公元前 488 年，並且「形制和紋飾，在相當程度上還保留著比較早的式樣」，螺角形狀螺旋形已不明顯。魯士商匜的年代為春秋早期，沂水紀王崮 M1 的年代為春秋晚期偏早階段。

因此，螺角龍的流行年代主要為春秋早、中期，至春秋晚期螺角龍發現較少，或至尾聲。

2.4.1.3 「L」形角龍

上海博物館藏魯伯愈父鬲〔註464〕（圖 2-120：1），1830 年滕縣東北鳳凰嶺出土，前有流槽，後以龍為鋬，口沿飾變形獸體紋，腹部飾橫條溝紋，腹內底鑄銘記載魯伯愈父為其女兒嫁於邾國而作媵器；龍形鋬為「L」形角，吻部扁平。曲阜魯國故城 M202 變形獸紋匜〔註465〕（圖 2-120：2），龍形鋬，背有扉棱，龍雙目凸起，兩角直立，尾似卷雲，器配龍爪形四足，匜口部和流下飾變形獸體紋，龍形鋬飾鱗紋。

沂水紀王崮 M1：51 銅盤〔註466〕（圖 2-120：5），沿下兩側有對稱的半環形龍首耳，龍「L」形角（圖 2-120：6）。上海博物館藏夆叔匜〔註467〕（圖 2-120：3），龍首鋬，龍口噬匜邊，腹部兩側鏤雕四條龍紋，並以紅銅鑲嵌其間，器內底鑄銘文「隹王正月初吉丁亥，夆叔作季妃盥盤」等。龍首鋬的角形應屬於「L」形角（圖 2-120：4）。

魯伯愈父匜的年代為春秋早期，曲阜魯國故城 M202 銅匜的年代為春秋早期，沂水紀王崮 M1 銅盤的年代為春秋晚期偏早，夆叔匜的年代為春秋晚期。「L」形角龍在齊魯系的使用年代為春秋時期。

〔註463〕馬承源，陳喜壺〔J〕，文物，1961，2：45～46。

〔註464〕陳佩芬，夏商周青銅器研究・東周篇上〔M〕，上海：上海古籍出版社，2004：96～97。

〔註465〕中國青銅器全集編輯委員會，中國青銅器全集・東周 3〔M〕，北京：文物出版社，1997：60，山東省文物考古研究所，山東省博物館，曲阜魯國故城〔M〕，濟南：齊魯書社，1982：108。

〔註466〕山東省文物考古研究所，沂水紀王崮春秋墓出土文物集萃〔M〕，北京：文物出版社，2016：96～97。

〔註467〕陳佩芬，夏商周青銅器研究・東周篇上〔M〕，上海：上海古籍出版社，2004：204～205。

圖 2-120　齊魯系「L」形角龍造型

1.上海博物館藏魯伯愈父盉　2.曲阜魯國故城 M202 銅匜　3、4.上海博物館藏夆叔匜
5、6.沂水紀王崮 M1 銅盤

2.4.1.4　「Y」形角龍

根據吻部長短可分為短吻「Y」形角龍和長吻「Y」形角龍。

立體短吻「Y」形角龍，根據形制，可分為兩式：

Ⅰ式　角呈「Y」形

杞伯每亡壺〔註468〕（圖2-121：1），光緒年間山東新泰出土，頸、腹飾獸目交連紋，頸兩側設龍首套大環為耳，龍角「Y」形，上端齊平。新出現的陳侯壺〔註469〕（圖2-121：2），壺體飾連續龍紋，各個龍紋均有三個單目，表達

〔註468〕陳佩芬，夏商周青銅器研究·東周篇上〔M〕，上海：上海古籍出版社，2004：
　　　　70～71。
〔註469〕張昌平，汪濤，關於重現的陳侯壺〔J〕，文物，2015，3：45～47。

兩個交體的龍，右側的龍頸部向上、龍首下轉，左側的龍為相反的頸部向下、龍首上轉，形成一個斜對稱的構圖。陳侯壺雙耳的特徵為龍角，短鼻上卷，「Ｙ」形角（圖2-121：3），牛角形額角。長清仙人臺 M6：B37 銅簋〔註470〕（圖2-121：6），附兩龍形耳，耳「Ｙ」形角。

圖 2-121　齊魯系立體短吻「Ｙ」形角龍造型（壺、簋）

1.杞伯每亡壺　2、3.陳侯壺　4、5.上海博物館藏洹子孟姜壺　6.長清仙人臺 M6 銅簋

棗莊東江出土，現藏安徽省博物館的邾慶匜〔註471〕（圖2-122：1），內底有銘文「邾慶作秦妊匜，其永寶用」，其鋬為龍形，「Ｙ」形角。

　　Ⅱ式　「Ｙ」形角，角端上挑。

　　上海博物館藏洹子孟姜壺〔註472〕（圖2-121：5），壺的各部分均飾不同形

〔註470〕山東大學考古系，山東長清縣仙人臺周代墓地〔Ｊ〕，考古，1998，9：19～21。
〔註471〕棗莊市博物館，小邾國遺珍〔Ｍ〕，北京：中國文史出版社，2006：113。
〔註472〕陳佩芬，夏商周青銅器研究·東周篇上〔Ｍ〕，上海：上海古籍出版社，2004：176～178。

式的波曲紋，頸的兩側設龍首環耳，龍短吻上卷，角呈「Y」形（圖 2-121：4），一端上揚，銘文記載：齊侯之女雷因喪其親屬，齊侯為服喪事命令太子乘車向天子請命等事。海陽嘴子前 M4：133 銅匜〔註473〕（圖 2-122：2、3），三蹄足，流端為龍首，「Y」形角，裝飾繁縟，中間為對稱的蛇銜蛙紋。

圖 2-122　齊魯系立體短吻「Y」形角龍造型（匜、方座簋）

1.安徽省博物館藏郊慶匜　2、3.海陽嘴子前 M4 銅匜　4.故宮博物院藏龍耳簋
5.臺北故宮博物院藏陳侯午簋

杞伯每亡壺的年代為春秋早期；陳侯壺的年代在春秋早中期之際，是新風格轉換的典型；洹子孟姜壺的年代為春秋晚期；安徽省博物館的郊慶匜年代為春秋早期偏晚；海陽嘴子前 M4 的年代為春秋晚期。

因此，「Y」龍角的年代為春秋時期，其形制演變由角端近平到一角端上挑。

平面短鼻「Y」角龍

上海博藏魯伯愈父鬲〔註474〕（圖 2-123：1），傳 1830 年山東滕縣鳳凰嶺出土，腹部飾對稱的俯首卷體龍紋（圖 2-123：2），龍鼻上卷，「Y」形龍角，

〔註473〕煙台市博物館，海陽市博物館，海陽嘴子前〔M〕，濟南：齊魯書社，2002：57。

〔註474〕陳佩芬，夏商周青銅器研究・東周篇上〔M〕，上海：上海古籍出版社，2004：34～36。

有額角。口沿上鑄銘文「魯伯愈父作邾姬媵羞鬲，其永寶用」。棗莊東江 M3 出土銅鬲〔註475〕（圖 2-123：3），鬲口沿有銘文「郳慶作秦妊羞鬲，其永寶用」，鬲腹飾三組捲曲龍紋（圖 2-123：4），龍鼻上卷，「Y」形龍角，無額角。

圖 2-123　齊魯系平面短吻「Y」形角龍

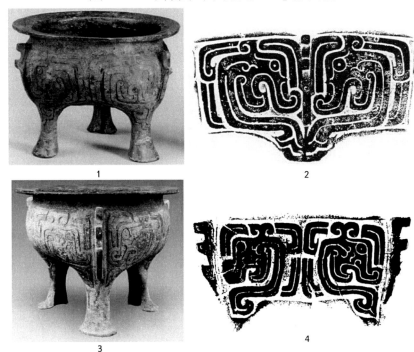

1、2.上海博物藏魯伯愈父鬲　3、4.棗莊東江 M3 出土銅鬲

長吻「Y」形角龍。

　　長清仙人臺龍紋方壺〔註476〕（圖 2-124：1），壺身飾波帶紋、高浮雕螺角龍紋，頸兩耳為長鼻龍首銜環。棗莊東江 M2 郳君慶圓壺〔註477〕（圖 2-124：2），蓋頂有喇叭捉手，蓋緣飾有竊曲紋，器頸與腹飾波帶紋，頸部附一對龍首

〔註475〕棗莊市博物館，小邾國遺珍〔M〕，北京：中國文史出版社，2006：60，棗莊市博物館，棗莊市文物管理辦公室，棗莊市東江周代墓葬發掘報告〔A〕，山東省文物考古研究所，海岱考古（第四輯）〔C〕，北京：科學出版社，2011：182。

〔註476〕中國青銅器全集編輯委員會，中國青銅器全集·東周 3〔M〕，北京：文物出版社，1997：87。

〔註477〕棗莊市博物館，小邾國遺珍〔M〕，北京：中國文史出版社，2006：36～37，棗莊市博物館，棗莊市文物管理辦公室，棗莊市東江周代墓葬發掘報告〔A〕，山東省文物考古研究所，海岱考古（第四輯）〔C〕，北京：科學出版社，2011：153。

耳（圖2-124：3），龍長鼻，「Y」形角，鼻又作龍形；器銘為「邾君慶作秦妊禮壺，其萬年眉壽永寶用」。

圖2-124　齊魯系長吻「Y」形角龍

1.長清仙人臺龍紋方壺　2、3.棗莊東江M2邾君慶圓壺　4、5.棗莊東江M1銅鬲

　　長清仙人臺龍紋方壺的年代為春秋早期，棗莊東江 M2 邾君慶圓壺的年代為春秋早期偏晚。

　　平面長吻「Y」形角龍，年代也為春秋早期。棗莊東江 M1：7 銅鬲〔註478〕（圖 2-124：4、5），鬲口沿有銘文「邾友父媵其子胙曹寶鬲，其眉壽，永寶用」，鬲腹飾龍紋，龍長鼻上卷，「Y」形龍角。

〔註478〕　棗莊市博物館，小邾國遺珍〔M〕，北京：中國文史出版社，2006：29，棗莊市博物館，棗莊市文物管理辦公室，棗莊市東江周代墓葬發掘報告〔A〕，山東省文物考古研究所，海岱考古（第四輯）〔C〕，北京：科學出版社，2011：149。

2.4.2　鳳

　　山東長清仙人臺 M6：B8 青銅豆〔註 479〕（圖 2-125：1），蓋頂有花瓣形捉鈕，蓋面飾鳳鳥紋〔註480〕（圖 2-125：4），蓋頂飾一捲曲鳳鳥紋，盤壁外側飾竊曲紋，足飾鏤空環帶紋。長清仙人臺 M6 鳳鳥形鐘架飾〔註481〕（圖 2-125：5），出土於鈕鐘架上部橫樑的兩端處，應是掛鐘之架上的裝飾件，頭頸為圓雕，尾部較薄，鏤刻成牛首鳳尾形。

圖 2-125　齊魯系鳳造型

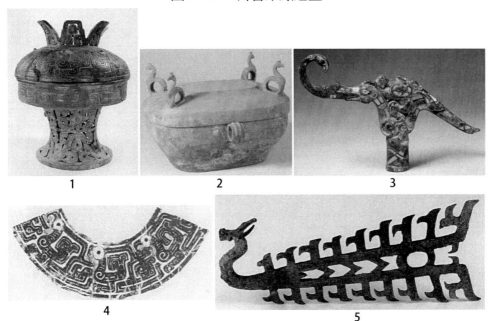

1、4.山東長清仙人臺 M6 青銅豆　2.長清崗辛戰國墓銅舟　3.曲阜魯國故城錯金銀杖首　5.長清仙人臺 M6 鳳鳥形鐘架飾

　　長清崗辛戰國墓銅舟〔註482〕（圖 2-125：2），器身近似長方形，腹側有一對瓦紋環鈕，蓋扁平，四角飾鳥首環鈕。曲阜魯國故城錯金銀杖首〔註483〕（圖 2-125：3），一昂首曲腹修尾的龍形獸臥於銎上，口銜一作掙扎狀的蛇身鳥喙獸。

〔註479〕于海廣，山東大學文物精品選〔M〕，濟南：齊魯書社，2002：55。

〔註480〕山東大學考古系，山東長清縣仙人臺周代墓地〔J〕，考古，1998，9：21。

〔註481〕山東大學考古系，山東長清縣仙人臺周代墓地〔J〕，考古，1998，9：23。

〔註482〕山東省博物館，長清縣文化館，山東長清崗辛戰國墓〔J〕，考古，1980，4：327。

〔註483〕中國青銅器全集編輯委員會，中國青銅器全集・東周 3〔M〕，北京：文物出版社，1997：63。

2.4.3　鳥、鷹

　　煙台蓬萊村裏集鎮辛旺集墓地出土提鏈盒〔註484〕（圖 2-126：1），蓋腹均飾蟠螭紋，蓋頂一鳥，作展翅欲飛狀。長清仙人臺 M6 青銅鏈盒〔註485〕（圖 2-126：4），器身飾蟠螭紋，蓋呈半球形，蓋頂有一作飛翔狀小鳥，兩環形鈕。長清仙人臺 M4 青銅鳥柱〔註486〕（圖 2-126：6），鳥的造型與之相同，方座、中心立一圓柱，柱頂端及中間各有一飛鳥，兩鳥頭方向呈直角。棗莊徐樓 M1 提鏈罐〔註487〕（圖 2-126：2），平蓋，蓋頂一展翅欲飛的小鳥。山東省博物館藏瓦紋銅罍〔註488〕（圖 2-126：5），以短尾、斂翅、挺頸而靜臥的水鳥為蓋鈕。薛國故城銅鳥形杯〔註489〕（圖 2-126：3），腹中部前飾鳥形狀，後飾長方形尾，兩側有對稱翅，下承喇叭形圈足，圈足飾鏤空交龍紋。

圖 2-126　齊魯系立體鳥造型

1.蓬萊村裏集鎮辛旺集墓地提鏈盒　2.棗莊徐樓 M1 提鏈罐　3.薛國故城銅鳥形杯　4.長清仙人臺 M6 青銅鏈盒　5.山東省博物館藏瓦紋銅罍　6.長清仙人臺 M4 青銅鳥柱

〔註484〕林仙庭，黃水河流域的青銅文化〔J〕，故宮文物月刊，175：91。
〔註485〕山東大學考古系，山東長清縣仙人臺周代墓地〔J〕，考古，1998，9：21，23。
〔註486〕于海廣，山東大學文物精品選〔M〕，濟南：齊魯書社，2002：64。
〔註487〕棗莊市博物館，山東棗莊徐樓東周墓發掘簡報〔J〕，文物，2014，1：9，12。
〔註488〕中國青銅器全集編輯委員會，中國青銅器全集・東周 3〔M〕，北京：文物出版社，1997：76。
〔註489〕山東博物館，滕州市博物館，惟薛有序，於斯千年——古薛國歷史文化展〔M〕，杭州：浙江人民美術出版社，2016：154。

圖 2-127　齊魯系鳥、鷹造型

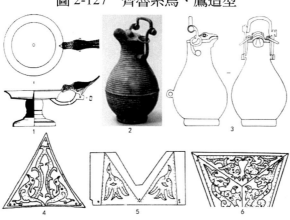

1.臨淄商王 M1 銅鳥形燈　2.諸城臧家莊鷹首提梁壺　3.臨淄
相家莊 M6 銅提梁壺　4-6.曲阜魯國故城乙組墓 M52 金帶飾

關於長清仙人臺 M4 銅鳥柱，有學者認為與浙江紹興三〇六號墓銅屋、銅
插座等應是上古鳥圖騰柱的孑遺，名之為神社模型〔註 490〕。薛國故城鳥形杯
應是西周伯公父勺這類斗形器的變體，春秋時期流行於山東地區〔註 491〕。

臨淄商王 M1：106 銅鳥形燈〔註 492〕（圖 2-127：1），柄上鑄一小鳥，口
銜盤沿，兩翅併攏，尾部上翹。

山東諸城臧家莊鷹首提梁壺〔註 493〕（圖 2-127：2），口沿與蓋作鷹首
形，鷹喙可活動開閉，周身飾瓦紋，腹部有凸棱和一環鈕。臨淄相家莊 M6
銅提梁壺〔註 494〕（圖 2-127：3）鷹首形制與諸城臧家莊銅壺相似，器身素
面，腹部有環耳。

曲阜魯國故城乙組墓 M52 金帶飾〔註 495〕，出土於棺底人骨的腰下，M52：
54 為兩飛鳥前視（圖 2-127：5）；M52：51 為兩鳥相背而立，尾羽較長（圖 2-
127：4）；M52：52 為兩鳥相向而視，尾羽較長（圖 2-127：6）。

〔註 490〕 方輝，「圖騰柱」小考——從長清仙人臺出土「銅鳥座」談起〔J〕，故宮文物
月刊，164。

〔註 491〕 嚴志斌，薛國故城出土鳥形杯小議〔J〕，考古，2018，2：99～106。

〔註 492〕 淄博市博物館，齊故城博物館，臨淄商王墓地〔M〕，濟南：齊魯書社，1997：
31，33。

〔註 493〕 齊文濤，概述近年來山東出土的商周青銅器〔J〕，文物，1972，5：14。

〔註 494〕 山東省文物考古研究所，臨淄齊墓（第一集）〔M〕，北京：文物出版社，2007：
294。

〔註 495〕 山東省文物考古研究所，山東省博物館，曲阜魯國故城〔M〕，濟南：齊魯書
社，1982：159。

2.4.4　虎

立體型

棗莊東江 M3 銅方盒〔註 496〕（圖 2-128：1），蓋上有臥虎和蹲虎為蓋鈕（圖 2-128：2、3）。沂水劉家店子蟠蛇紋盤〔註 497〕，盤耳飾蟠蛇紋，兩側附透雕雙獸（圖 2-128：4），原被認為是雙龍，從獸身「人」形紋飾來看，應是虎，年代為春秋中期。

圖 2-128　齊魯系虎造型

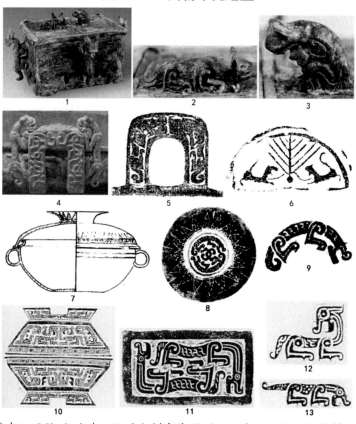

1～3.棗莊東江 M3 銅方盒　4.沂水劉家店子蟠蛇紋盤　5.平邑固城村銅鼎　6.臨淄齊故城雙虎紋瓦當　7～9.海陽嘴子前 M4 銅盤　10～14.上海博物館藏陳侯簠

〔註 496〕棗莊市博物館，小邾國遺珍〔M〕，北京：中國文史出版社，2006：76～77，棗莊市博物館，棗莊市文物管理辦公室，棗莊市東江周代墓葬發掘報告〔A〕，山東省文物考古研究所，海岱考古（第四輯）〔C〕，北京：科學出版社，2011：178，187。

〔註 497〕中國青銅器全集編輯委員會，中國青銅器全集・東周 3〔M〕，北京：文物出版社，1997：81。

平面型

平邑縣柏林鎮固城村東北的頹臾故城發現一件銅鼎〔註 498〕（圖 2-128：5），腹飾竊曲紋和顧首夔紋，鼎耳飾對稱爬行獸紋，應是虎。該器的形制和紋飾具有春秋早期青銅器的特點。上海博物館藏陳侯簠〔註 499〕（圖 2-128：10），原稱其整體飾四種不同形式的龍紋，其實應是龍紋與三種不同形制的虎紋（圖 2-128：11～13），器銘「隹正月初吉丁亥，陳侯作王仲媯媵簠」等。海陽嘴子前 M4：78 銅盤〔註 500〕（圖 2-128：7），盆頂捉手面飾兩虎相對環繞（圖 2-128：8、9）。

2.4.5　蛇

上海博物館藏郳太宰簠蓋〔註 501〕（圖 2-129：1），蓋上仰置的抓手，蓋頂級外壁均飾交蛇紋（圖 2-129：2），蓋內鑄銘文，作器者為郳太宰。小邾國 M3 提鏈罐〔註 502〕（圖 2-129：3），腹飾交蛇紋（圖 2-129：6）。沂水紀王崮 M1 銅罍〔註 503〕（圖 2-129：4），肩及腹上部有兩對稱的螺角龍銜環，正面正中有一蛇（圖 2-129：5），蛇身彎曲成豎鈕，蛇身飾圓圈狀變形鱗紋。臨淄齊故城出土有樹木蛇獸紋半瓦當〔註 504〕（圖 2-129：7）。

鳥獸銜蛇、踐蛇

國家博物館藏諸城葛埠口村出土人形座銅燈〔註 505〕（圖 2-130：1），整體

〔註 498〕郎劍鋒，山東大學博物館收藏的三件青銅器〔J〕，文物，2016，6：90，92。

〔註 499〕陳佩芬，夏商周青銅器研究·東周篇上〔M〕，上海：上海古籍出版社，2004：61～63。

〔註 500〕煙台市博物館，海陽市博物館，海陽嘴子前〔M〕，濟南：齊魯書社，2002：57，61。

〔註 501〕陳佩芬，夏商周青銅器研究·東周篇上〔M〕，上海：上海古籍出版社，2004：146～148。

〔註 502〕棗莊市博物館，小邾國遺珍〔M〕，北京：中國文史出版社，2006：78，棗莊市博物館，棗莊市文物管理辦公室，棗莊市東江周代墓葬發掘報告〔A〕，山東省文物考古研究所，海岱考古（第四輯）〔C〕，北京：科學出版社，2011：188。

〔註 503〕山東省文物考古研究所，沂水紀王崮春秋墓出土文物集萃〔M〕，北京：文物出版社，2016：72～73。

〔註 504〕山東省文物考古研究所，新中國出土瓦當集錄·齊臨淄卷〔M〕，西安：西北大學出版社，1999：164。

〔註 505〕秦始皇陵博物院，泱泱大國——齊國歷史文化展〔M〕，西安：陝西新華出版傳媒集團，三秦出版社，2015：99。

為一身著短衣男子雙手擎燈盞狀，人足下為屈曲的盤龍形圓盤。齊國故城遺址博物館藏龍形柄燈〔註506〕（圖2-130：2），燈盤口沿為蓮瓣形，獸呈蹲坐狀，上身直立，雙前爪舉燈盤，臀部和雙後爪下壓五條盤蛇。

圖2-129　齊魯系蛇紋樣

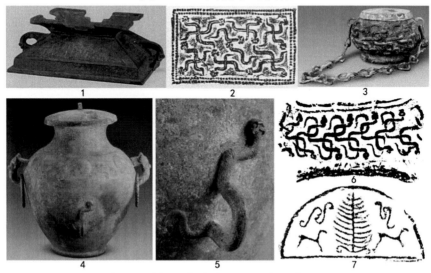

1、2.上海博物館藏郳太宰簠蓋　3、6.棗莊東江 M3 提鏈罐
4、5.沂水紀王崮 M1 銅罍　7.臨淄齊故城樹木蛇獸紋半瓦當

圖2-130　齊魯系獸銜蛇、踐蛇造型

1.諸城葛埠口村人形座銅燈　2.齊故城遺址博物館藏龍形柄燈

〔註506〕齊國故城遺址博物館，齊國故城遺址博物館館藏青銅器精品〔M〕，北京：文物出版社，2015：170。

2.4.6　蛙

　　海陽嘴子前 M4 銅匜〔註507〕（圖 2-131：1、2），匜後附有蜷體勾尾的「L」角龍形鋬，前部的筒式流口上為一雙龍、蛙組成的獸面鏤孔圖案。

2.4.7　猴

　　曲阜魯國故城 M3 銀帶鉤〔註508〕（圖 2-131：3、4），器作猿形，振臂回首作跨進狀，猿身貼金，兩目嵌藍料珠，猿身微作拱形，背面一圓鈕，或是帶鉤一類器物。臨淄商王村 M1 鐵削金飾〔註509〕（圖 2-131：5），包鑲於鐵削柄部，其正、背面中間鑲嵌對應的浮雕猿猴圖案，形象逼真生動。

圖 2-131　齊魯系蛙、猴造型

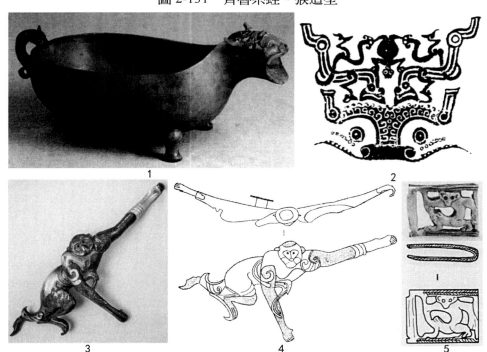

1、2.海陽嘴子前 M4 銅匜　3、4.曲阜魯國故城 M3 銀帶鉤　5.臨淄商王村 M1 鐵削金飾

〔註507〕煙台市博物館，海陽市博物館，海陽嘴子前〔M〕，濟南：齊魯書社，2002：18。

〔註508〕山東省文物考古研究所，山東省博物館，曲阜魯國故城〔M〕，濟南：齊魯書社，1982：159。

〔註509〕淄博市博物館，齊故城博物館，臨淄商王墓地〔M〕，濟南：齊魯書社，1997：34，36。

2.4.8　類犀動物

臨淄商王莊犧尊〔註510〕（圖 2-132：1），昂首，豎耳，牛蹄，口角左右錯銀絲兩道，頭頂及雙耳間至鼻樑上端鑲嵌綠松石，眼球著墨精石；蓋為一扁嘴禽，禽頸反折，禽喙緊貼背中，形成半環式蓋鈕。

與之形制相似的有江蘇漣水三里墩犧尊〔註511〕（圖 2-132：2）、河北平山中山王厝墓犧尊〔註512〕（圖 2-132：3）、臺北故宮博物院藏兩件犧尊，兩件略有區別，一件背部開口為圓形〔註513〕（圖 2-132：4），一件背部有嵌金龍紋蓋〔註514〕（圖 2-132：5）。這些器物形制花紋大同小異，器表或嵌金絲、銀絲，或嵌孔雀石、綠松石，皆華美無比。中山王墓的時代在公元前 309 年至前 308 年，這批器物的年代約在戰國中晚期。

犧尊所模仿的器物有不同的說法，從外形看來是模仿一種直立四蹄足的動物，有認為是牛，有的稱之為「神獸」，也有學者認為是類似一種現在只生活在東南亞和美洲的「貘」〔註515〕（圖 2-132：6）。

「貘」這種動物的耳朵像馬，後腿像犀牛，身軀像豬，又有能夠伸縮的短鼻又像象，所以也有一些古書稱他為「四不像」。根據氣象學家研究，從仰韶文化到安陽殷墟（約距今五千年至三千年間），大部分時間的年平均溫度高於現在攝氏兩度左右，一月溫度大約比現在高三度到五度〔註516〕。因此，商代的中國北方，遠比今日更為溫和濕潤，應可適合「貘」的生長。在河南安陽殷墟遺址中，就發現過「貘」的遺骨〔註517〕，不論其來源為何，「貘」曾在當時的中國北方出現是毋庸置疑的。

〔註510〕李劍，張龍海，臨淄出土的幾件青銅器〔J〕，考古，1985，4：380～381。
〔註511〕南京博物院，江蘇漣水三里墩西漢墓〔J〕，考古，1973，2：82。
〔註512〕河北省文物研究所，厝墓——戰國中山國國王之墓〔M〕，北京：文物出版社，1996：138，142。
〔註513〕許雅惠，嵌松綠石孔雀石金屬絲犧尊〔J〕，故宮文物月刊，245：27，封裏。
〔註514〕張臨生，院藏東周的鑲嵌銅器〔A〕，張臨生，古器散論〔M〕，臺北：國立故宮博物院，2016：50～51。
〔註515〕呂世浩，戰國中晚期嵌綠松石金屬絲鳥獸尊〔J〕，故宮文物月刊，324：16。
〔註516〕竺可楨，中國近 5000 年來氣候變遷的初步研究〔J〕，考古學報，1972，1。
〔註517〕楊鍾健，劉東生，安陽殷墟之哺乳動物群補遺〔J〕，中國考古學報（第四冊），1949，12。

圖 2-132　齊魯系類犀動物造型

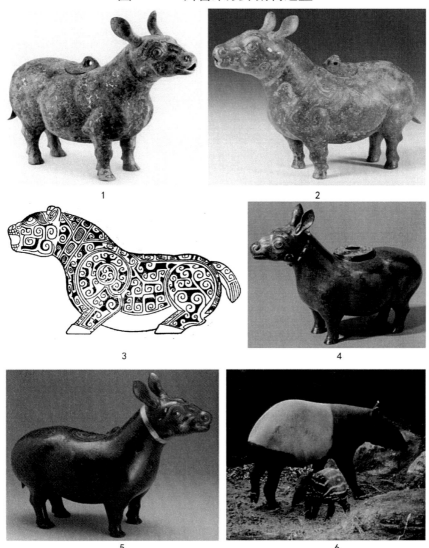

1.臨淄商王莊犧尊　2.漣水三里墩犧尊　3.中山王厝墓犧尊
4、5.臺北故宮博物院藏犧尊　6.貘

2.4.9　馬

　　山東平陰縣孝直鎮出土銅馬〔註 518〕（圖 2-133：1），馬呈立姿，昂首豎耳，口微啟，短尾，身飾凸起雲紋，通體渾圓，腹前部有一篆體「駐」。曲阜

〔註 518〕中國青銅器全集編輯委員會，中國青銅器全集‧東周 3〔M〕，北京：文物出版社，1997：50。

魯國故城 M3 玉馬〔註519〕（圖 2-133：2），馬口微張，鼻有雙孔，馬鬃突起，腿部肌肉清晰，前腿直立，後腿微曲，站立於方座之上，既有馬的生動形象，又具雕塑藝術效果。

圖 2-133　齊魯繫馬造型

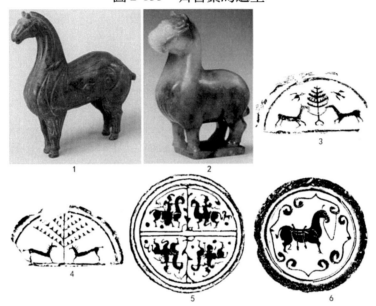

1.平陰縣孝直鎮銅馬　2.曲阜魯國故城 M3 玉馬　3、4、5、6.臨淄齊故城瓦當

臨淄齊故城出土大量的樹木雙獸紋瓦當〔註520〕，由於畫面較模糊、特徵不明顯等，直稱之為「雙獸紋」（圖 2-133：3），也有少數能夠分辨出其屬於何種動物，馬紋是其中之一，其特徵是在頸部有三條斜紋表示馬鬃（圖 2-133：4），1976 年齊故城桓公臺出土的樹木四騎紋瓦當（圖 2-133：5）和馬紋瓦當（圖 2-133：6）特徵更清晰，馬軀乾和四肢較肥碩，馬紋瓦當身上鞍具齊備。

2.4.10　牛

故宮博物院（臺北）藏國差罐〔註521〕（圖 2-134：1），是春秋中期偏晚時器，折肩下分飾四個牛首銜環，斜肩上鑄有銘文十行五十二字，記「國差立事

〔註519〕山東省文物考古研究所，山東省博物館，曲阜魯國故城〔M〕，濟南：齊魯書社，1982：171。

〔註520〕山東省文物考古研究所，新中國出土瓦當集錄·齊臨淄卷〔M〕，西安：西北大學出版社，1999：167，159，256，2 57。

〔註521〕中國青銅器全集編輯委員會，中國青銅器全集·東周3〔M〕，北京：文物出版社，1997：31。

歲」，即齊國國佐執政之時，由工師疑鑄造獻給齊侯。曲阜魯國故城 M58、M2 兩件牛首釘〔註 522〕（圖 2-134：3、4），牛首與國差罐鋪首的表現形式相似。

　　平陰孝直鎮出土嵌綠松石臥牛〔註 523〕（圖 2-134：2），牛呈臥姿，犄角兩分，雙耳橫直，腿蜷曲，尾盤曲臀部，作回首顧盼狀，通體鑲嵌綠松石。

2.4.11　象

　　上海博物館藏邾太宰簠蓋〔註 524〕，蓋上仰置的抓手，外側飾象鼻獸紋（圖 2-134：5），蓋內鑄銘文，作器者為邾太宰。山東大學博物館藏青銅罍〔註 525〕（圖 2-134：6），頸部以下飾變形夔紋，肩部飾細密重環紋，腹部飾倒三角紋，內填對稱龍紋，尤其是圈足底部鑄有一長鼻獸形族徽文字，應是象的形象。從形制和紋飾判斷，該器時代為春秋中期。

圖 2-134　齊魯系牛、象造型

1.臺北故宮博物院藏國差罐　2.平陰孝直鎮嵌綠松石臥牛　3、4.曲阜魯國故城牛首釘　5.上海博物館藏邾太宰簠蓋象紋　6.山東大學博物館藏青銅罍

〔註 522〕山東省文物考古研究所，山東省博物館，曲阜魯國故城〔M〕，濟南：齊魯書社，1982：158。

〔註 523〕中國青銅器全集編輯委員會，中國青銅器全集・東周 3〔M〕，北京：文物出版社，1997：51。

〔註 524〕陳佩芬，夏商周青銅器研究・東周篇上〔M〕，上海：上海古籍出版社，2004：146～148。

〔註 525〕郎劍鋒，山東大學博物館收藏的三件青銅器〔J〕，文物，2016，6：92。

2.4.12　齊魯系青銅器動物紋樣特徵

　　齊魯地區青銅紋飾的類別、形制及演變與中原地區基本一致，僅少量紋飾較有特色〔註526〕，如鬺鎛已採用卷龍紋，龍鬚突出，龍目為一較大的圓圈，軀幹上多處有扁形的突出物，與楚器的羽翅狀突出不同；軀幹上有較細的龍紋，龍紋排列不留任何空隙，這是典型的齊國紋樣〔註527〕。

　　春秋早期，齊魯系銅器瓶角龍、螺角龍、「L」形角龍、「Y」形角龍是西周晚期以來的延續。

　　瓶角龍在春秋中期以後不再流行。螺角龍流行的年代為春秋時期，春秋早中期，主要裝飾於銅壺、簋、匜等器物，春秋晚期在沂水紀王崮銅罍肩耳上亦裝飾有螺角龍。「L」形角龍在齊魯系流行於整個春秋時期，其他國家一般在春秋早期以後即不再流行；「L」形角龍均裝飾在銅盤、匜鋬耳飾，可分為前後兩個階段，春秋早期，「L」形角橫向外折；春秋晚期的夆叔匜「L」形角橫向上摺，沂水紀王崮 M1 銅盤「L」形角內向弧折。

　　「Y」角流行的時段為春秋時期，其所裝飾的齊魯系簋、壺、匜，可分為前後兩個階段，春秋早期「Y」形角與晉系、楚系等形制相似，春秋中晚期，晉系新鄭鄭公大墓銅壺、楚系淅川下寺 M1 銅壺等為標誌，「Y」形角龍裝飾極其繁縟，而齊魯系「Y」形角變化不大，僅一角端上挑。從這一點來看，可看出齊魯系在龍紋樣的使用選擇上有較大的保守性。

　　春秋晚期至戰國時期，齊地流行的方座簋形制較為特殊，張聞捷認為是最為典型的仿古禮器〔註528〕。故宮博物院藏龍耳簋〔註529〕（圖 2-122：4），蓋頂作蓮瓣裝飾，腹側有雙龍耳，圈足下有與器座連在一起的方座，器身與器蓋均飾波曲紋；與之相同的還有兩件，一件是在臨淄河崖頭村出土的〔註530〕，捉手和底座殘；另一件收藏在美國舊金山亞洲藝術博物館〔註531〕；這三件方座簋的年代為春秋晚期偏晚或戰國早期。

〔註526〕 畢經緯，海岱地區商周青銅器研究〔D〕，陝西師範大學，2013：184。
〔註527〕 馬承源，中國青銅藝術總論〔A〕，馬承源，中國青銅藝術總論〔C〕，上海：上海古籍出版社，2002：61。
〔註528〕 張聞捷，戰國時代的銅器復古〔J〕，考古，2017，4：91～102。
〔註529〕 中國青銅器全集編輯委員會，中國青銅器全集‧東周3〔M〕，北京：文物出版社，1997：10。
〔註530〕 李劍，張龍海，臨淄出土的幾件青銅器〔J〕，考古，1985，4：380。
〔註531〕 中國青銅器全集編輯委員會，中國青銅器全集‧東周3〔M〕，北京：文物出版社，1997：11。

同樣的復古器方座簋亦見於楚系青銅器群，如徐家嶺 M10：81 方座簋〔註 532〕，附「C」形環耳螺角龍，齊地流行的方座簋簋耳龍的造型、「Y」形龍角造型均與之不同，說明同樣是復古思潮，不同地區之間的藝術選擇還是略有差異。

東周時期，齊魯地區一直有以鳥頂作為青銅器的蓋頂或捉手的特點，春秋時期，主要是銅提鏈盒、提鏈罐等器物的捉手；戰國時期，有鷹首提梁壺、銅鳥形燈等實用器。

2.5　燕系青銅器動物紋樣

燕系包括燕、中山與代（趙北）文化兩部分。

燕國是北方的一個大諸侯國。其始封都城，古稱為薊，在今北京城西南隅。根據考古資料，學者普遍認為，房山琉璃河一帶是周初燕國的都城所在〔註 533〕。

春秋時期，由於少數民族戎狄的阻隔，燕國與中原各諸侯國的來往較少，有關當時燕國的情況，文獻記載也不多。

公元前五世紀以後，燕國有了較大的發展，成為戰國七雄之一。

戰國中期，為了加強南部的軍事和經濟力量，燕昭王（前 311-前 279 年）在今易縣修建了武陽城，作為下都，而把薊作為上都，這樣燕國就有了上、下兩個並存的都城。

東周時期，地處我國北方地區的燕、代是兩個互為相鄰的諸侯方國，其文化面貌較為相似。從已有的考古發現看，特別在青銅容器的造型、紋飾等方面獨具特點，或可稱之為「燕代式」銅器〔註 534〕。

戰國時代，萬乘之國七、千乘之國五，位於河北中南部的中山國，是十二諸侯中唯一由少數民族——鮮虞族建立的國家。

「中山」國一名，最早見於《左傳・定公四年》（公元前 506 年）：「四年春，三月，劉文公合諸侯於召陵，謀伐楚也。晉荀寅求貨於蔡侯，弗得，言與范獻子曰：『國家方危，諸侯方貳，將以襲敵，不亦難乎？水潦方降，瘧疾方起，中山

〔註 532〕 河南省文物考古研究所，南陽市文物考古研究所，淅川和尚嶺與徐家嶺楚墓〔M〕，鄭州：大象出版社，2004：257，262～265。

〔註 533〕 中國科學院考古研究所，北京市文物管理處，房山縣文教局琉璃河考古工作隊，北京附近發現的西周奴隸殉葬墓〔J〕，考古，1974，5。

〔註 534〕 趙化成，東周燕代青銅容器的初步分析〔J〕，考古與文物，1993，2：60～68，李夏廷，渾源彝器研究〔J〕，文物，1992，10：61～75。

不服，棄盟取怨，無損於楚，而失中山，不如辭蔡侯。吾自方城以來，楚未可以得志，只取勤焉。』乃辭蔡侯。」〔註535〕杜預注云：「中山，鮮虞」。《春秋・魯定四年》經云：「秋，晉士鞅、衛師圍帥師伐鮮虞。」魯定四年春中山不服，而秋晉伐鮮虞。這其中存在的因果關聯，使學者普遍認為中山即鮮虞。

《史記・趙世家》記獻侯「十年（公元前414年），中山武公初立」。所謂「初立」，意為「初繼位」。中山武公之時仍然保持著濃重的北方民族習俗。《呂氏春秋・先識》云：「中山之俗，以晝為夜，以夜繼日，男女切倚，固無休息，康樂歌謠好悲，其主弗知惡，此亡國之風也。」〔註536〕所以中山很快就被魏文侯滅亡。魏文侯這次滅中山始於趙烈侯元年（公元前409年），用了三年時間，《戰國策・秦策二》云：「魏文侯令樂羊攻中山，三年而拔之」。

圖 2-135　東周燕系青銅器分布示意圖

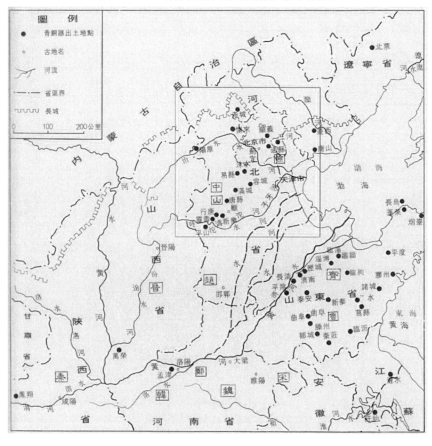

〔註535〕（晉）杜預，春秋左傳集解〔M〕，上海：上海人民出版社，1977：1619。
〔註536〕王利器，呂氏春秋注疏〔M〕，成都：巴蜀書社，2002：1791-1793。

　　《世本》云：「中山武公居顧，桓公徙靈壽」。顧，可能即是今之定州市。
桓公是武公之後，復國遷都靈壽。中山復國的具體時間無明確記載，因《史記·
趙世家》記敬侯十年（公元前 377 年），趙「與中山戰於房子」，知復國應在此
前；《趙世家》又記敬侯「六年（公元前 381 年）借兵於楚伐魏，取棘蒲」，棘
蒲今趙縣治，原中山地，此時仍稱伐魏，知中山復國應在此之後，即在公元前
380 年 378 這三年之內。

　　中山復國之後共立五代，《戰國策》云：「中山武公之後復立，與六國並稱
王，五葉，……趙武靈王襲而滅之。」其最後一代國王名尚，於桓公和王尚之
間，據發掘所得材料知有成王、㾏、𧊒三代。中山到王㾏時期，由於繼承了桓、
成兩代創建的業績，並有所發展，國力進一步強盛，已經能夠「與六國並稱王」。
但到王𧊒的時候，便走向下坡，據當時白圭說，中山已經到了「莫之必則信盡
矣，莫之譽則名盡矣，莫之愛則親盡矣，行者無糧、居者無食則財盡矣，不能
用人又不能自用，則功盡矣。國有此五者，無幸必亡」〔註 537〕的地步。

　　趙滅中山是蓄謀已久的事。公元前 307 年，武靈王命「胡服騎射以教百
姓」，就是征前的準備。公元前 306 年，征伐中山的戰爭，拉開序幕。公元前
300 年，趙國全力攻中山取得決定性的勝利，佔領了中山絕大部分土地〔註 538〕。
𧊒遭到這次失敗就跑到齊國，第二年便死去了。𧊒死後，尚立。最後，趙惠文
王三年（公元前 296 年）滅中山，遷其尚於膚施。

　　河北唐縣北城子遺址〔註 539〕、行唐縣故郡遺址〔註 540〕，屬於春秋中晚期
至戰國早期的鮮虞和中山國文化；1977 年，中山王㾏墓出土了三件刻有長篇
銘文的青銅器，中山王㾏鐵足銅鼎、中山王㾏變龍飾銅方壺和𧊒銅圓壺，記錄
了中山國的重要史實，確認了中山國都和王室世系，補正了史書闕如。為研究
戰國中山國提供了極其珍貴的參考資料。

2.5.1　龍

　　龍紋瓦當和雙龍饕餮紋瓦當在燕下都紋飾瓦當中最具普遍性、典型性和

〔註 537〕王利器，呂氏春秋注疏〔M〕，成都：巴蜀書社，2002：1798。

〔註 538〕（漢）司馬遷，史記·趙世家〔M〕，北京：中華書局，1963：1813。

〔註 539〕鄭紹宗，唐縣南伏城及北城子出土周代青銅器〔J〕，文物春秋，1991，1：14
　　　　　～22。

〔註 540〕河北省文物研究所，中國社會科學院考古研究所，河北行唐縣故郡東周遺址
　　　　　〔J〕，考古，2018，7：44～66。

代表性。

　　雙龍紋瓦當紋飾為雙龍曲身揚頸、張口睜目。燕下都老爺廟臺 LYⅤT7③：
17〔註541〕（圖2-136：1、2），面向相對，雙龍角對峙呈抵斗狀，角部特徵明
顯。燕下都郎井村 LJ10T139⑤H1036：1〔註542〕（圖2-136：3），頸上出三翅。
燕下都東沈村 64D：020〔註543〕（圖2-136：4），雙龍尾上卷，臀部相對，角
上似頂一物，作回首張望狀，身飾凸線卷雲紋。

圖2-136　燕系雙龍紋瓦當

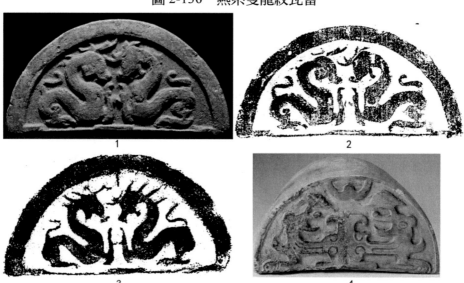

　　雙龍饕餮紋，紋飾圖案是由饕餮面像和彎曲盤旋的雙龍身軀形象側面構
成，當面正中上部兩側為盤曲、垂首、背項、仰身的雙龍。往往在饕餮紋和雙
龍紋飾細部設計上有一些變化和區別，燕下都武陽臺東 WDK1：19〔註544〕（圖
2-137：1、2），「Y」形角內卷成桃心形。燕下都武陽臺東 WDK1：10〔註545〕
（圖2-137：3、4），「Y」形角內卷成桃心形，略圓潤。

〔註541〕河北省文物研究所，燕下都（上、下）〔M〕，北京：文物出版社，1996：上
　　　　冊第47，50，下冊彩版九。
〔註542〕河北省文物研究所，燕下都（上）〔M〕，北京：文物出版社，1996：255，257。
〔註543〕河北省文物研究所，燕下都（上、下）〔M〕，北京：文物出版社，1996：上
　　　　冊第792，下冊彩版四二：2。
〔註544〕河北省文物研究所，燕下都（上、下）〔M〕，北京：文物出版社，1996：上
　　　　冊第25，27，下冊彩版六：1。
〔註545〕河北省文物研究所，燕下都（上、下）〔M〕，北京：文物出版社，1996：上
　　　　冊第25，27，下冊彩版六：2。

圖 2-137　燕系雙龍饕餮紋瓦當

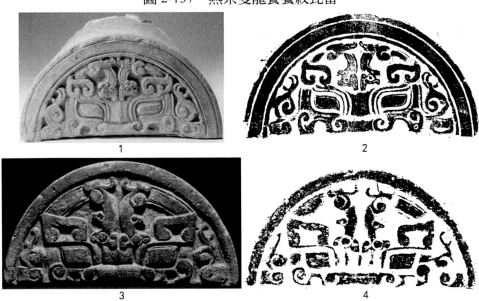

2.5.2　鳳

燕代區鳳造型可分為圓雕鳳、平面鳳、鳳首三類：

2.5.2.1　圓雕鳳

武陽臺村採集饕餮立鳳構件〔註 546〕（圖 2-143：3），鳳足踩於饕餮的頭部，勾喙，身飾羽鱗紋。靈壽崗北村 M8008：14 銅鳳鳥〔註 547〕（圖 2-143：5），頭有冠，圓眼尖喙，後尾高高翹起，全身飾有細密的羽狀紋飾。中山王厝墓 DK：33 錯金銀四龍四鳳方案〔註 548〕（圖 2-143：1、2），龍身蟠環糾結之間四面各有一鳳鳥，引頸長鳴，展翅欲飛，頭頂有花冠，垂尾花羽修長。中山王厝墓 DK：73 器蓋鳳形鈕〔註 549〕（圖 2-143：4），鳳昂首挺胸，坐臥式，花尾上卷。

〔註 546〕河北省文物研究所，燕下都〔M〕，北京：文物出版社，1996：777。

〔註 547〕河北省文物研究所，戰國中山國靈壽城——1975~1993 年考古發掘報告〔M〕，北京：文物出版社，2005：322～323，河北博物院，戰國雄風——古中山國〔M〕，北京：文物出版社，2014：74。

〔註 548〕河北省文物研究所，厝墓——戰國中山國國王之墓〔M〕，北京：文物出版社，1996：137～140。

〔註 549〕河北省文物研究所，厝墓——戰國中山國國王之墓〔M〕，北京：文物出版社，1996：251，254。

圖 2-138　　燕系圓雕鳳

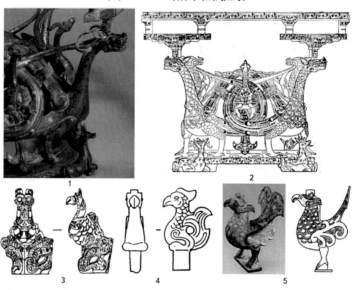

1、2.中山王厝墓錯金銀四龍四鳳方案　3.武陽臺村採集饕餮立鳳構件
4.中山王厝墓 DK 器蓋鳳形鈕　5.靈壽崗北村 M8008 銅鳳鳥

2.5.2.2　鳳首

　　鳳首匜，流為鳳首，流嘴上半部有活動的蓋，傾水時可衝開，雙眼凸起，銅匜的裝飾是一種獨特風格，表現了燕國特色。唐山賈各莊銅匜〔註 550〕（圖 2-139：1），流前突作鳥首形，頸上有一周幾何形繩索紋及羽鱗紋，腹上有一帶變形繩索紋及羽毛紋，腹內鑄有兩個鴨形紋，鋬的上端也作鳥首形。房山前朱各莊鳳首匜〔註 551〕（圖 2-139：2），鳥首形鋬，腹部飾羽鱗紋。唐縣北城子鳳首匜〔註 552〕（圖 2-139：3），通體若飛鳳，流作鳳首形，頭部空白處陰刻流暢的雲紋和鱗紋，鋪首周圍陰刻展開的鳳翅，內第淺刻四條魚紋，腹部兩側各有一鋪首銜環，鋪首周圍陰刻展開的鳳翅；靈壽西岔頭鳳首匜〔註 553〕（圖 2-139：4），鳳首，頸部飾一周絢索紋，外腹兩側各飾半環形羽鱗紋，後鋬環曲作鳥形，腹內底部飾並列二飛鳥。

〔註 550〕 安志敏，河北省唐山市賈各莊發掘報告〔J〕，考古學報（第六冊）：89～91。
〔註 551〕 北京市文物研究所，北京市房山區文物管理所，北京房山前朱各莊戰國墓發掘簡報〔J〕，文物，2017，4：5，11。
〔註 552〕 鄭紹宗，唐縣南伏城及北城子出土周代青銅器〔J〕，文物春秋，1991，1：15，中國青銅器全集編輯委員會，中國青銅器全集·東周 3〔M〕，北京：文物出版社，1997：137。
〔註 553〕 文啟明，河北靈壽縣西岔頭村戰國墓〔J〕，文物，1986，6：20～21。

圖 2-139 燕系鳳首匜

1.唐山賈各莊銅匜　2.房山前朱各莊鳳首匜
3.唐縣北城子鳳首匜　4.靈壽西岔頭鳳首匜

2.5.2.3 平面鳳

　　辛莊頭 M30：52 錯銀銅〔註 554〕（圖 2-140：1），中部有一凸棱，上下鑲嵌鳳鳥紋。辛莊頭 M30：49 錯金銀銅〔註 555〕（圖 2-140：2），上飾一鳳，作張口、吐舌狀，足彎曲，展翅上卷，長尾外卷，突出於體外。燕下都雙鳳紋瓦當〔註 556〕（圖 2-140：5），雙鳳相對峙，振翅張口作啄鬥狀。中山王厝墓 GSH：44 鑲金鳳銀帶鉤〔註 557〕（圖 2-140：3），正面鑲一金鳳和一龍相互蟠結，金鳳勾喙、有冠，身飾羽鱗紋、斜線紋。中山王厝墓 CHMK2：103 雙鳳金箔片〔註 558〕（圖 2-140：4），雙鳳左右向背對稱，長頸前曲，長冠後飄，尖喙。中

〔註 554〕 河北省文物研究所，燕下都〔M〕，北京：文物出版社，1996：713～714。
〔註 555〕 河北省文物研究所，燕下都〔M〕，北京：文物出版社，1996：713～714。
〔註 556〕 李文崗，燕下都瓦當圖形研究〔M〕，保定：河北大學出版社，2017：80。
〔註 557〕 河北省文物研究所，厝墓——戰國中山國國王之墓〔M〕，北京：文物出版社，1996：152～15。
〔註 558〕 河北省文物研究所，厝墓——戰國中山國國王之墓〔M〕，北京：文物出版社，1996：154～155。

山王厝墓 DK：41 銅四角接扣〔註 559〕，頂面為一飛舞的鳳鳥（圖 2-140：6）。

圖 2-140　燕系平面鳳

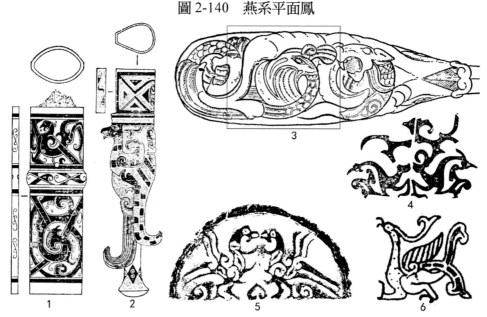

1、2.辛莊頭 M30 錯銀銅　3.中山王厝墓 GSH 鑲金鳳銀帶鉤　4.中山王厝墓 CHMK2 雙鳳金箔片　5.燕下都雙鳳紋瓦當　6.中山王厝墓 DK 銅四角接扣鳳紋

2.5.3　虎

根據形制可分為奔虎和虎噬動物兩類：

2.5.3.1　奔虎

虎呈走或奔跑狀，可分為立體造型和平面造型：

立體虎造型

虎身鑲嵌綠松石。唐縣釣魚臺戰國墓嵌綠松石虎形金飾〔註 560〕（圖 2-141：1），虎低頭垂尾，四肢彎曲作行走狀，虎身嵌有綠松石。新樂中同村戰國墓虎形鎏金飾片〔註 561〕（圖 2-141：2），虎作蹲踞狀，伏首張口，粗尾高蹺，正面鎏金，背面呈凹形，便於嵌鑲其他器物之上，虎體的各個部位鏤

〔註 559〕河北省文物研究所，厝墓——戰國中山國國王之墓〔M〕，北京：文物出版社，1996：271～272。

〔註 560〕胡金華，冀豔坤，河北唐縣釣魚臺積石墓出土文物整理簡報〔J〕，中原文物，2007，6：5～6。

〔註 561〕石家莊地區文物研究所，河北新樂縣中同村戰國墓〔J〕，考古，1984，11：972～973。

小圓孔，嵌鑲綠松石，頭、腹、後足下連同樣形式的三隻小虎。行唐故郡 M5：4 銅當盧〔註 562〕（圖 2-141：3），外區為盤龍紋，內區應為虎，兩虎交匯處及龍爪部鑲嵌綠松石（圖 2-141：4）。

圖 2-141　燕系虎造型一

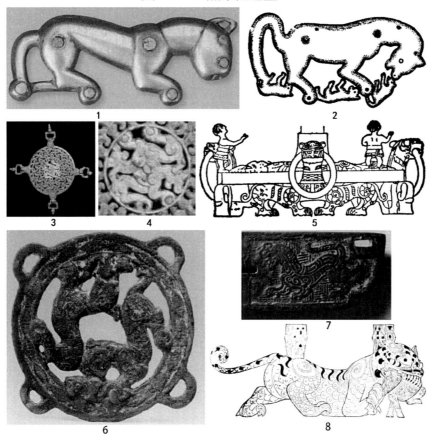

1.唐縣釣魚臺虎形飾　2.新樂中同村虎形飾片　3、4.行唐故郡 M5 銅當盧
5.中山王厝墓十五連盞燈座　6.中山王族 M3 銅當盧　7.遠東古物博物館
藏燕王戈　8.中山王厝墓虎噬鹿屏座

　　虎身飾紋飾。中山王厝墓 DK：34 十五連盞燈〔註 563〕，燈座由三隻等距環布的雙身虎承馱（圖 2-141：5），虎頭向外、口銜圓環、尾部上卷，身飾虎斑紋。

〔註 562〕河北省文物研究所，中國社會科學院考古研究所，河北行唐縣故郡東周遺址〔J〕，考古，2018，7：58。

〔註 563〕河北省文物研究所，厝墓——戰國中山國國王之墓〔M〕，北京：文物出版社，1996：133～134。

平面虎造型

圖 2-142　燕系虎造型二

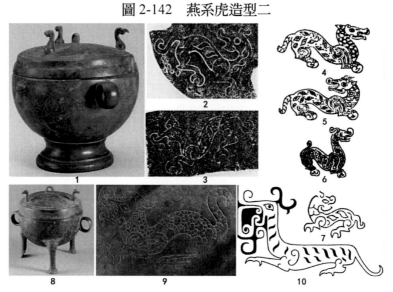

1～3.渾源李峪村鑲嵌虎紋簋　4、5.唐山賈各莊 M18 銅盤　6.房山前
朱各莊 M1 銅壺虎紋　7.北京市揀選的銅豆虎紋　8、9.三河雙村 M03
銅鼎　10.中山「成公」墓 M6 銀首人俑燈虎紋

渾源李峪村鑲嵌虎紋簋〔註564〕（圖 2-142：1），蓋頂飾三鳥首，腹飾追逐
式虎紋（圖 2-142：3）、蓋面紋飾也應是虎紋（圖 2-142：2），皆用紅銅鑲嵌。
北京市揀選的銅豆〔註565〕，足部飾顧首虎紋（圖 2-142：7）。唐山賈各莊 M18：
5 銅盤〔註566〕，腹內外緣飾六隻虎紋，一前視、一顧首（圖 2-142：4、5）。
房山前朱各莊 M1：採 3 銅壺〔註567〕，肩部飾一周虎紋（圖 2-142：6）。中山
「成公」墓 M6：113 銀首人俑燈〔註568〕，燈座平面飾兩對稱虎紋（圖 2-142：
10），虎身、尾特徵較明顯，頭部裝飾略繁縟。三河雙村 M03 銅鼎〔註569〕（圖

〔註564〕　陳佩芬，夏商周青銅器研究・東周篇上〔M〕，上海：上海古籍出版社，2004：
　　　　　154～155。
〔註565〕　程長新，北京市揀選的燕國銅器〔J〕，文物，1982，9：89～90。
〔註566〕　安志敏，河北省唐山市賈各莊發掘報告〔J〕，考古學報（第六冊）：80～83。
〔註567〕　北京市文物研究所，北京市房山區文物管理所，北京房山前朱各莊戰國墓發
　　　　　掘簡報〔J〕，文物，2017，4：10。
〔註568〕　河北省文物研究所，戰國中山國靈壽城──1975~1993 年考古發掘報告〔M〕，
　　　　　北京：文物出版社，2005：153，158。
〔註569〕　廊坊地區文物管理所，三河縣文化館，河北三河大唐迴、雙村戰國墓〔J〕，
　　　　　考古，1987，4：320～321，中國青銅器全集編輯委員會，中國青銅器全集・
　　　　　東周 3〔M〕，北京：文物出版社，1997：110～111。

2-142：8），飾陰線虎紋，四肢伏地，張口，尾上翹下卷，身飾鱗片紋（圖 2-142：9）。斯德哥爾摩遠東古物博物館藏燕王（罍）戈〔註 570〕（圖 2-141：7），為戰國晚期典型燕戈，內飾虎紋，虎尾上卷，身飾幾何紋。

2.5.3.2　虎噬鹿

中山王厝墓 DK：23 錯金銀虎噬鹿屏座〔註 571〕（圖 2-141：8），表現猛虎噬咬一隻幼鹿的場面，虎兩耳直樹，雙目圓睜，背兩側飾虎斑紋、其餘飾鱗紋。中山王族 M3CHMK：16 銅當盧〔註 572〕（圖 2-141：6），中間為雙虎噬鹿圖案，兩虎背向，虎口咬住小鹿頸部，頸、背虎紋清晰，胸腹飾卷雲紋。

2.5.4　鹿

燕下都採集人物鳥首闕狀方形銅飾件〔註 573〕（圖 2-143：3），有人物手持鹿形象。中山王厝墓 DK：33 錯金銀四龍四鳳方案〔註 574〕，底部為兩牡兩牝梅花鹿等距離環列、共馱一圓形底座，鹿伏臥狀（圖 2-143：1、2），四肢蜷曲，身飾水滴紋。

圖 2-143　燕系鹿造型

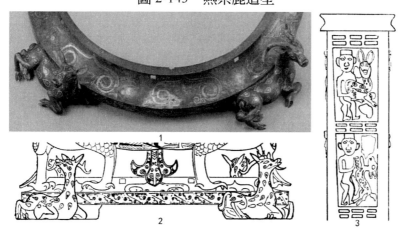

〔註 570〕李學勤，艾蘭，歐洲所藏中國青銅器遺珠〔M〕，北京：文物出版社，1995：366。
〔註 571〕河北省文物研究所，厝墓——戰國中山國國王之墓〔M〕，北京：文物出版社，1996：261～263。
〔註 572〕河北省文物研究所，戰國中山國靈壽城——1975~1993 年考古發掘報告〔M〕，北京：文物出版社，2005：234～235，彩版四五。
〔註 573〕河北省文物研究所，燕下都〔M〕，北京：文物出版社，1996：842，845。
〔註 574〕河北省文物研究所，厝墓——戰國中山國國王之墓〔M〕，北京：文物出版社，1996：137～139。

2.5.5 鳥

　　唐山賈各莊 M18：3 絡紋簋〔註575〕（圖 2-144：1），器蓋有鈕，蓋沿有三個樹立的鳥首，耳、目突出。陽原九溝村〔註576〕（圖 2-144：2）、三河大唐迴 M1〔註577〕（圖 2-144：3）均發現有這種形制的絡紋簋，蓋頂三鳥形鈕，腹部飾以雙結繩紋組成的橫長方格紋，格內填蟠虺紋。渾源李峪村鑲嵌虎紋簋〔註578〕，蓋頂飾三鳥首，腹飾追逐式虎紋。

圖 2-144　燕系圈足簋與高足鼎鳥首飾

1.唐山賈各莊 M18 絡紋簋　2.陽原九溝村絡紋簋　3.三河大唐迴 M1 絡紋簋
4.通縣中趙甫銅鼎　5.陽原九溝村銅鼎　6.三河雙村 M03 銅鼎

〔註575〕安志敏，河北省唐山市賈各莊發掘報告〔J〕，考古學報（第六冊）：83，中國青銅器全集編輯委員會，中國青銅器全集・東周 3〔M〕，北京：文物出版社，1997：104。

〔註576〕中國青銅器全集編輯委員會，中國青銅器全集・東周 3〔M〕，北京：文物出版社，1997：105。

〔註577〕廊坊地區文物管理所，三河縣文化館，河北三河大唐迴、雙村戰國墓〔J〕，考古，1987，4：318，321，中國青銅器全集編輯委員會，中國青銅器全集・東周 3〔M〕，北京：文物出版社，1997：106。

〔註578〕陳佩芬，夏商周青銅器研究・東周篇上〔M〕，上海：上海古籍出版社，2004：154～155。

北京通縣中趙甫鳥鈕銅鼎〔註579〕（圖 2-144：4），蓋頂一環鈕，外圍三鳥
首，腹上部飾蟠虺紋。陽原九溝村鳥鈕銅鼎〔註580〕（圖 2-144：5），蓋頂飾鳥
首，腹飾雲紋、絢紋等。三河雙村 M03 銅鼎〔註581〕（圖 2-144：6），蓋上有
三鳥首，腹飾虎紋。

中山靈壽城 E5T11③：25 雙鳥頭山峰形瓦釘飾〔註582〕（圖 2-145：1），
頂部為山形，左右兩側各飾一鳥頭，曲頸，圓眼，勾狀嘴。中山王厝墓 DK：
34 十五連盞燈〔註583〕（圖 2-145：2），燈枝上有兩隻鳥鳴叫。中山王厝墓 XK：
87 陶鴨形尊〔註584〕（圖 2-145：3），鴨形，飾獸形紋加 S 形紋和內填波折紋
的卷雲紋。

圖 2-145　中山鳥紋樣

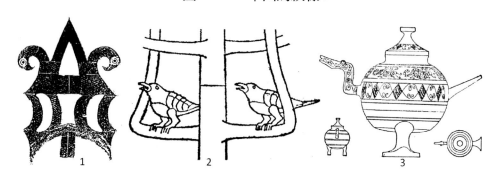

1.中山靈壽城 E5T11③雙鳥頭瓦釘飾　2.中山王厝墓 DK 十五連盞燈
3.中山王厝墓 XK 陶鴨形尊

〔註579〕中國青銅器全集編輯委員會，中國青銅器全集・東周 3〔M〕，北京：文物出
　　　　版社，1997：108。
〔註580〕中國青銅器全集編輯委員會，中國青銅器全集・東周 3〔M〕，北京：文物出
　　　　版社，1997：109。
〔註581〕廊坊地區文物管理所，三河縣文化館，河北三河大唐迴、雙村戰國墓〔J〕，
　　　　考古，1987，4：320～321，中國青銅器全集編輯委員會，中國青銅器全集・
　　　　東周 3〔M〕，北京：文物出版社，1997：110～111。
〔註582〕河北省文物研究所，戰國中山國靈壽城——1975~1993 年考古發掘報告〔M〕，
　　　　北京：文物出版社，2005：53～54。
〔註583〕河北省文物研究所，厝墓——戰國中山國國王之墓〔M〕，北京：文物出版社，
　　　　1996：133～134。
〔註584〕河北省文物研究所，厝墓——戰國中山國國王之墓〔M〕，北京：文物出版社，
　　　　1996：159～161。

2.5.6　蛇

2.5.6.1　單體蛇

河北唐縣北城子 2 號墓蟠蛇絡紋銅瓿〔註 585〕（圖 2-146：2），在肩部左右對稱列龍首銜環鈕各一，自肩以下紋飾分為三層，中以並列雙垂繩索紋分界，中間連成對稱的雙十字節紐，每個方塊內填以連續捲曲的蟠蛇紋圖案，圈足飾繩紋。

江蘇盱眙南窯莊出土的銅絲網套錯金銀鑲嵌銅壺〔註 586〕，由器身和肩、腹上的網套組成，銅絲網套由蜷曲的蛇和梅花釘交錯套扣而成，網罩中間有錯金雲紋銅箍，箍上有相間的獸首銜環，獸首後有兩條「S」形蛇紋（圖 2-146：1），該壺圈足外刻有「陳璋伐匽（燕）之獲」的字樣，反映了公元前 315 年齊國與燕國的戰爭。北京順義龍灣屯銅交龍紋車軎〔註 587〕（圖 2-146：3），軎身中部飾一周交龍紋。

圖 2-146　燕系蛇紋樣

1.盱眙南窯莊銅壺鋪首　2.唐縣北城子 2 號墓銅瓿　3.順義龍灣屯銅車軎

2.5.6.2　鳥獸銜蛇

燕下都老姆臺出土大鋪首〔註 588〕（圖 2-147：1），鋪首為獸面銜環，獸面

〔註 585〕鄭紹宗，唐縣南伏城及北城子出土周代青銅器〔J〕，文物春秋，1991，1：17，20，中國青銅器全集編輯委員會，中國青銅器全集·東周 3〔M〕，北京：文物出版社，1997：131。

〔註 586〕姚遷，江蘇盱眙南窯莊楚漢文物窖藏〔J〕，文物，1982，11：5～6 頁。

〔註 587〕程長新，北京市順義縣龍灣屯出土一組戰國青銅器〔J〕，考古，1985，8：703。

〔註 588〕中國青銅器全集編輯委員會，中國青銅器全集·東周 3〔M〕，北京：文物出版社，1997：145。

額中部浮雕一鳳，翹首展翅而立，鳳身左右各飾一蛇，鳳翅被蛇身纏繞，鳳爪擒住蛇尾。燕下都武陽臺 72W：018 鳳形飾件〔註 589〕（圖 2-147：2），鳳彎頸、低首，作吞食一蛇狀。郎井村 LJ10T49①H113：41 陶響器〔註 590〕（圖 2-147：3），正面飾四獸，其中 1 對獸形象形同，回首相背，口中銜蛇。

圖 2-147　燕系鳥、獸銜蛇

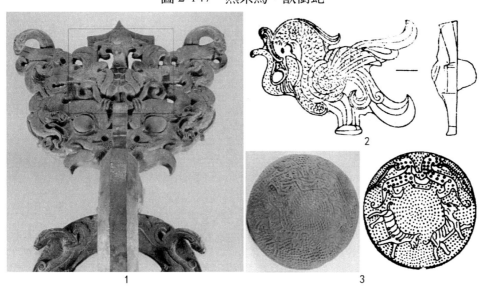

1.燕下都老姆臺出土大鋪首　2.燕下都武陽臺 72W 鳳形飾
3.郎井村 LJ10T49①H113 陶響器

2.5.7　猴

中山國「成公」墓 M6：113 銀首人俑燈〔註 591〕，燈杆上附有一龍正附杆上移逐猴（圖 2-148：1），被逐小猴急速上爬並回收觀察遊龍；中山王厝墓 DK：34 十五連盞燈〔註 592〕，燈的造型彷彿一顆大樹，枝頭有十五隻燈盤，高低有序、錯落有致，樹枝間小鳥引頸鳴叫、群猴嬉戲玩耍（圖 2-148：2）。

〔註 589〕河北省文物研究所，燕下都〔M〕，北京：文物出版社，1996：849～850。

〔註 590〕河北省文物研究所，燕下都（上、下）〔M〕，北京：文物出版社，1996：上冊 351，下冊彩版十九：2。

〔註 591〕河北省文物研究所，戰國中山國靈壽城——1975~1993 年考古發掘報告〔M〕，北京：文物出版社，2005：153，158。

〔註 592〕河北省文物研究所，厝墓——戰國中山國國王之墓〔M〕，北京：文物出版社，1996：133～134。

圖 2-148　燕系猴、象、狼等動物造型

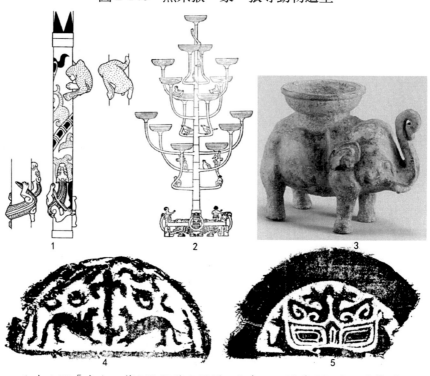

1.中山國「成公」墓 M6 銀首人俑燈　2.中山王厝墓 DK 十五連盞燈
3.燕下都武陽臺象形燈　4、5.燕下都 17 號建築遺址雙狼紋瓦當

2.5.8　象

　　河北易縣燕下都武陽臺出土象形燈〔註593〕（圖 2-148：3），象呈站姿，鼻高卷，口微張，象牙從嘴角伸出，兩跨隆起，卷尾向下，四足粗壯，象背承一燈。

2.5.9　狼

　　燕下都 17 號建築遺址採集雙狼饕餮紋瓦當〔註594〕（圖 2-148：4），雙狼前肢前伸，曲身聳腰，長尾拖地，張口豎耳，作欲鬥狀。燕下都北沈村村南採集四狼饕餮紋瓦當〔註595〕（圖 2-148：5），上端兩臥狼曲頸相背，作回首豎耳

〔註593〕河北省文物研究所，燕下都〔M〕，北京：文物出版社，1996：820，823，中
　　　　國青銅器全集編輯委員會，中國青銅器全集‧東周 3〔M〕，北京：文物出版
　　　　社，1997：143。
〔註594〕河北省文物研究所，燕下都〔M〕，北京：文物出版社，1996：789，793。
〔註595〕河北省文物研究所，燕下都〔M〕，北京：文物出版社，1996：789，792～793。

相望張口狀，另外兩狼分別飾於左右兩下角，前腿揚起，長尾拖地，作蹲狀。

2.5.10　犀牛

中山王厝墓 DK：20 銅筒形器〔註596〕，器下有三隻犀牛承托（圖2-149：1、2），犀首額上有一向上彎曲的角，偶蹄，短尾彎垂，口部飾鱗紋，周身飾卷雲紋。中山王厝墓 DK：22 錯金銀犀屏座〔註597〕（圖2-149：3、4），頂、額、鼻上各有一角，頭頂角大而呈扁圓錐形，偶蹄，後尾長而挺直，犀身錯卷雲紋。

圖2-149　中山王墓犀牛造型

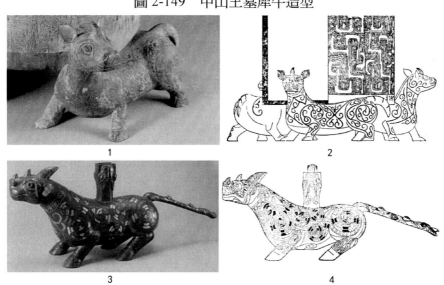

1　　　　　　　　　　　　2

3　　　　　　　　　　　　4

1、2.中山王厝墓 DK：20 銅筒形器　　3、4.中山王厝墓 DK：22 錯金銀犀屏座

2.5.11　燕系青銅器動物紋樣特徵

東周燕國青銅禮器與中原地區在器類、組合、造型、紋飾上有很大的一致性，中山國的銅器亦自戰國早期開始就有著與中原地區相似的器用制度〔註598〕。但由於燕國僻處北方，保存中原禮器傳統的特點較多，時間拉的較長，具有守舊的風格，如銅器紋飾上獸面紋的大量、長期使用和饕餮紋半瓦

〔註596〕河北省文物研究所，厝墓——戰國中山國國王之墓〔M〕，北京：文物出版社，1996：130～131。

〔註597〕河北省文物研究所，厝墓——戰國中山國國王之墓〔M〕，北京：文物出版社，1996：263～266。

〔註598〕朱鳳瀚，古代中國青銅器〔M〕，天津：南開大學出版社，1995。

當的盛行〔註599〕。

環耳圈足簋〔註600〕、三直立高足外侈耳鼎、鳳首匜〔註601〕，造型別致、自成體系，是燕系特色的青銅器，在燕、中山之外地區鮮有發現。環耳圈足簋、三直立高足外侈耳鼎這類器一般在蓋頂有三鳥首，鳥首勾喙，有認為是鳳形象，是燕系特色動物紋樣裝飾。鳳首匜一般流作鳳首，器身有的裝飾有魚、鳥紋等，在燕下都發現大量刻畫陶器，有魚、鳥、鹿、虎等，銅器、陶器動物紋樣裝飾具有相似性，均應是燕系特色。

猛獸襲食食草動物紋〔註602〕形成於長城地帶中段（約公元前 6~前 4 世紀，春秋晚期稍早至戰國早期），並對相鄰的蒙古、外貝加爾、圖瓦、阿爾泰及米努辛斯克盆地的早期游牧文化產生了影響，並對相鄰的中山、燕等地區也有一定程度的影響，戰國中山王𰇤墓出土的錯金銀虎噬鹿屏座即是受其影響的產物；唐縣釣魚臺戰國墓嵌綠松石虎形金飾，新樂中同村戰國墓虎形鎏金飾片，其造型亦有北方草原風格，這也是燕系動物紋樣的一個特點。

2.6　徐舒青銅器系動物紋樣

徐人活動中心在淮泗流域。在今蘇、魯、豫、皖接壤地區，商周時期曾存在過一個徐國，文獻中稱為徐方或徐戎、徐夷；西周時期，徐國勢力向淮河流域擴展，成為淮河流域夷人勢力的首領，其作為東方夷人的代表並與周人抗衡。

春秋時期的徐國夾在齊、楚、吳三個大國之間，不時遭到它們的征伐。徐王時而嫁女於齊侯（《左傳・僖公十七年》）；時而又娶吳王之女為妻（《左傳・昭公四年》）；時而又送太子入質於楚（《左傳・昭公六年》），依違於大國之間，最終在公元前 512 年為吳所滅。

陳公柔較系統地對徐器的紋飾、形製做了類型學的研究〔註603〕；孔令遠

〔註599〕李先登，燕國青銅器的初步研究〔A〕，齊心，北京建城 3040 年暨燕文明國際學術研討會會議專輯〔C〕，北京：燕山出版社，1997。

〔註600〕趙化成，東周燕代青銅容器的初步分析〔J〕，考古與文物，1993，2：60～68。

〔註601〕杜迺松，論東周燕國青銅器〔J〕，文物春秋，1994，2：47。

〔註602〕烏恩岳斯圖，北方草原考古學文化比較研究——青銅時代至早期匈奴時期〔M〕，北京：科學出版社，2008：235～242。

〔註603〕陳公柔，徐國青銅器的花紋、形制及其他〔A〕，馬承源，吳越地區青銅器研究論文集〔C〕，香港：香港兩木出版社，1998。

對徐國的考古發現進行了綜合性研究，認為江蘇邳州九女墩大墓群為徐國王族墓群，梁王城、鵝鴨城遺址為春秋中、晚期徐國的都城遺址〔註604〕。

群舒在先秦時期分布於江淮地區，有著自身的文化來源和族源，有著獨立的發展歷程。西周至春秋時期，群舒文化在江淮地區有著持續的存在和發展，從春秋中期開始，由於吳楚爭霸戰爭等原因，群舒文化與周邊文化相互交融，最後滅國而統一於楚。

西周時期的群舒雖偶見於文獻記載，然淮夷和南淮夷卻屢見於文獻和青銅器銘文。《尚書‧大誥》「武王崩，三監及淮夷叛。」淮夷與南淮夷當為生活在淮水兩岸之人，淮夷、南淮夷與群舒生活生存於同一地理空間，因此，西周時期的群舒或被周人泛稱為淮夷、南夷、南淮夷。

群舒的歷史主要見於春秋。群舒有舒、舒鳩、舒庸、舒龔、舒龍、舒蓼、舒鮑、英、六、蓼、宗、桐、巢等國，群舒又稱眾舒。《左傳》宣公八年：「楚為眾舒叛，故伐舒蓼，滅之」。

群舒可能是從徐分出來的一些小國，《春秋》僖公三年：「徐人取舒」。可證徐、舒已不是同一個國家。《韓非子‧五蠹》：「徐偃王處漢東，地方五百里，行仁義，割地而朝者三十有六國；荊文王恐其害己也，舉兵伐徐，遂滅之。」

群舒皆亡於春秋，除巢之外，基本上都被楚國所滅。

群舒的青銅器，是1964年舒城鳳凰嘴〔註605〕發現的；以舒城為中心，東到廬江，西到六安，南越桐城到長江沿岸，北跨合肥到壽縣北面的淮河南岸，被認為是群舒之地〔註606〕。

張愛冰等的《群舒文化研究》，對群舒文化的發展與演進進行了綜合性研究〔註607〕；張敏、毛穎的《長江下游的徐舒與吳越》，分別對江淮地區的徐舒文化和邗文化、寧鎮皖南地區的吳文化、太湖錢塘江流域的越文化進行了全面研究〔註608〕。

〔註604〕孔令遠，徐國的考古發現與研究〔M〕，中國文史出版社，2005。
〔註605〕安徽省文化局文物工作隊，安徽舒城出土的銅器〔J〕，考古，1964，10。
〔註606〕李國樑，群舒故地出土的青銅器〔J〕，文物研究（總第六期），合肥：黃山書社，1990，10。
〔註607〕張愛冰，群舒文化研究〔M〕，上海：上海古籍出版社，2018。
〔註608〕毛穎，張敏，長江下游的徐舒與吳越〔M〕，武漢：湖北教育出版社，2005。

2.6.1 龍

2.6.1.1 瓶角龍

龍角呈瓶狀，用作銅匜的附耳，銅盉的口部、提梁裝飾。

壽縣肖嚴湖銅匜〔註609〕（圖 2-150：3），龍形耳，龍瓶角（圖 2-150：2）；口沿下飾重環紋及圓渦紋。懷寧楊家牌銅匜〔註610〕（圖 2-150：4），龍形鋬（圖 2-150：5），鋬飾重環紋，流和上腹部飾龍紋。盧江三塘鄉輪窯廠銅匜〔註611〕（圖 2-150：6），鋬手上部作龍首狀（圖 2-150：7），龍首攀銜於匜的口沿，龍尾上卷，鋬通體飾夔紋和重環紋。

舒城縣許家山嘴銅盉〔註612〕（圖 2-150：8），流及提梁均飾以龍形（圖 2-150：9），龍瓶角；腹中部飾龍紋。蚌埠雙堆 M1 銅盉〔註613〕（圖 2-150：10），流及提梁均飾以龍形（圖 2-150：11、12），龍瓶角。

龍形鋬的三足或四足匜匜在徐、舒地區均發現於江北〔註614〕；此類型屬於 Aaaa 型銅匜〔註615〕，是延續西周晚期形制、春秋初期北方諸侯國普遍流行的形制。

徐、舒地區發現的瓶角龍形鋬銅匜應是受中原地區影響、並且本土化的結果。徐舒地區龍形鋬與中原地區龍形鋬形制略有區別，不同之處在於吻部，北方地區龍吻部大多上卷，而此區域發現的龍形鋬龍的吻部為扁平狀或圓形，僅在平面上表現出上卷狀，從這一點判斷，此類型龍形鋬銅匜應是本地生產。

舒城許家山嘴銅盉、蚌埠雙堆 M1 銅盉的年代為春秋早、中期，銅盉的尾

〔註609〕壽縣博物館，壽縣肖嚴湖出土春秋青銅器〔J〕，文物，1990，11：65～67，中國青銅器全集編輯委員會，中國青銅器全集・東周5〔M〕，北京：文物出版社，1997：167。

〔註610〕懷寧縣文物管理所，安徽懷寧縣出土春秋青銅器〔J〕，文物，1983，11：68～71，中國青銅器全集編輯委員會，中國青銅器全集・東周5〔M〕，北京：文物出版社，1997：168。

〔註611〕安徽博物院，江淮群舒青銅器〔M〕，合肥：安徽美術出版社，2013：66。

〔註612〕安徽博物院，江淮群舒青銅器〔M〕，合肥：安徽美術出版社，2013：53。

〔註613〕安徽省文物考古研究所，蚌埠市博物館，鍾離君柏墓〔M〕，北京：文物出版社，2013：55～56。

〔註614〕陸勤毅，宮希成，皖南商周青銅研究〔M〕，北京：文物出版社，2016：53。

〔註615〕路國權，南北二系：試論東周時期銅匜的分類和譜系〔J〕，考古與文物，2018，4：74。

部透雕扉棱，口部瓶角龍、提梁瓶角龍的吻部為扁平狀，裝飾點紋，均表現出明顯的地域特色。

圖 2-150　徐舒系螺角龍與瓶角龍

1.肥西柿樹崗龍紋銅匜　2、3.壽縣肖嚴湖銅匜　4、5.懷寧楊家牌銅匜　6、7.廬江三塘鄉輪窯廠銅匜　8、9.舒城許家山嘴銅盉　10～12.蚌埠雙堆 M1 銅盉

2.6.1.2　螺角龍

　　肥西柿樹崗小八里村龍紋銅匜〔註616〕（圖 2-150：1），腹飾龍紋，口下飾尖角雲紋，鋬首作龍形，龍螺角。根據形制、紋飾特點來看，小八里村龍紋銅匜很有可能是從北方地區直接輸入。

─────────────

〔註616〕中國青銅器全集編輯委員會，中國青銅器全集・東周 5〔M〕，北京：文物出版社，1997：166。

2.6.1.3 「S」形角龍

「S」形角龍主要裝飾盉，龍柄盉是曲柄盉之一類，是群舒文化的關鍵器物〔註617〕，相應的龍形柄亦是群舒文化典型的裝飾造型。

銅陵鐘鳴盉〔註618〕（圖2-151：1），盉柄上揚，柄端龍首回顧，龍吻、龍角上卷。舒城春秋塘盉（圖2-151：2）、廬江盉頭盉〔註619〕（圖2-151：4、5）龍柄形制與之相似，潛山黃嶺盉（圖2-151：3），吻部略短、角形略有變化。

武進淹城內城河三輪盤〔註620〕（圖2-151：6、7），淺盤、無耳，盤下有三個車輪，一輪上立兩顧首龍，盤腹飾幾何紋，是具有吳國特色的典型青銅器，但龍形裝飾應是來源於群舒文化。

圖2-151　徐舒系「S」形角龍柄形盉、盤

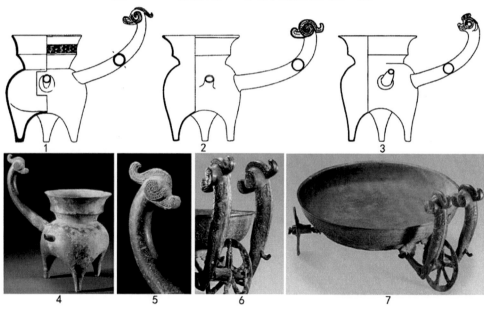

1.銅陵鐘鳴盉　2.舒城春秋塘盉　3.潛山黃嶺盉
4、5.廬江盉頭盉　6、7.武進淹城內城河三輪盤

〔註617〕張愛冰，也談曲柄盉的年代及其相關問題〔J〕，文物，2014，3：57～64。
〔註618〕以下龍柄盉未注明出處，均轉引自張愛冰，也談曲柄盉的年代及其相關問題〔J〕，文物，2014，3：57～64。
〔註619〕中國青銅器全集編輯委員會，中國青銅器全集·東周5〔M〕，北京：文物出版社，1997：164。
〔註620〕楊正宏，肖夢龍，鎮江出土吳國青銅器〔M〕，北京：文物出版社，2008：98～99。

2.6.1.4　大口龍

主要裝飾尊，兩側有龍耳。根據形制可以分為兩型：

Aa 型

青陽縣汪村龍耳尊[註621]（圖 2-152：5），肩兩側亦鑄接龍形耳，尊肩飾一周斜角雲紋。上海博物館藏兩件龍耳尊[註622]（圖 2-152：3、4），腹兩側飾龍形把手，龍首回顧，尾上卷，有四爪與腹相接；肩飾斜角雷紋。南陵團結村龍耳尊[註623]（圖 2-152：6、7、8），肩飾一周竊曲紋，肩兩側鑄接龍形耳，頸飾折線紋。

Ab 型

宿州平山村龍耳尊[註624]（圖 2-152：1、2），龍口銜器口，雙耳高聳，身飾鱗紋，尾上卷，龍背蹲踞一人，曲膝面朝外，雙手後背，腹飾瓦紋，圈足飾竊曲紋。

關於龍耳尊的年代：陳佩芬認為上海博物館藏龍耳尊和青陽縣汪村龍耳尊的年代為春秋晚期[註625]。張愛冰認為龍耳尊器體應仿自中原商代青銅大口折肩尊的式樣，但在兩側鑄接龍形耳，應是南方的革新；並將汪村的年代定為西周晚期[註626]，南陵團結村尊的年代定為西周晚期偏早，上博尊的年代介於兩者之間。根據 Aa 型龍耳尊口部大張呈「V」形特徵，筆者贊同的年代將其年代定為西周晚期，或晚至春秋早期。

宿州平山村龍耳尊，龍鋬的形制與隨州安居桃花坡 M1 帶流盤龍鋬[註627]、小邾國邾慶匜龍鋬[註628]形制相似；裸體人形足銅器，多出於海岱地區莒

〔註621〕安徽大學，安徽省文物考古研究所，皖南商周青銅器〔M〕，北京：文物出版社，2006：110～111。

〔註622〕陳佩芬，夏商周青銅器研究・東周上〔M〕，上海：上海古籍出版社，2004：168～169。

〔註623〕安徽大學，安徽省文物考古研究所，皖南商周青銅器〔M〕，北京：文物出版社，2006：60～61。

〔註624〕李國梁，安徽宿縣謝蘆村出土周代青銅器〔J〕，文物，1991，11：92～93，安徽博物院，江淮群舒青銅器〔M〕，合肥：安徽美術出版社，2013：129。

〔註625〕陳佩芬，夏商周青銅器研究・東周上〔M〕，上海：上海古籍出版社，2004：168～169。

〔註626〕張愛冰，安徽青陽汪村出土青銅器年代及其相關問題〔J〕，東南文化，2011，4：53～58。

〔註627〕隨州市博物館，湖北安居出土青銅器〔J〕，文物，1982，12。

〔註628〕棗莊市博物館，小邾國遺珍〔M〕，北京：中國文史出版社，2006：113。

文化區，年代多在西周晚期到春秋早期〔註629〕；平山龍耳尊的年代可定為春秋早期〔註630〕。

　　從形態來看，大口龍的形制發生了重大變化，口部形態由「V」形到吻部上卷，因此，Ab 型龍耳尊的形制應是在 Aa 型龍耳尊形制的基礎上融合了山東南部地區等文化因素，形成了一種新的樣式。

圖 2-152　徐舒系龍耳尊

1、2.宿州平山村龍耳尊　　3、4.上海博物館藏龍耳尊　　5.青陽縣汪村龍耳尊
6～8.南陵圍結村龍耳尊

〔註629〕方輝，山東省博物館藏裸人銅方鼎〔J〕，文物天地，1990，5。
〔註630〕王慶光，平山銅器群的再認識〔A〕，張愛冰，群舒文化研究〔M〕，上海：上海古籍出版社，2018：271～275。

龍耳尊的流行年代在西周晚期至春秋早期，分布區域集中在江淮地區，其他地區未發現。龍耳尊的形制應是大口尊、本土創新大口龍附耳兩要素的組合；宿州平山龍耳尊在大口龍龍耳尊基礎上，融合了山東南部地區裸人形足等文化因素。

2.6.1.5　蟠龍

龍盤踞成圓渦狀，無足。根據形制可分為兩式：

Ⅰ式　蛇形口，吻無上卷。

安徽繁昌 F7 銅盉〔註631〕（圖 2-153：1），蓋面飾一條淺浮雕蟠龍（圖 2-153：2），龍首昂起作蓋鈕，蛇有兩角；繁昌 F10 龍紋盤，腹部飾龍紋一周，盤內底部飾淺浮雕蟠蛇紋和龍紋，蛇位於中間，飾鱗紋（圖 2-153：4），蛇亦有兩角。青陽汪村蟠蛇紋盤〔註632〕，蛇蟠於盤內底，飾鱗紋（圖 2-153：3），蛇無角。蕪湖市柳園春人大宿舍犧首龍紋鼎〔註633〕（圖 2-153：5），犧前腹飾龍紋，兩側各飾一蟠蛇，蛇張口、表現側面形象。

Ⅱ式　龍形口，吻部上卷。

丹徒北山頂甚六鎛〔註634〕（圖 2-153：6），枚作盤龍形，龍無角，吻上卷，身飾斜線紋。

魚龍紋的紋飾主題和布局形式中原地區多見於商代晚期，盤飾魚龍紋，極有可能是殷人的傳統，它們從中原傳到南方並在西周時期得到保存和發展，繁昌、汪村魚龍紋盤的年代均應不晚於西周晚期〔註635〕，繁昌銅盉年代也應與之相當。柳園春犧首鼎的年代在春秋早期或稍後〔註636〕。丹徒北山頂甚六鎛的年代為春秋晚期，鐘枚的形制與中原地區相同。

〔註631〕安徽省文物工作隊，繁昌縣文化館，安徽繁昌出土一批春秋青銅器〔J〕，文物，1982，12：47～50。

〔註632〕安徽大學，安徽省文物考古研究所，皖南商周青銅器〔M〕，北京：文物出版社，2006：100～101。

〔註633〕安徽大學，安徽省文物考古研究所，皖南商周青銅器〔M〕，北京：文物出版社，2006：176～177。

〔註634〕江蘇省丹徒考古隊，江蘇丹徒北山頂春秋墓發掘報告〔J〕，東南文化，1988，3、4：25～30。

〔註635〕陸勤毅，宮希成，皖南商周青銅器研究〔M〕，北京：文物出版社，2016：44～46。

〔註636〕陸勤毅，宮希成，皖南商周青銅器研究〔M〕，北京：文物出版社，2016：71～73。

從演變過程來看，蟠龍形制經歷一個中原化（商周）到另一個中原化（春秋）的過程。

圖 2-153　徐舒系蟠龍紋樣

1、2.安徽繁昌 F7 銅盃　3、4.繁昌 F10 龍紋盤　5.蕪湖市柳園春犧首鼎
6.丹徒北山頂甚六鎛

2.6.1.6　類「Y」形角龍

類「Y」形角龍主要裝飾犧首鼎，犧首鼎是江淮和皖南沿長江地區內，造型獨特、標誌族群和文化的關鍵器，眾多學者已做了全面、細緻的研究。

角的造型與中原地區「Y」形龍角相似應是對其造型的模仿。

根據形制、角型可以分為兩式：

Ⅰ式　角分叉，裝飾簡單。

舒城縣河口鎮犧首鼎〔註 637〕（圖 2-154：3、4），獸首與腹相連，頭上豎一對犄角，角飾細線紋，扉棱狀尾，鼎腹部飾一周竊曲紋。懷寧楊家牌犧首鼎〔註 638〕（圖 2-154：1、2），前飾獸頭，有犄角一對，角飾重環紋，後

〔註 637〕安徽省文物考古研究所，舒城縣文物管理所，安徽舒城縣河口春秋墓〔J〕，
　　　　文物，1990，6：58～66，安徽博物院，江淮群舒青銅器〔M〕，合肥：安徽
　　　　美術出版社，2013：38～39。
〔註 638〕懷寧縣文物管理所，安徽懷寧縣出土春秋青銅器〔J〕，文物，1983，11：68
　　　　～71，中國青銅器全集編輯委員會，中國青銅器全集·東周 5〔M〕，北京：
　　　　文物出版社，1997：114～115。

下腹部飾向上捲曲的獸尾。舒城縣鳳凰嘴犧首鼎〔註639〕（圖2-154：5、6），頭上豎一對犄角，角飾「S」形回紋，扉棱狀尾，眼嵌綠松石圓珠，身飾龍紋、蟠蛇紋。

Ⅱ式　「Y」形角，裝飾繁縟。

邳州九女墩 M3：41 犧首鼎〔註640〕（圖2-154：7、8），三蹄形足較矮小，鼎前伸一獸首，獸首上聳兩犄角，角上飾羽翅式捲曲紋，頸、腹均飾蟠蛇紋。

圖2-154　徐舒系犧首鼎（「Y」形角龍）

1、2.懷寧楊家牌犧首鼎　　3、4.舒城縣河口鎮犧首鼎　　5、6.舒城縣鳳凰嘴犧首鼎
7、8.邳州九女墩 M3 犧首鼎

〔註639〕安徽省文化局文物工作隊，安徽舒城出土的銅器〔J〕，考古，1964，10：498
　　　　～503，中國青銅器全集編輯委員會，中國青銅器全集·東周5〔M〕，北京：
　　　　文物出版社，1997：161。
〔註640〕孔令遠，陳永清，江蘇邳州市九女墩三號墩的發掘〔J〕，考古，2002，5：
　　　　21。

犧首鼎流行的年代在西周晚期至春秋早期，流行區域在江淮的舒城、盧江、懷寧這一地帶〔註641〕；並指出邳州九女墩所出犧首鼎，是不同族群文化之傳統〔註642〕。但從形制、年代來看，徐、舒應屬於一個大的文化區，其形制演變的邏輯是從簡單到繁縟，與中原其他區域過程相似。

有學者已經指出，「犧首鼎的形態應來自犧尊、匜形鼎、龍鋬匜和附耳鼎要素的組合，是中原地區、淮河上游、沂沭河流域文化因素與江淮本土傳統的融合與創新」〔註643〕。

2.6.2　神人珥蛇、操蛇

淮陰高莊戰國墓〔註644〕出土一批刻紋精緻、內容豐富的刻紋銅器，有大量關於蛇主題紋飾的圖像，有打蛇（圖2-155：1、2、3）、操蛇（圖2-155：4、6）、珥蛇（圖2-155：6、10）、戲蛇（圖2-155：5、7、8、9）、踐蛇（圖2-155：10）。該墓為徐國滅亡後受越國統治而高度越化的徐人墓葬，刻紋銅器等受到楚文化的深刻影響〔註645〕。

圖 2-155　淮陰高莊戰國墓珥蛇、操蛇紋樣

1-3.打蛇　4、6.操蛇　5、7、8、9.戲蛇　6、10.珥蛇　10.踐蛇

2.6.3　獸面

安徽省博物館藏銅陵市區出土獸面耳小口罐形鼎〔註646〕（圖2-156：1），

〔註641〕張愛冰，皖南沿長江地區周代銅器研究〔J〕，考古學報，2013，4：491。
〔註642〕張愛冰，犧首鼎的年代及相關問題〔J〕，考古，2015，1：89。
〔註643〕張愛冰，群舒文化研究〔M〕，上海：上海古籍出版社，2018：73。
〔註644〕淮安市博物館，淮陰高莊戰國墓〔M〕，北京：文物出版社，2009。
〔註645〕鄭小爐，吳越和百越地區周代青銅器研究〔M〕，北京：科學出版社，2007。
〔註646〕安徽大學，安徽省文物考古研究所，皖南商周青銅器〔M〕，北京：文物出版社，2006：178。

器腹飾一周竊曲紋，其下有垂葉三角形，內填雲紋，器身兩側附大型雙環耳，耳端飾雙角獸面紋（圖 2-156：2、3）。安徽省博物館藏銅陵市區出土鳥蓋獸耳盉[註647]（圖 2-156：4），平蓋立鳥鈕，兩側環耳立面飾有角獸面（圖 2-156：5），獸面角分叉。鳥蓋獸耳盉獸面的角形制與犧首鼎的角形相似，似摹寫的同一種動物。

獸面耳小口罐形鼎的年代為西周晚期；鳥蓋獸耳盉的年代在春秋早期或稍晚。

圖 2-156 徐舒系獸面耳

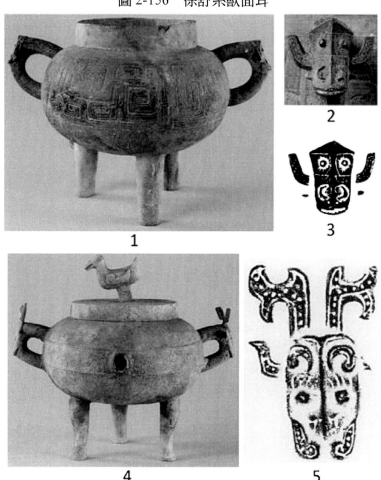

1～3.銅陵市區獸面耳小口罐形鼎　4、5.銅陵市區鳥蓋獸耳盉

〔註647〕 安徽大學，安徽省文物考古研究所，皖南商周青銅器〔M〕，北京：文物出版社，2006：96～98。

2.6.4　虎、羊、鳥等

徐舒地區寫實動物類型較少，計有虎、羊、豬、鳥、鴨、魚等。

宿州平山村龍紋鼎〔註 648〕（圖 2-157：4），耳外沿飾相對的虎紋（圖 2-157：5、6）。舒城九里墩龍虎紋鼓座〔註 649〕（圖 2-157：7），有兩個對稱的虎頭及四條相纏繞的龍盤踞在上面；虎方眼大耳，張口作吼狀。

安徽壽縣肖嚴湖羊首鼎〔註 650〕（圖 2-157：1），尊為平直口，上為綿羊頭，三鉤形足。

安徽九里墩春秋豬形器鈕〔註 651〕（圖 2-157：2），似豬，身飾魚鱗紋；鴨首形方策（圖 2-157：3），位於圓筒形車軎一側，方策的一邊作鴨首式伸出。

繁昌 F12 鳥形飾〔註 652〕（圖 2-158：1），管狀器身，一端鑄成展翅欲飛的鳥形，在器身中部另立一小鳥。銅陵縣朝山村出土鳥形飾件〔註 653〕（圖 2-158：2），形制與繁昌 F12 相似，鳥造型不同。銅陵市區出土鳥蓋龍耳盉〔註 654〕（圖 2-158：3），蓋為鳥形。

青陽汪村蟠蛇紋盤〔註 655〕，腹內壁飾魚紋（圖 2-158：4）。繁昌 F10 龍紋盤〔註 656〕，腹內壁飾魚紋（圖 2-158：5）。

〔註 648〕李國梁，安徽宿縣謝蘆村出土周代青銅器〔J〕，文物，1991，11：92～93，安徽博物院，江淮群舒青銅器〔M〕，合肥：安徽美術出版社，2013：128。

〔註 649〕安徽省文物工作隊，安徽舒城九里墩春秋墓〔J〕，考古學報，1982，2：233～234。

〔註 650〕壽縣博物館，壽縣肖嚴湖出土春秋青銅器〔J〕，文物，1990，11：65～67，中國青銅器全集編輯委員會，中國青銅器全集‧東周5〔M〕，北京：文物出版社，1997：162。

〔註 651〕安徽省文物工作隊，安徽舒城九里墩春秋墓〔J〕，考古學報，1982，2：239。

〔註 652〕安徽省文物工作隊，繁昌縣文化館，安徽繁昌出土一批春秋青銅器〔J〕，文物，1982，12：47～50。

〔註 653〕安徽大學，安徽省文物考古研究所，皖南商周青銅器〔M〕，北京：文物出版社，2006：200。

〔註 654〕安徽大學，安徽省文物考古研究所，皖南商周青銅器〔M〕，北京：文物出版社，2006：96～97。

〔註 655〕安徽大學，安徽省文物考古研究所，皖南商周青銅器〔M〕，北京：文物出版社，2006：100～101。

〔註 656〕安徽省文物工作隊，繁昌縣文化館，安徽繁昌出土一批春秋青銅器〔J〕，文物，1982，12：47～50。

圖 2-157　徐舒系寫實動物

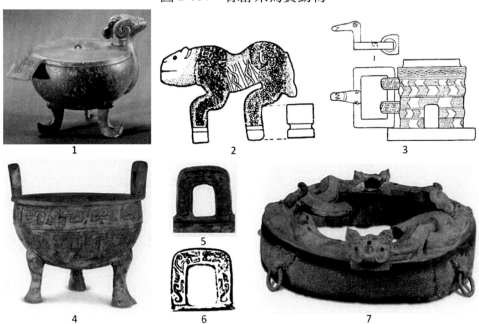

1.壽縣肖嚴湖羊首鼎　2.九里墩春秋豬形器鈕　3.銅陵市區鳥蓋龍耳盉
4～6.青陽汪村蟠蛇紋盤　7.九里墩龍虎紋鼓座

圖 2-158　徐舒系魚、鳥造型

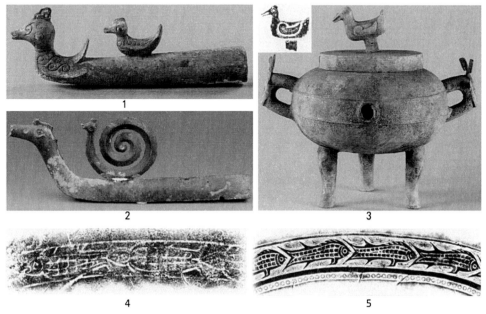

1.繁昌 F12 鳥形飾　2.銅陵縣朝山村鳥形飾件　3.銅陵市區鳥蓋龍耳盉
4.青陽汪村蟠蛇紋盤魚紋　5.繁昌 F10 龍紋盤魚紋

2.6.5　徐舒青銅器動物紋樣特徵

春秋時期，徐舒地區青銅文化面貌呈現複合化的趨勢，在青銅器動物紋樣分析基礎上，可將該區域的動物紋飾、造型分成兩組：

1. 徐舒特色紋飾、造型

大口龍、類「Y」形角龍及其裝飾的龍耳尊、犧首鼎、獸面耳具有濃厚地域特色的紋飾、造型。

犧首鼎流行的年代在西周晚期至春秋早期，分布區域集中在江淮地區，有學者已經指出，「犧首鼎的形態應來自犧尊、匜形鼎、龍鋬匜和附耳鼎要素的組合，是中原地區、淮河上游、沂沭河流域文化因素與江淮本土傳統的融合與創新」〔註657〕。

龍耳尊的流行年代在西周晚期至春秋早期，分布區域集中在江淮地區，其他地區未發現。龍耳尊的形制應是大口尊、本土創新大口龍附耳兩要素的組合；宿州平山龍耳尊在大口龍龍耳尊基礎上，融合了山東南部地區裸人形足等文化因素。

獸面耳在小口罐形鼎和鳥蓋盉上發現，年代在西周晚期至春秋早期，分布區域集中在皖南地區，其他區域未發現。鳥蓋獸耳盉獸面的角形制與犧首鼎的角形相似，兩者應是摹寫同一種動物，根據中原地區的考古發現，所謂獸面耳很有可能是龍耳。

2. 融合型紋飾、造型

「S」形角龍、大口龍、瓶角龍、翼龍等融合型紋飾、造型。大口龍所裝飾的器物有舒城河口鎮曲柄盉、天長譚井燕尾鋬匜、宣城正興村龍紋鐃等，徐舒地區此類紋飾的年代集中在西周晚期至春秋早期。這類紋飾由山東地區傳播至江淮乃至皖南地區，其淵源應來自中原地區〔註658〕。其所裝飾的器物如曲柄盉、燕尾鋬匜、銅鐃等均屬本土特色器物，反映了兩者的融合、創新。

徐舒地區發現的瓶角龍形鋬銅匜，應是受中原地區影響、並且本土化的結果。瓶角龍在春秋早期以後，幾近消失，而徐舒地區瓶角龍在春秋中晚期的蚌埠雙堆 M1 銅盉還能發現。徐舒地區龍形鋬與中原地區龍形鋬形制略有區別，不同之處在於吻部，北方地區龍吻部大多上卷，而此區域發現的龍形鋬龍的吻

〔註657〕張愛冰，群舒文化研究〔M〕，上海：上海古籍出版社，2018：73。
〔註658〕王慶光，與汶泗沂沭流域的比較研究〔A〕，張愛冰，群舒文化研究〔M〕，上海：上海古籍出版社，2018：250～251。

部為扁平狀或圓形，僅在平面上表現出上卷狀。

　　翼龍僅在蚌埠雙堆 M1 銅罍發現。龍身兩側帶翼是春秋中期最早在三晉兩周地區興起的一種新的造型，即流行全國；另外，蚌埠雙堆 M1 銅罍附耳龍角裝飾繁縟，這也是春秋中晚期流行的裝飾轉型之風的體現；但蚌埠雙堆 M1 銅罍的造型獨特，是本地特色器物。

　　通過對徐舒地區動物紋飾、圖像和造型的分析，可見這樣一個過程：西周晚期至春秋早期，在中原、山東等區域文化影響下，在本地傳統基礎上，創造出犧首鼎、龍耳尊等特色器物，並能把大口龍、瓶角龍等紋飾、造型融合，形成自己本區域的文化特點；到春秋晚期，幾乎很難見到徐舒地區特色紋飾、造型，受到吳越、楚等文化全面影響。

2.7.　吳越系青銅器動物紋樣

　　吳越地區是中華文明的重要起源地之一，是中國東部長江下游的古代文明中心，吳越文化是多元一體的中華文化的重要組成部分。

　　吳越文化是東周時期長江下游的一種考古學文化，也就是古代吳越民族所創造的一種有自身特徵的文化遺存。吳越地區是指長江下游地區，相當於今天的江蘇、浙江兩省和上海市，還包括了安徽南部和江西東北部，長江、太湖、錢塘江和黃海、東海將吳、越連成一片。

　　春秋時代，長江下游崛起吳越兩個強國。吳國為周族姬姓的諸侯國，傳為周太王古公亶父子太伯、仲雍南奔荊蠻所創建，周武王封其後裔周章為吳君。春秋時期傳至第十九世壽夢時始稱王，國勢逐漸強大。「西破強楚，北威齊晉，南服越人」〔註659〕，雄霸東南，逐鹿中原。

　　越國是夏王少康的苗裔，為姒姓。越人自稱「於越」。《史記·越王句踐世家》記載了越王句踐稱王以前的諸世系，春秋時期，越國日益強大，《國語·越語》記載：「句踐之地，南至於句無，北至於御兒，東至於鄞，西至於姑蔑，廣運百里。」吳越兩國之間進行長期的兼併戰爭，並北上與齊晉諸侯會盟，成為中原的霸主而聞名於世。

　　公元前 473 年，越滅吳。進入戰國時期，越國國勢漸衰，公元前 334 年越國為楚國所滅。

〔註659〕　（漢）司馬遷，史記·伍子胥列傳〔M〕，北京：中華書局，1963：2177。

2.7.1 龍

2.7.1.1 長卷角龍

盱眙西漢江都王墓越國鳥蟲書淳于[註660]，頂蓋為帶鈕圓盤，盤內淺浮雕滿飾對稱四龍（圖 2-159：1），曲身成「S」形，昂首吐舌，揚鬃卷尾，龍爪前舉後踞，身飾重環紋。淳于肩部兩道寬弦紋組成紋飾帶，飾勾連龍紋（圖 2-159：2）。

圖 2-159　吳越系長卷角龍

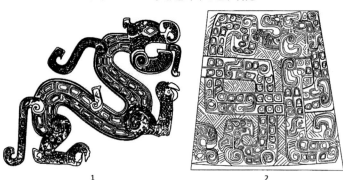

1、2.盱眙西漢江都王墓越國鳥蟲書淳于龍紋

2.7.1.2 螺角龍

上海博物館藏吳王夫差鑒[註661]（圖 2-160），傳河南輝縣出土，鑒腹兩側設獸首耳（似龍），頸腹前後各置一錐角龍，攀附於外壁，如噬住鑒口，作探水狀，尾部上卷；腹部飾繁密的羽翅紋；銘文「攻吳王夫差擇厥吉金，自作御監（鑑）」。

圖 2-160　吳王夫差鑒

1　　　　　　2　　　　　3

〔註660〕曹錦炎，李則斌，江蘇盱眙西漢江都王墓出土越國鳥蟲書淳于〔J〕，文物，2016，11：51～58。

〔註661〕陳佩芬，夏商周青銅器研究·東周篇上〔M〕，上海：上海古籍出版社，2004：208～209。

上海博物館藏吳王夫差盉[註662]（圖2-161：1），盉的腹部呈扁圓形，以短曲狀的龍頭為流，龍有圓錐形尖額角，圜底下置三個獸蹄形的足，口沿處鑄銘「吳王夫差吳金鑄女子之器吉」。丹徒諫壁出土銅罍[註663]（圖2-161：3），平底下三個短蹄足，肩部有一對回首龍形雙耳、龍螺角，耳套葫蘆形環，腹部滿飾繩絡紋，內填纖細的蟠螭紋。丹徒諫壁王家山提梁盉[註664]（圖2-161：2），龍首狀流，提梁上鑄凸起龍首、扉棱、龍尾，龍首螺角。固始侯古堆 M1P：44 銅盉[註665]（圖2-161：4），流作龍首，龍螺角。

圖2-161　吳越系螺角龍

1.上海博物館藏吳王夫差盉　2.丹徒諫壁王家山提梁盉
3.丹徒諫壁銅罍　4.固始侯古堆 M1P 銅盉

[註662] 陳佩芬，吳王夫差盉〔A〕，上海博物館，上海博物館集刊（第七期），上海：上海書畫出版社，1996：18～22，侯寧彬，水鄉澤國——東周時期吳越兩國歷史文化展〔M〕，西安：西北大學出版社，2016：18～19。

[註663] 鎮江市博物館，江蘇丹徒出土東周銅器〔J〕，考古，1981，5：409～410，楊正宏，肖夢龍，鎮江出土吳國青銅器〔M〕，北京：文物出版社，2008：117～118。

[註664] 楊正宏，肖夢龍，鎮江出土吳國青銅器〔M〕，北京：文物出版社，2008：125。

[註665] 河南省文物考古研究所，固始侯古堆一號墓〔M〕，鄭州：大象出版社，2004：36，44。

2.7.2　蛇

　　紹興 M306 蟠蛇紋盉〔註666〕（圖 2-162：1），蓋面中央飾八條蟠蛇紋，蛇蟠曲呈雙「8」字形（圖 2-162：2、3）；此種形制的盉多見於江淮流域，器多樸素無紋。盱眙西漢江都王墓越國鳥蟲書淳于〔註667〕，隧部雙面飾長方形紋飾，中間飾雙圈表示璧，四周為交連四蛇環繞（圖 2-162：4）；口部以雙寬弦紋組成紋飾帶，飾連續變形蛇紋（圖 2-162：5）。浙江省博物館藏吳王之子銅帶鉤〔註668〕（圖 2-162：6），鉤首作蛇形，以細陰線刻出細部，後接圓盤，內飾蜷身雙蛇紋。

　　浙江省博物館藏越王州句錯金銅劍〔註669〕，劍出土時附完整的鞘與匣，鞘上朱繪神人操蛇（圖 2-162：7）。

圖 2-162　吳越系蛇紋樣

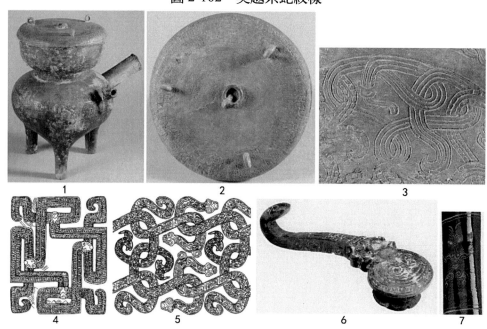

1～3.紹興 M306 蟠蛇紋盉　4、5.盱眙江都王墓越國鳥蟲書淳于
6.吳王之子銅帶鉤　7.越王州句錯金銅劍鞘

〔註666〕浙江省文物管理委員會，浙江省文物考古所，紹興 306 號戰國墓發掘簡報〔J〕，文物，1984，1：13，14，21。

〔註667〕曹錦炎，李則斌，江蘇盱眙西漢江都王墓出土越國鳥蟲書淳于〔J〕，文物，2016，11：51～58。

〔註668〕浙江省博物館，越地範金〔M〕，杭州：浙江古籍出版社，2009：57。

〔註669〕浙江省博物館，越地範金〔M〕，杭州：浙江古籍出版社，2009：71。

2.7.3　虎

南京博物院藏銅淳于[註670]（圖 2-163：1），圓筒形，有虎形鈕（圖 2-163：2）。丹徒北山頂春秋墓銅淳于[註671]（圖 2-163：3），器身作橢圓筩形，虎鈕（圖 2-163：4），虎身飾波折紋，腿上卷毛作漩渦狀，長尾上卷。紹興 M306 銅盉[註672]（圖 2-163：6），盉蓋外緣有一立虎（圖 2-163：5）。

圖 2-163　吳越系虎造型

1、2.南京博物院藏銅淳于　3、4.丹徒北山頂春秋墓銅淳于
5、6.紹興 M306 銅盉　7.丹徒諫壁王家山銅虎子

丹徒諫壁王家山銅虎子[註673]（圖 2-163：7），形似伏虎而無頭，器身鑄出蜷曲狀獸足。

〔註670〕侯寧彬，水鄉澤國——東周時期吳越兩國歷史文化展〔M〕，西安：西北大學出版社，2016：114～115。

〔註671〕江蘇省丹徒考古隊，江蘇丹徒北山頂春秋墓發掘報告〔J〕，東南文化，1988，3、4：31，楊正宏，肖夢龍，鎮江出土吳國青銅器〔M〕，北京：文物出版社，2008：142～143。

〔註672〕浙江省文物管理委員會，浙江省文物考古所，紹興 306 號戰國墓發掘簡報〔J〕，文物，1984，1：14～15。

〔註673〕楊正宏，肖夢龍，鎮江出土吳國青銅器〔M〕，北京：文物出版社，2008：124。

2.7.4　鳥

　　丹徒北山頂春秋墓銅鳩杖〔註674〕（圖2-164：1），杖首頂端立一鳩鳥（圖2-164：2），身飾羽紋。紹興中莊銅鳩杖〔註675〕（圖2-164：3），杖首頂端立一鳩鳥（圖2-164：4），短喙，昂首，寬扁尾翹起，雙翅展開，滿身飾羽紋。

圖2-164　吳越系鳥造型

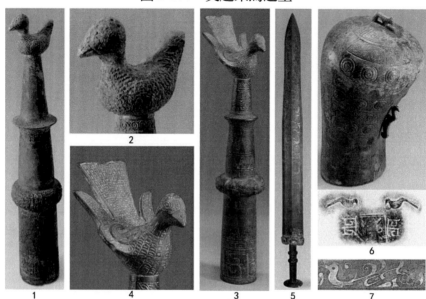

1、2.丹徒北山頂春秋墓銅鳩杖　3、4.紹興中莊銅鳩杖　5、7.丹陽市博物館藏暗花鳥紋劍　6.丹徒諫壁王家山人面紋弧腰淳于

　　丹陽市博物館藏暗花鳥紋劍〔註676〕（圖2-164：5），劍從各飾有6隻暗花鳥紋（圖2-164：7）。丹徒諫壁王家山人面紋弧腰淳于〔註677〕（圖2-164：6），正面飾浮雕人面紋和獸形扉棱，分列螺旋紋、變體雲紋、鳥紋等。

　　紹興M306青銅房屋模型〔註678〕（圖2-165：1），頂心立一圖騰柱，柱上

〔註674〕江蘇省丹徒考古隊，江蘇丹徒北山頂春秋墓發掘報告〔J〕，東南文化，1988，3、4：36，楊正宏，肖夢龍，鎮江出土吳國青銅器〔M〕，北京：文物出版社，2008：152。

〔註675〕中國青銅器全集編輯委員會，中國青銅器全集‧東周5〔M〕，北京：文物出版社，1997：76。

〔註676〕楊正宏，肖夢龍，鎮江出土吳國青銅器〔M〕，北京：文物出版社，2008：193。

〔註677〕楊正宏，肖夢龍，鎮江出土吳國青銅器〔M〕，北京：文物出版社，2008：122～123。

〔註678〕浙江省文物管理委員會，浙江省文物考古所，紹興306號戰國墓發掘簡報〔J〕，文物，1984，1：16，24。

矗立一鳩鳥。固始侯古堆 M1：3 銅盒〔註679〕（圖 2-165：2），蓋頂中央有一鳥形小握手。

圖 2-165　紹興 M306 銅房屋模型與固始侯古堆銅盒

1　　　　　　　　　　　　　　　　　2

2.7.5　吳越系青銅器動物紋樣特徵

吳王夫差鑒、上海博物館藏吳王夫差盉、固始侯古堆銅盉、諫壁王家山銅盉等均是吳越系典型器，一個重要特點是裝飾有螺角龍，螺角龍在春秋晚期的三晉兩周、齊魯等地已近銷聲匿跡，其形制與早期中原地區螺角龍造型不同，應是對早期青銅器的仿造。劉彬徽認為「吳越文化力求以華夏文化去改造、融合蠻夷文化」〔註680〕。

青銅鳩杖裝飾的紋樣，在江南土墩墓出土的青銅器上較為常見〔註681〕，鳩鳥的造型與紹興 306 號墓青銅房屋模型鳩柱上矗立的鳩鳥具有相同的風格，青銅鳩杖與鳩鳥的地域和時代風格特徵明顯；春秋晚期，吳越兩國冶鑄青銅兵器遠超中原諸國，青銅兵器中尤以青銅劍最為著名，丹陽市博物館藏暗花鳥紋劍，裝飾鳥紋，均屬於春秋晚期至戰國早期具有吳越特色的動物紋樣。

〔註679〕河南省文物考古研究所，固始侯古堆一號墓〔M〕，鄭州：大象出版社，2004：47，53。

〔註680〕劉彬徽，吳越地區東周銅器與徐楚銅器比較研究〔A〕，馬承源，吳越地區青銅器研究論文集〔C〕，香港：兩木出版社，1998：193～204。

〔註681〕馬承源，長江下游土墩墓出土青銅器研究〔A〕，馬承源，中國青銅器研究〔M〕，上海：上海古籍出版社，2002：451～464。

2.8　巴蜀系青銅器動物紋樣

　　巴與蜀既是地域名稱，亦是民族名稱，秦代，以成都和重慶為中心分別設立蜀郡和巴郡（圖 2-166）。20 世紀 40 年代，該地出土了一批地域特色鮮明的青銅器（釜、劍、鉞、矛），將其命名為巴蜀文化。現有的考古材料證明，巴與蜀是四川在先秦時期最重要的兩個國家，蜀以成都平原為核心，巴主要以渝東峽江和川東地區為核心。

圖 2-166　巴蜀形勢圖

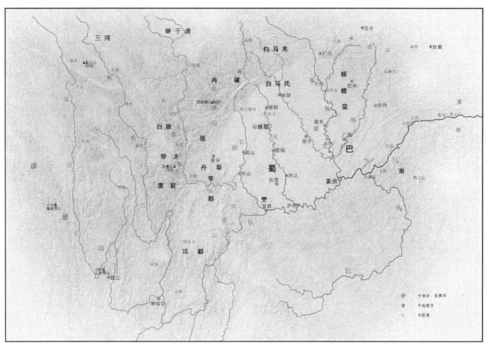

　　巴蜀青銅器的發展，大致可分為六個階段〔註682〕。第一階段：商代早期，是巴蜀青銅器的誕生期；第二階段：商代中晚期，是以三星堆為代表的前期巴蜀青銅藝術鼎盛期；第三階段：西周時期，是巴蜀青銅器的完善期；第四階段：春秋晚期到戰國早中期，是後期巴蜀銅器的形成期；第五階段：戰國晚期，從秦並巴蜀前後到秦統一全國之前，是晚期巴蜀青銅器的擴展期；第六階段：秦代到西漢前期，是巴蜀青銅器的衰變期。前三個階段為巴蜀青銅時代前期，後三個階段為巴蜀青銅時代後期。

〔註682〕趙殿增，巴蜀青銅器概論〔A〕，中國青銅器全集編輯委員會，中國青銅器全集・巴蜀〔M〕，北京：文物出版社，1994：3～8。

　　春秋戰國時期，巴蜀青銅器發生了較大的變化，出現了一些新的典型器物，包括以鍪、釜甑為代表的容器和組合完整的各式兵器、工具、巴蜀式印章等。銅尊等大型禮器基本消失，銅罍形制發生較大變化。銅鼎開始出現，但數量不多，埋存形式也從商周時代的祭祀坑、窖藏演變為以墓葬為主，包括了船棺葬、木槨墓、土坑墓等形式。巴蜀青銅器的發展進入了「晚期巴蜀文化階段」。

　　對東周時期巴蜀文化青銅器的研究，始於上世紀五十年代巴縣冬筍壩和昭化寶輪院發掘船棺葬〔註683〕後，柳葉形劍、煙荷包式鉞、大三角形戈等兵器；飾辮索紋耳釜、鍪等容器；青銅器上的圖像符號，是巴蜀器物的典型特徵。孫華〔註684〕對巴蜀文化銅器的發現與研究、種類與特徵、年代與分期等問題進行了概括性論述，為認識東周時期巴蜀青銅器的面貌、年代序列的建立奠定了基礎。

2.8.1　龍

2.8.1.1　瓶角龍

瓶角龍造型均發現於銅罍肩部耳飾。

圖 2-167　巴蜀系瓶角龍

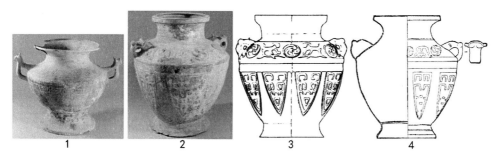

1.茂縣牟托村 M1 銅罍　2.茂縣牟托村 K3 銅罍　3.成都三洞橋青羊小區銅罍
4.新都戰國木槨墓銅罍

　　茂縣牟托村 M1：A 銅罍〔註685〕（圖 2-167：1），肩部飾夔龍紋、瓦紋，

〔註683〕馮漢驥，四川古代的船棺葬〔J〕，考古學報，1958，2。
〔註684〕孫華，四川先秦青銅器概說〔A〕，孫華，四川盆地的青銅時代〔C〕，北京：科學出版社，2000。
〔註685〕茂縣羌族博物館，阿壩藏族羌族自治州文物管理所，四川茂縣牟托一號石棺墓及陪葬坑清理簡報〔J〕，文物，1994，3：8，12。

腹部飾三角形夔龍紋，肩部有二對稱龍耳。茂縣牟托村 K3：6 銅罍〔註686〕（圖 2-167：2），肩飾六圓渦紋，腹飾夔龍紋，肩有對稱龍耳。成都三洞橋青羊小區銅罍〔註687〕（圖 2-167：3），肩飾圓渦紋，腹飾三角形蟬紋，肩飾兩龍形環鈕。新都戰國木槨墓銅罍〔註688〕（圖 2-167：4），肩有龍形環耳，耳的兩側飾漩渦紋，腹上部飾蟬紋。

圖 2-168　彭縣竹瓦街銅罍及相關

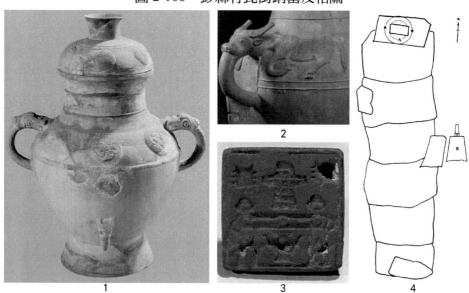

1.1959 年彭縣竹瓦街渦紋罍　2.1980 年窖藏 1 號銅罍　3.新都戰國木槨墓巴蜀圖章
4.茂縣牟托一號墓的石棺頂部

　　關於銅罍環耳的名稱不一，有「象鼻龍形耳」、「牛頭形耳」等；彭縣竹瓦街發現的西周時期銅罍〔註689〕，角的形制略有不同，但耳均為龍形，如 1959 年彭縣竹瓦街渦紋罍（圖 2-168：1）；1980 年窖藏 1 號銅罍，耳形制為一頭雙身（圖 2-168：2），一為牛身、一為龍身，稱「牛頭形耳」可能受此影響。茂縣牟托村等地發現的銅罍，耳均有小凸起，應是瓶角形龍。

〔註686〕茂縣羌族博物館，阿壩藏族羌族自治州文物管理所，四川茂縣牟托一號石棺墓及陪葬坑清理簡報〔J〕，文物，1994，3：27，30。

〔註687〕成都市文物管理處，成都三洞橋青羊小區戰國墓〔J〕，文物，1989，5：33，35。

〔註688〕四川省博物館，新都縣文物管理所，四川新都戰國木槨墓〔J〕，文物，1981，6：8，14。

〔註689〕王家祐，記四川彭縣竹瓦街出土的銅器〔J〕，文物，1961，11：28～31，四川省博物館，彭縣文化館，四川彭縣西周窖藏銅器〔J〕，考古，1981，6：496～499。

　　茂縣牟托一號墓的石棺頂部放置 1 件銅罍，頂部左側放置 1 件甬鐘（圖
2-168：4），這種擺放方式亦見於新都戰國木槨墓巴蜀圖章〔註690〕（圖 2-168：
3），下部兩側各立一人，伸手相握，手下置一罍，圖形兩側又各有一口向上的
鐘。有學者認為新都戰國木槨墓有可能是蜀王墓，可見罍是蜀人的重器，是蜀
人禮樂文化的最重要象徵。

2.8.1.2　長卷角龍

　　長卷角龍，「V」形口。

　　是否有翼，可分為兩型：

　　a型　長卷角。

　　成都中醫學院〔註691〕三件銅戈飾有龍紋，14 號戈，援本飾淺浮雕虎紋（圖
2-169：1），虎嘴部有一小三角形穿；13 號戈，援本飾龍紋（圖 2-169：2）；10
號戈，援中部有一圓穿，圍繞圓穿飾一龍紋（圖 2-169：3）。

圖 2-169　巴蜀系長卷角龍紋樣

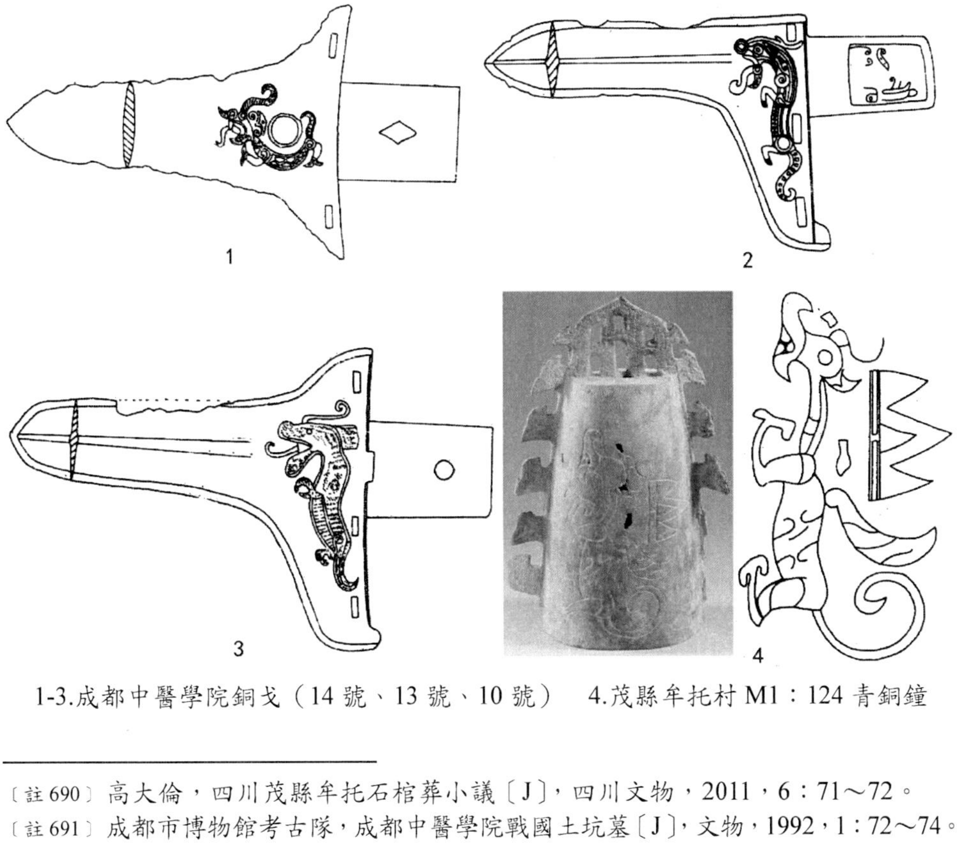

1-3.成都中醫學院銅戈（14 號、13 號、10 號）　　4.茂縣牟托村 M1：124 青銅鐘

〔註690〕高大倫，四川茂縣牟托石棺葬小議〔J〕，四川文物，2011，6：71～72。
〔註691〕成都市博物館考古隊，成都中醫學院戰國土坑墓〔J〕，文物，1992，1：72～74。

b型，長卷角，有翼。

茂縣牟托村 M1：124 青銅鐘（圖 2-169：4），發掘報告稱之為「翼龍星宿紋鐘」，鐘的一面陰刻四瓣花紋、十字紋、星紋以及圓渦紋，另一面陰刻「翼龍」，「翼龍」上方刻「山」形圖案，此「翼龍」上鄂向上翹起，有彎耳，頭頂部似長有彎角，脖頸較長，身體為獸類，尾巴向上捲起似獸尾，身軀上有四道漩渦紋，四足彎曲呈直角。

2.8.1.3　蜥蜴形龍

立體蜥蜴形龍。

渠縣城壩遺址銅龍〔註692〕（圖 2-170：1），似蜥蜴，顧首、四足、長尾，身飾斑點紋。

平面蜥蜴形龍。

重慶雲陽李家壩 99ⅡM24：5 銅帶鉤〔註693〕（圖 2-170：3），鉤尾呈半圓形，鉤尾正面陰刻二蜥蜴形龍紋。什邡城關 M90-1：6 銅矛〔註694〕（圖 2-170：5），骹一面鑄龍頭及前軀，龍身繞骹側向上，至骹部另一面伸展其下肢及卷狀長尾，尾尖伸至近葉部。彭縣博物館藏彭縣致和鄉出土銅寬葉矛〔註695〕（圖 2-170：4），骹兩面飾淺浮雕蜥蜴形龍，龍頭向矛鋒。成都三洞橋青羊小區戰國墓銅矛〔註696〕（圖 2-170：6），柳葉形，骹身飾龍紋，龍紋的頭和前半身在一側。茂縣牟托村 K1：12 銅戈〔註697〕（圖 2-170：2），戈援兩面皆鑄回首曲身蜥蜴形龍，蜥蜴形龍尾成為援上的中脊。

〔註692〕侯寧彬，尋巴——消失的巴國〔M〕，西安：西北大學出版社，2016：161。

〔註693〕四川大學考古學系，重慶市雲陽縣文物管理所，重慶雲陽李家壩巴文化墓地 1999 年度發掘簡報〔A〕，四川大學博物館，四川大學考古學系，南方民族考古（第七輯）〔C〕，北京：科學出版社，2011：461，465，475，侯寧彬，尋巴——消失的巴國〔M〕，西安：西北大學出版社，2016：80。

〔註694〕四川省文物考古研究院，德陽市文物考古研究所，什邡市博物館，什邡城關戰國秦漢墓〔M〕，北京：文物出版社，2006：113，115，118。

〔註695〕中國青銅器全集編輯委員會，中國青銅器全集·巴蜀〔M〕，北京：文物出版社，1994：138。

〔註696〕成都市文物管理處，成都三洞橋青羊小區戰國墓〔J〕，文物，1989，5：31～35。

〔註697〕茂縣羌族博物館，阿壩藏族羌族自治州文物管理所，四川茂縣牟托一號石棺墓及陪葬坑清理簡報〔J〕，文物，1994，3：23，33。

圖 2-170　巴蜀系蜥蜴龍紋樣

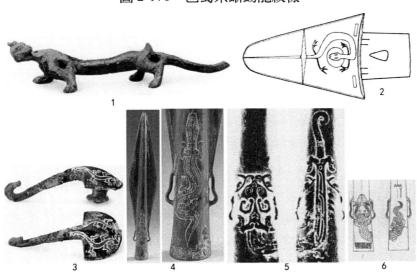

1.渠縣城壩遺址銅龍　2.茂縣牟托村 K1 銅戈　3.雲陽李家壩 99 II M24 銅帶鉤
4.彭縣致和鄉銅寬葉矛　5.什邡城關 M90-1 銅矛　6.成都青羊小區戰國墓銅矛

2.8.2　神人操蛇

　　成都撫琴小區出土人形紋長援戈〔註698〕（圖 2-171：1），其描述為「三角形援，中起脊，本部一大圓穿，近闌處二條形穿，飾人形紋與圓圈紋，近闌處有三角形穿，飾房屋人物圖案」（圖 2-171：2、3）。本部和內部飾人形無誤，人形雙目顯著、頭生雙角，仔細對比發現，兩處紋飾相似，本部為一人兩手各操持一動物，內部略有變化，中間為兩人合操持一動物，此動物三角形首、有角、體軀較長，應是蛇。

　　上海博物館藏「珥蛇、踐蛇」肖形印〔註699〕（圖 2-171：4、5），印為戰國時代，銅質、方形、印體較薄、印鈕極小，印面圖像為一神人，頭生兩角，身似有雙翼，兩耳有蛇，足踐兩蛇。頭生雙角形象、姿態與撫琴小區出土長援戈人形紋相似；戰國前後的巴蜀墓葬之中，多有印章出土，印文多為巴蜀符號和圖案，是巴蜀青銅器的一個重要組成部分〔註700〕；因此，此印應屬於巴蜀式。

〔註698〕中國青銅器全集編輯委員會，中國青銅器全集·巴蜀〔M〕，北京：文物出版社，1994：130。

〔註699〕轉引自朱存明、董良敏：《肖形印「神人操蛇」圖像的產生及演變》，《中國美術研究》2012 年 1、2 期。第 32-48 頁。

〔註700〕趙殿增，巴蜀青銅器概論〔A〕，中國青銅器全集編輯委員會，中國青銅器全集·巴蜀〔M〕，北京：文物出版社，1994：19。

　　荊門「兵避太歲」戈〔註701〕（圖2-171：6），是一正立的人形，頭戴中間有牌飾的羽冠，兩耳珥蛇；右手持雙頭細身動物，左手握龍；此戈也應是巴蜀器。

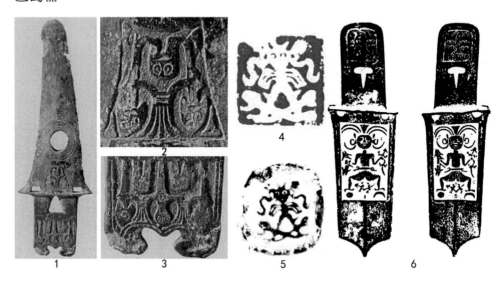

圖2-171　巴蜀系神人操蛇紋樣

1～3.成都撫琴小區人形紋長援戈　4、5.上海博物館藏肖形印　6.荊門「兵避太歲」戈

2.8.3　虎

　　虎可分為立體虎和平面虎造型。

　　圓雕虎

　　涪陵小田溪 M2：20 銅淳于〔註702〕（圖 2-172：1），中有虎鈕（圖 2-172：2），虎仰頭張嘴，倨牙翹尾，虎身飾斑紋。涪陵小田溪 M12：36 銅淳于〔註703〕（圖 2-172：4），頂部正中有一張口呲牙的虎形鈕，虎鈕周圍刻畫有人面、卷雲、魚、鳳鳥等。彭山同樂銅淳于〔註704〕（圖 2-172：3），虎鈕，虎身飾虎斑紋。

〔註701〕王毓彤：《荊門出土一件銅戈》，《文物》1963 年 1 期，第 64~65 頁。

〔註702〕四川省博物館，重慶市博物館，涪陵縣文化館，四川涪陵地區小田溪戰國土坑墓清理簡報〔J〕，文物，1974，5：65～66，73。

〔註703〕重慶市文化遺產研究院等：《重慶涪陵小田溪墓群 M12 發掘簡報》，《文物》2016 年 9 期。第 4-27 頁。

〔註704〕中國青銅器全集編輯委員會，中國青銅器全集·巴蜀〔M〕，北京：文物出版社，1994：170。

圖 2-172　巴蜀系立體虎造型

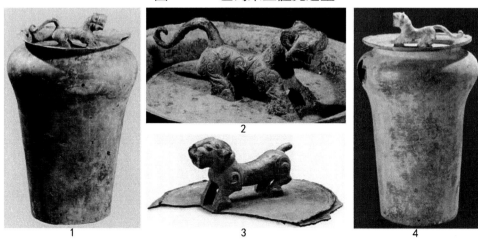

1、2.涪陵小田溪 M2 銅淳于　3.彭山同樂銅淳于　4.涪陵小田溪 M12 銅淳于

平面虎紋可分為奔虎、虎噬鹿紋、翼虎、虎頭四型。

奔虎。

Ｉ式，虎頭較大，虎身細長。

宣漢羅家壩 M33：100 銅戈〔註705〕，援本飾有虎紋（圖 2-173：2）。郫縣紅光公社虎紋戈〔註706〕，虎張口，口中有一圓穿，虎身為陰紋（圖 2-173：3）。綿竹船棺墓〔註707〕M1：119 虎紋戈（圖 2-173：4）。峨眉出土銅戈〔註708〕（圖 2-173：5），援上有虎紋。

Ⅱ式，虎頭變小，虎身細長。

榮經南羅壩村 M10：24 銅戈〔註709〕，援末及胡上鑄有相同的紋飾，為側身虎紋（圖 2-173：6），頭碩大，張口吐舌，長尾上卷，半圓形爪，耳豎立以固定柲。什邡城關 M1：26 銅矛〔註710〕，骹部兩面均鑄有高浮雕虎紋（圖 2-

〔註705〕四川省文物考古研究院，達州市文物管理所，宣漢縣文物管理所，宣漢羅家壩〔M〕，北京：文物出版社，2015：154～157。

〔註706〕李復華，四川郫縣紅光公社出土戰國銅器〔J〕，文物，1976，10：90～93，中國青銅器全集編輯委員會，中國青銅器全集・巴蜀〔M〕，北京：文物出版社，1994：130。

〔註707〕王有鵬，四川綿竹縣船棺墓〔J〕，文物，1987，10：29～32。

〔註708〕陳黎清，四川峨眉縣出土一批戰國青銅器〔J〕，考古，1986，11：982～986。

〔註709〕榮經嚴道古城遺址博物館，四川榮經南羅壩村戰國墓〔J〕，考古學報，1994，3：389～390。

〔註710〕四川省文物考古研究院，德陽市文物考古研究所，什邡市博物館，什邡城關戰國秦漢墓〔M〕，北京：文物出版社，2006：26～27。

173：7）。

　　什邡城關 M10：9 銅矛〔註711〕，骹口部飾高浮雕臥虎（圖 2-173：8）。

　　什邡城關 M16：7 銅劍〔註712〕，劍身飾奔虎及巴蜀符號構成的組合圖案（圖 2-173：9）。

　　什邡城關 M39：4 銅矛〔註713〕，骹上部飾高浮雕「虎噬鹿」圖案，由一張口追逐撕咬的奔虎和一受驚狂奔的回頭小鹿構成，虎口已咬住鹿臀（圖 2-173：1）。

　　翼虎　虎背上有似翼裝飾。

　　什邡城關 M38：22 銅矛〔註714〕，骹部飾高浮雕奔虎（圖 2-174：1），虎似有翼。什邡城關 M2：3 銅矛〔註715〕，骹部飾高浮雕虎紋（圖 2-174：2），虎似有翼。什邡城關 M63：2 銅矛〔註716〕，骹部鑄有「手」紋及仰天長嘯臥虎圖案（圖 2-174：3），虎身似有「Y」形翼。

　　四川省博物館藏廣漢徵集虎紋鉦〔註717〕，陰刻一張牙舞爪的猛虎（圖 2-174：4），虎尾上卷，虎背上方飾三星，星下飾四葉紋及巴蜀符號；此鉦年代原定為西周，涪陵小田溪 M2：16 王紋鉦〔註718〕形制與之相似，渠縣城壩遺址出土戰國銅鉦〔註719〕虎紋（圖 2-174：5），亦與之相似，因此，廣漢虎紋鉦的年代也應為戰國。

〔註711〕四川省文物考古研究院，德陽市文物考古研究所，什邡市博物館，什邡城關戰國秦漢墓〔M〕，北京：文物出版社，2006：242，244，247。

〔註712〕四川省文物考古研究院，德陽市文物考古研究所，什邡市博物館，什邡城關戰國秦漢墓〔M〕，北京：文物出版社，2006：150。

〔註713〕四川省文物考古研究院，德陽市文物考古研究所，什邡市博物館，什邡城關戰國秦漢墓〔M〕，北京：文物出版社，2006：161。

〔註714〕四川省文物考古研究院，德陽市文物考古研究所，什邡市博物館，什邡城關戰國秦漢墓〔M〕，北京：文物出版社，2006：156～158。

〔註715〕四川省文物考古研究院，德陽市文物考古研究所，什邡市博物館，什邡城關戰國秦漢墓〔M〕，北京：文物出版社，2006：76～78。

〔註716〕四川省文物考古研究院，德陽市文物考古研究所，什邡市博物館，什邡城關戰國秦漢墓〔M〕，北京：文物出版社，2006：92～93。

〔註717〕中國青銅器全集編輯委員會，中國青銅器全集・巴蜀〔M〕，北京：文物出版社，1994：171～172。

〔註718〕四川省博物館，重慶市博物館，涪陵縣文化館，四川涪陵地區小田溪戰國土坑墓清理簡報〔J〕，文物，1974，5：65，71。

〔註719〕侯寧彬，尋巴——消失的巴國〔M〕，西安：西北大學出版社，2016：157。

圖 2-173　巴蜀系虎紋樣

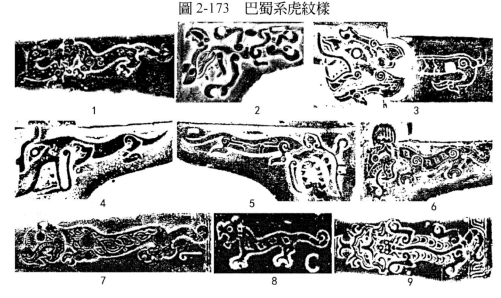

1.什邡城關 M39 銅矛　2.宣漢羅家壩 M33 銅戈　3.郫縣紅光公社虎紋戈　4.綿竹船棺墓 M1 虎紋戈　5.峨眉出土銅戈　6.滎經南羅壩村 M10 銅戈　7.什邡城關 M1 銅矛　8.什邡城關 M10 銅矛　9.什邡城關 M16 銅劍

虎噬鹿。

圖 2-174　巴蜀系翼虎紋樣

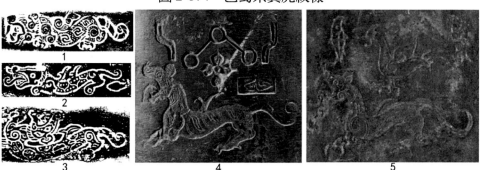

1.什邡城關 M38 銅矛　2.什邡城關 M2 銅矛　3.什邡城關 M63 銅矛
4、5.四川省博物館藏廣漢徵集虎紋鉦

虎頭。

Ⅰ式，寬扁式。

宣漢羅家壩 M33：102 銅戈〔註 720〕，近援本處的圓穿處周圍可見浮雕的

〔註 720〕四川省文物考古研究院，達州市文物管理所，宣漢縣文物管理所，宣漢羅家
　　　　壩〔M〕，北京：文物出版社，2015：148，152。

俯視的虎頭紋（圖2-175：3）。

II式，頭部縱長。

什邡城關 M38：17 銅矛〔註721〕，骹部兩面均鑄飾虎頭及「手」紋（圖2-175：1）。什邡城關 M68：1 銅矛〔註722〕，骹部兩面均鑄有虎頭紋（圖2-175：2）。

圖2-175　巴蜀系虎頭紋樣

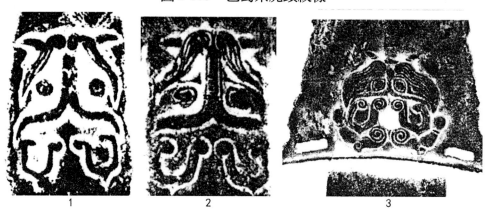

1.什邡城關 M38 銅矛　2.什邡城關 M68 銅矛　3.宣漢羅家壩 M33 銅戈

2.8.4　鳥

茂縣牟托村 M1：21 鳥形飾〔註723〕（圖2-176：1），頭頂高冠聳立，尖嘴向下彎曲，長尾、巨爪，鳥身羽飾皆為陰線。茂縣牟托村 M1：65 動物牌飾〔註724〕（圖2-176：2、3），若有柄扇形，牌飾如倒風字形，周邊飾小乳丁，頂上雕 8 隻相對而立的禽鳥；牌飾內分 3 層雕飾動物，依次為鹿、虎、蛇，每層動物間以同心圓泡為格。成都商業街船棺葬 12 號棺：7 鳥首角器〔註725〕（圖2-176：4），扁體弧形，兩頭為鳥首，身上有較密的刻槽。

〔註721〕四川省文物考古研究院，德陽市文物考古研究所，什邡市博物館，什邡城關戰國秦漢墓〔M〕，北京：文物出版社，2006：156～158。

〔註722〕四川省文物考古研究院，德陽市文物考古研究所，什邡市博物館，什邡城關戰國秦漢墓〔M〕，北京：文物出版社，2006：176～177。

〔註723〕茂縣羌族博物館，阿壩藏族羌族自治州文物管理所，四川茂縣牟托一號石棺墓及陪葬坑清理簡報〔J〕，文物，1994，3：19，24。

〔註724〕茂縣羌族博物館，阿壩藏族羌族自治州文物管理所，四川茂縣牟托一號石棺墓及陪葬坑清理簡報〔J〕，文物，1994，3：19，30。

〔註725〕成都文物考古研究所，成都商業街船棺葬〔M〕，北京：文物出版社，2009：123。

　　峨眉符溪銅戈〔註726〕，援上有鳥紋（圖2-176：5）。重慶市博物館藏鳥紋三角形戈〔註727〕（圖2-176：6、7），兩面鑄相同淺浮雕鳥紋，長方形內，中有一穿。

圖2-176　巴蜀系鳥紋樣

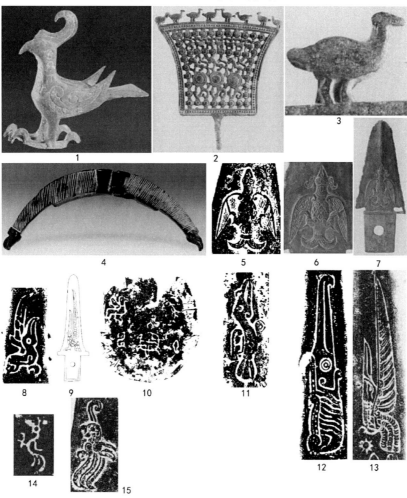

1、9.茂縣牟托村 M1 鳥形飾　2、3.茂縣牟托村 M1 動物牌飾　4.成都商業街船棺葬 12 號棺鳥首角器　5.峨眉符溪銅戈　6、7.重慶市博物館藏鳥紋三角形戈　8.綿竹船棺墓 M1 銅矛　10.成都三洞橋青羊小區戰國墓銅勺　11.滎經南羅壩村 M10 銅矛　12.宣漢羅家壩 M61 銅矛　13.雲陽李家壩 M15 鳥紋銅劍　14.什邡城關 M68 銅矛　15.什邡城關 M30 銅戈

〔註726〕陳黎清，四川峨眉縣出土一批戰國青銅器〔J〕，考古，1986，11：982～986。
〔註727〕中國青銅器全集編輯委員會，中國青銅器全集・巴蜀〔M〕，北京：文物出版社，1994：126。

綿竹船棺墓〔註728〕M1：87 銅矛，矛骹部飾鳥紋（圖 2-176：8）。成都三洞橋青羊小區戰國墓銅勺〔註729〕，勺內上方刻一鳥一魚（圖 2-176：10），下方中間刻一龜，龜的左右兩側有巴蜀符號。茂縣牟托村 M1：125 銅戈〔註730〕（圖 2-176：9），援部兩面皆飾一長喙展翅鳥紋，鳥頭上昂，喙長且直，翅展開，甚長大，短尾，形似鸛。滎經南羅壩村 M10：44 銅矛〔註731〕（圖 2-176：11），骹部至矛身中部一面飾鳥紋、手紋，另一面飾虎紋、花蒂紋。什邡城關 M68：1 銅矛〔註732〕，骹部一面鑄有鳥紋（圖 2-176：14）。什邡城關 M30：2 銅戈〔註733〕，近援本處兩面均鑄有高浮雕鳥紋（圖 2-176：15）。宣漢羅家壩 M61-2：2 銅矛〔註734〕，骹部兩面均鑄刻有紋飾，均為鳥紋（圖 2-176：12）、雲紋、太陽、花蒂等組成的複合紋飾。雲陽李家壩 M15：1 鳥紋銅劍〔註735〕，鑄有平面淺浮雕和陰線結合造型的鳥紋（圖 2-176：13），展翅較長。

2.8.5 蟬

什邡城關 M50：22 銅帶鉤〔註736〕（圖 2-177：1），展翼蟬形，蟬尾露出，蟬身前部及雙翼均由銀絲鑲嵌出勾連雲紋。什邡城關 M69：15 銅帶鉤〔註737〕（圖 2-177：2），蟬背飾有精美的卷雲紋及竊曲紋，雙目突出，面部飾細密的乳

〔註728〕王有鵬，四川綿竹縣船棺墓〔J〕，文物，1987，10：29～32。

〔註729〕成都市文物管理處，成都三洞橋青羊小區戰國墓〔J〕，文物，1989，5：31～35。

〔註730〕茂縣羌族博物館，阿壩藏族羌族自治州文物管理所，四川茂縣牟托一號石棺墓及陪葬坑清理簡報〔J〕，文物，1994，3：13，18。

〔註731〕滎經嚴道古城遺址博物館，四川滎經南羅壩村戰國墓〔J〕，考古學報，1994，3：389～390。

〔註732〕四川省文物考古研究院，德陽市文物考古研究所，什邡市博物館，什邡城關戰國秦漢墓〔M〕，北京：文物出版社，2006：176～177。

〔註733〕四川省文物考古研究院，德陽市文物考古研究所，什邡市博物館，什邡城關戰國秦漢墓〔M〕，北京：文物出版社，2006：66～67。

〔註734〕四川省文物考古研究院，達州市文物管理所，宣漢縣文物管理所，宣漢羅家壩〔M〕，北京：文物出版社，2015：265～266。

〔註735〕四川大學歷史文化學院考古系，雲陽縣文物管理所，雲陽李家壩東周墓地發掘報告〔A〕，重慶市文物局，重慶庫區考古報告集・1997 卷〔M〕，北京：科學出版社，2001：272～273，侯寧彬，尋巴——消失的巴國〔M〕，西安：西北大學出版社，2016：74。

〔註736〕四川省文物考古研究院，德陽市文物考古研究所，什邡市博物館，什邡城關戰國秦漢墓〔M〕，北京：文物出版社，2006：127，129～130。

〔註737〕四川省文物考古研究院，德陽市文物考古研究所，什邡市博物館，什邡城關戰國秦漢墓〔M〕，北京：文物出版社，2006。

釘紋。什邡城關 M14：1 銅矛〔註 738〕（圖 2-177：3），骹上部兩面均飾蟬紋。
什邡城關 M5：1 銅帶鈎〔註 739〕（圖 2-177：4），以卷雲紋勾勒蟬背。什邡城關
M76：1 銅戈〔註 740〕（圖 2-177：5），援部兩面均鑄有淺浮雕狀變形蟬紋。

圖 2-177　巴蜀系蟬紋樣

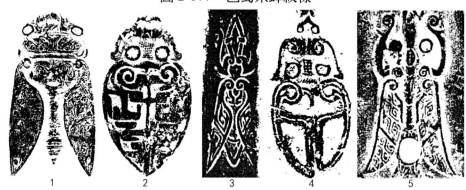

1.什邡城關 M50 銅帶鈎　2.什邡城關 M69 銅帶鈎　3.什邡城關 M14 銅矛
4.什邡城關 M5 銅帶鈎　5.什邡城關 M76 銅戈

2.8.6　豬

什邡城關 M33：10 銅豬形飾〔註 741〕（圖 2-178：1），體甚小，豬前背
至腹部有一圓形小穿，卷尾，豬身遍飾橢圓形凹點紋。什邡城關 M23：8 銅
矛〔註 742〕，飾雙長柄短骹矛刺向雙獸頭等組合圖案，其中一吻部較長者，
體形似豬（圖 2-178：2）。

2.8.7　鹿

茂縣牟托村 M1：65 動物牌飾〔註 743〕，若有柄扇形，牌飾如倒風字形，

〔註 738〕四川省文物考古研究院，德陽市文物考古研究所，什邡市博物館，什邡城關
　　　　戰國秦漢墓〔M〕，北京：文物出版社，2006：84～85，88。
〔註 739〕四川省文物考古研究院，德陽市文物考古研究所，什邡市博物館，什邡城關
　　　　戰國秦漢墓〔M〕，北京：文物出版社，2006：81～82。
〔註 740〕四川省文物考古研究院，德陽市文物考古研究所，什邡市博物館，什邡城關
　　　　戰國秦漢墓〔M〕，北京：文物出版社，2006：54～55。
〔註 741〕四川省文物考古研究院，德陽市文物考古研究所，什邡市博物館，什邡城關
　　　　戰國秦漢墓〔M〕，北京：文物出版社，2006：50～51。
〔註 742〕四川省文物考古研究院，德陽市文物考古研究所，什邡市博物館，什邡城關
　　　　戰國秦漢墓〔M〕，北京：文物出版社，2006：44～45。
〔註 743〕茂縣羌族博物館，阿壩藏族羌族自治州文物管理所，四川茂縣牟托一號石棺
　　　　墓及陪葬坑清理簡報〔J〕，文物，1994，3：19，30。

周邊飾小乳丁；牌飾內分 3 層雕飾動物，依次為鹿（圖 2-178：4）、虎、蛇，每層動物間以同心圓泡為格。成都百花潭出土鹿形帶鉤〔註 744〕，梅花鹿形（圖 2-178：5），呈奔跑狀。

圖 2-178　巴蜀系豬、鹿、犀牛等動物紋樣

1.什邡城關 M33 銅豬形飾　2.什邡城關 M23 銅矛　3.廣元昭化寶輪院嵌錯銅犀牛　4.茂縣牟托村 M1 動物牌飾　5.成都百花潭出土鹿形帶鉤　6.什邡城關 M23 銅矛　7.寶興巴蜀符號印

2.8.8　犀牛

廣元昭化寶輪院出土嵌錯銅犀牛〔註 745〕（圖 2-178：3），犀牛形，通體嵌錯卷雲紋。

2.8.9　獸

寶興巴蜀符號印〔註 746〕（圖 2-178：7），印面正中心有一小圓凹點，上方一倒置的山字形紋，下方一隻豎耳揚尾作奔跑狀的獸紋，獸腹下還突出有生殖器。什邡城關 M23：8 銅矛〔註 747〕，飾雙長柄短骹矛刺向雙獸頭等組合圖案，其中一為豬，一為不知名動物（圖 2-178：6）。

〔註 744〕中國青銅器全集編輯委員會，中國青銅器全集・巴蜀〔M〕，北京：文物出版社，1994：164。

〔註 745〕中國青銅器全集編輯委員會，中國青銅器全集・巴蜀〔M〕，北京：文物出版社，1994：165。

〔註 746〕楊文成，四川寶興出土巴蜀符號印等文物〔J〕，文物，1998，10：90。

〔註 747〕四川省文物考古研究院，德陽市文物考古研究所，什邡市博物館，什邡城關戰國秦漢墓〔M〕，北京：文物出版社，2006：44～45。

2.8.10　巴蜀系青銅器動物紋樣特徵

中原地區自西周晚期至春秋早期流行的螺角龍、「L」形角龍、「Y」形角龍等，在巴蜀地區均未發現，僅有瓶角龍作為銅罍的肩部裝飾。

銅罍是蜀文化中最重要的青銅禮器，其作為禮器的歷史幾乎貫穿了整個蜀文明始終。銅罍在中原地區出現於殷墟文化二期，一直流行到西周，早期蜀文化在接受中原商周文化影響時有所選擇，選擇了尊、瓿、罍，而揚棄了中原商周最流行的觚、爵和鼎、簋等〔註748〕。

東周時期，此類型銅罍在中原文化、楚文化中早已消失，而在成都、新都、茂縣等地發現，應是早期蜀文化吸收中原文化而融入自身文化之中，並延續、流傳下來的產物。

「V」形口長卷角龍，僅發現於巴蜀地區，應是巴蜀區域特色動物紋樣，根據形制可分為有翼和無翼。宋治民認為：茂縣牟托村 M1：124 青銅銅鐘所刻「翼龍」圖案與中原文化系統商周時期的龍紋不一樣，除了有翼外，龍的頸、身軀、尾巴區別明顯；而中原文化系統的龍，頸、身軀、尾之間並無明顯區別，整個龍身像一條蛇〔註749〕。

于春在對茂縣牟托村「翼龍」造型源流的研究過程中認為：三星堆文化在其發展歷程中，向北通過岷江流域，影響到了川西北地區的石棺葬文化，甚至遠到影響我國「半月形地帶」游牧文化〔註750〕；根據對晉系翼龍的梳理來看，茂縣牟托村「翼龍」造型應來源於兩部分，龍本體是巴蜀特色，有翼很有可能是在晉系翼龍影響下產生的，是一件融合型器物。

蜥蜴形龍，軀體形狀似蜥蜴。目前發現年代明確的蜥蜴形龍見於曾侯墓漆箱上彩繪，並朱書「龍」等，除這件外，在楚地還發現了數件，年代略晚；在巴蜀地區亦發現數量豐富的蜥蜴形龍，年代也在戰國時期，且所裝飾的器物大多為巴蜀式兵器等；兩者孰是起源尚不能確定，但應是有交流與互動關係。暫把裝飾巴蜀式兵器等蜥蜴形龍確定為巴蜀特色動物紋樣。

在巴蜀符號中，虎的圖像是最多的，有學者認為：以鱉靈為祖神的蜀開明

〔註748〕宋治民，蜀文化〔M〕，北京：文物出版社，2008：192～193。

〔註749〕宋治民，四川茂縣牟托村一號石棺墓若干問題的初步分析〔A〕，四川大學歷史文化學院考古學系，四川大學考古專業創建四十週年暨馮漢驥先生百年誕辰紀念文集〔C〕，四川大學出版社，2001。

〔註750〕于春，茂縣牟托村「翼龍」與三星堆龍之比較——兼論三星堆文化向北傳播的途徑〔J〕，考古與文物，2005，2：52～56。

氏還當另有一個尊神，即形態似虎的神祇〔註751〕；這樣，在蜀地發現眾多的鑄有虎圖像的器物，就在情理之中了。「淳于的起源地應在黃河流域，春秋時代東土之地以淳于為名，可能是受了魯人的影響；春秋時代的淳于，主要的是用於戰陣」〔註752〕。虎鈕淳于在巴蜀地區大量發現，似應屬於巴蜀地區特色動物紋樣。

〔註751〕孫華，巴蜀文物雜識〔J〕，文物，1989，5：39～46。
〔註752〕徐中舒，論巴蜀文化〔M〕，成都：四川人民出版社，1982：33。

第三章　東周動物紋樣來源及其發展階段性

3.1　龍

1. 龍造型的發展與衰落——春秋早期至戰國早期

　　龍是虛構的幻想動物，但甲骨文的龍字仍然可以當作象形字。甲骨文「龍」字有六種基本形狀〔註1〕（圖3-1），頭部觗角的特徵有五種明確的類型，第六種是沒有角的。說明在商代人的心目中，龍有著不同的觗角。青銅器龍紋中的一部分雖和甲骨文龍字相似，但龍紋的種類遠比甲骨文字中龍的形象豐富。龍的體軀都是相似的，但是角型不同，有長頸鹿角、尖狀角、多齒角、螺旋形角等等。這種現象可能意味著龍的族類繁多。這一點和神話傳說中龍有多種的說法是非常相似的〔註2〕。

圖 3-1　甲骨文中「龍」基本形狀

一、 🐉《殷虛書契前編》四・五四・一；🐉《殷虛文字甲編》二四一八；
　　 🐉《殷契卜辭》三四〇。

二、 🐉《殷虛書契前編》四・五三・四；🐉《鐵雲藏龜》一〇五・三；
　　 🐉《戩壽堂所藏殷虛文字》四三・一；🐉《殷虛文字乙編》七三八八。

三、 🐉《殷虛書契後編》二・六・一四；🐉《戩壽堂所藏殷虛文字》五・一五；
　　 🐉《殷虛書契前編》五・三八・三；🐉《殷契粹編》四八。

〔註1〕馬承源，商周青銅器紋飾綜述〔A〕，馬承源，中國青銅器研究〔M〕，上海：
　　　　上海古籍出版社，2002：359。
〔註2〕馬承源，商周青銅器紋飾綜述〔A〕，馬承源，中國青銅器研究〔M〕，上海：
　　　　上海古籍出版社，2002：362。

四、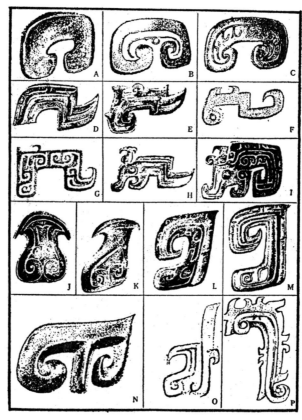《殷虛書契前編》五‧五四‧三；《殷虛書契菁華》一一‧三；

　　《戰後寧滬新獲甲骨集》三‧四三；《甲骨文錄》六二八。

五、《殷虛文字甲編》一六三二；《鐵雲藏龜拾遺》一‧五。

六、《鐵雲藏龜》一六三‧四；《龜甲獸骨文字》二‧七‧八。

　　孫機在《神龍出世六千年》〔註3〕一文中論及西周時期的龍造型提到：在西周器物上，螺角龍罕有充當紋飾之主題的；它們大多用作銅匜之耳；相形之下，瓶角龍卻往往被安排在顯著的位置上，「瓶角龍為雄龍，螺角龍為雌龍」。譚旦冏對商周青銅器饕餮紋的角紋舉例〔註4〕（圖3-2），有「C」形、「L」形、「T」形等。

圖3-2　商周青銅器龍角型

〔註3〕孫機，神龍出世六千年〔A〕，孫機，仰觀集——古文物的欣賞與鑒別〔C〕，
　　　　北京：文物出版社，2015：20～25。

〔註4〕譚旦冏，饕餮紋的構成〔A〕，譚旦冏，銅器概述〔C〕，臺北：故宮博物院，
　　　　1981：65～67。

因此，瓶角龍、螺角龍、「L」形角龍、「Y」形角龍應是商周時期傳統龍造型的延續。春秋時期，周天子失去「天下共主」的地位，區域文化方興未艾，這四種龍造型在各區系的演進各有不同軌跡：

瓶角龍　春秋早期，瓶角龍在晉系、齊魯系、群舒系一般作為銅盤、匜的鋬耳裝飾，楚系瓶角龍僅發現一例，作為銅罍蓋頂裝飾；春秋早中期，群舒系流行一類罐鼎盉，似罐形鼎，流相對一側有獸尾扁棱鋬，提梁、流部龍形裝飾瓶角龍，似影響到三晉系銅盉，長治分水嶺 M270 銅盉為三晉式，提梁龍形裝飾為瓶角龍。

戰國早期偏早階段，侯馬鑄銅遺址新發現的瓶角龍造型，已不再作為水器的鋬耳，而是作為編鐘的鉦部，龍身飾「S」形卷雲紋、斜線紋等，已是三晉系新式龍造型，與西周傳統瓶角龍形式迥異。巴蜀系瓶角龍特徵最明顯，均發現於銅罍的耳部，應是對西周禮器銅罍的模仿。

表 1　瓶角龍年代

	春秋早期	春秋中期	春秋晚期	戰國早期
晉系	▬▬▬ ▬ ▬ ▪ ▪	▬▬▬▬▬▬▬	▬▬▬▬▬▬▬	▬▬▬▬▬
齊魯系	▬▬▬▬▬▬▬			
楚系	▬▬▬▬			
群舒系	▬▬▬▬▬▬▬	▬▬▬▬▬▬▬		
巴蜀			▬▬▬▬▬▬▬	▬▬▬▬▬
燕代				
秦系	暫闕			
吳越				

螺角龍　春秋早期，晉系、秦系、齊魯系、楚系螺角龍的形制基本相似，為銅壺、簋、盤、匜、罍的鋬耳等裝飾，文化面貌較為一致，群舒系僅在肥西柿樹崗小八里村出土銅匜一件，鋬耳為螺角龍，似為中原地區傳入。

春秋中期，各區系之間螺角龍裝飾的使用各有區別。新鄭鄭韓故城祭祀遺址銅壺的腹部裝飾、銅盆的耳部裝飾，盆逐漸取代簋。秦在春秋中期、乃至春秋晚期依然沿用春秋早期圓腹、圈足、半環形而的形制，螺角龍形制也被沿用，秦公簋即是其中一例。這種對傳統用簋禮制的堅持一直延續到春秋晚期，「陝西秦區不只保守用簋的禮制，且保守用簋的形制」〔註5〕。

〔註5〕陳芳妹，盆、敦與簋——論春秋早、中期間青銅粢盛器的轉變〔J〕，故宮學術季刊，二卷三期：104～105。

　　齊魯地區在春秋晚期的銅罍、銅壺的裝飾上依然使用螺角龍,「陳喜壺」與春秋晚期戰國早期流行壺的形制不同,而與春秋早期銅壺有相似之處,有「復古傾向」。春秋中期楚系青銅器發生轉變:春秋中期偏早階段銅浴缶開始出現〔註6〕,一直沿用至戰國晚期;出現楚系典型的平底匜〔註7〕(Bba 型);銅浴缶、銅匜部分仍採用原來螺角龍裝飾,至戰國早期,螺角龍的角部不明顯乃至消失。

表2　螺角龍年代

	春秋早期	春秋中期	春秋晚期	戰國早期
晉系	████████████████████████			
秦系	████████████████████████████████			
齊魯系	██████████████████████████████████████			
楚系	██			
吳越系			████████████████	
群舒系				
燕代系	暫闕			
巴蜀系				

　　春秋晚期偏晚階段,螺角龍裝飾吳越系突然出現並流行:壽縣蔡侯墓出土吳王光鑒〔註8〕(圖3-3:1),兩龍首耳相對,各鑄一個套環,銘文說明此鑒為吳王光嫁女於蔡的媵器,其繼任者吳王夫差所做鑒與之相比較,裝飾發生了較大變化,增加了兩個螺角爬龍(圖3-3:2);上海博物館藏吳王夫差盉,盉流亦有螺角龍裝飾;固始侯古堆銅盉、諫壁王家山銅盉很有可能均屬同一時期。

　　「L」形角龍　春秋早期或偏早階段,三晉、秦、齊魯、楚等地區,「L」形角龍作為青銅壺、盤、匜等酒器或水器的附耳裝飾,銅簠的足部裝飾。春秋早期以後,秦和楚地不再流行。春秋中期僅三晉和齊魯地區發現有「L」形角龍裝飾,齊魯地區更沿用至春秋晚期,春秋中晚期的「L」形角與春秋早期相比,略有區別,裝飾器類增加了鼎,如新鄭鄭公大墓銅鼎,且「L」形角內彎,沂水紀王崮M1銅盤與夆叔匜「L」形角分別向內彎曲和向上摺,均與春秋早期「L」形角角型外展不同。

〔註6〕劉彬徽,論東周青銅缶〔J〕,考古,1994,10:940。
〔註7〕路國權,南北二系:試論東周時期銅匜的分類和譜系〔J〕,考古與文物,2018,4:75。
〔註8〕中國青銅器全集編輯委員會,中國青銅器全集‧東周5〔M〕,北京:文物出版社,1997:50。

圖 3-3　吳王光鑒與吳王夫差鑒

表3　「L」形角龍年代

	春秋早期	春秋中期	春秋晚期	戰國早期
晉系	▬▬▬▬▬▬▬▬			
秦系	▬▬▬			
齊魯系	▬▬▬▬▬▬▬▬▬▬			
燕代系	暫闕			
楚系	▬▬▬			
群舒系				
巴蜀系	暫闕			
吳越系				

　　「Y」形角龍　「Y」形角龍又根據鼻部特徵分為短鼻「Y」形角龍和象鼻「Y」形角龍，又各自分為立體型和平面型。

　　春秋早期，三晉地區在鬲、簋、壺、盉、匜等禮器上均發現有短鼻「Y」形角裝飾或紋飾；春秋中晚期，主要見於鬲、壺、盆、罍等器類，「Y」形角裝飾漸趨繁縟；以侯馬上馬 M13 銅壺、新鄭鄭公大墓蓮鶴方壺最具代表性，兩壺裝飾華麗，侯馬上馬 M13 銅壺附耳為「C」形環鈕，還保留一些春秋早期的特徵，蓮鶴方壺則採用新式顧首爬龍；郭沫若指出，「新鄭銅器的藝術風格迥然有別於殷商西周……蓋頂蓮瓣中心立一張翅之鶴，全然超出了西周以上神秘凝重的氛圍，顯露出清新的氣息」。

　　根據陳芳妹的研究：「盆、敦代簋的新潮流，在春秋早、中期間，普及東周王城區，楚文化區、山東齊魯區、山西晉區此四大區」〔註9〕。晉系（包括東周王城區和山西晉區）盆取代簋在春秋早、中期，盆裝飾似與其他區域略有差別，盆多使用「Y」形龍附耳，是新興潮流與傳統樣式的結合。

　　在秦文化區，春秋早期「Y」形裝飾見於秦公簋、秦公壺、大堡子山秦公

_____

〔註9〕陳芳妹，盆、敦與簋——論春秋早、中期間青銅粢盛器的轉變〔J〕，故宮學術季刊，二卷三期：63～118。

大墓 M2 漆匣等，繼承了西周晚期「Y」形龍裝飾風格，從禮縣大堡子山 M2 漆匣開始，龍紋、龍造型已有方折化的傾向。春秋中晚期，「Y」形龍見於鼎、簋、壺、盨等秦系銅器的附耳或紋飾，其演變與晉系、楚系相似，漸趨繁縟，同時也有自己的特色，繁密、方折化是這一時期秦系龍紋飾、造型的重要特徵之一。

「Y」形龍在楚文化區見於鼎、簋、壺、匜等禮器的附耳或紋飾，春秋中期以後，「Y」形角漸趨繁縟，平面「Y」形角龍似不再流行；其所裝飾的壺、簋、匜等形制發生轉變，淅川下寺 M1 圈足簋，器腹飾四條作龍形的扉棱，無足的平底匜，均是楚文化特色器物；淅川下寺方壺與新鄭蟠龍方壺，都屬於十字凸形紋方壺，二者龍首與獸足大同小異，說明中原與楚地流行的同步性，與之形制相似的還有春秋晚期壽縣蔡侯墓方壺。

齊魯文化區，「Y」形角龍見於鬲、簋、壺、匜等禮器的附耳或器腹紋飾，春秋早期，與三晉等地區保持的較多的一致性。春秋中期以後，「Y」形角附耳壺與晉系、楚系演進不同，「C」形環耳一直流行，裝飾古樸；匜的「Y」形角由簡樸漸趨繁縟；春秋晚期至戰國，流行方座簋，屬於仿商周青銅器的「復古銅器」。

徐舒系「Y」形角與中原地區的「Y」形角有較大差別，但從邳州九女墩春秋晚期犧首鼎的角形可判斷為「Y」形角，所謂犧首鼎，有可能是「Y」形角龍，其很有可能是模仿西周時期的犧尊。「Y」形角造型均為犧首鼎的首部，犧首鼎是江淮和皖南沿長江地區內，造型獨特、標誌族群和文化的關鍵器。

表4 「Y」形角龍年代

		春秋早期	春秋中期	春秋晚期	戰國早期
晉系	短鼻「Y」形角龍				
	象鼻「Y」形角龍				
秦系	短鼻「Y」形角龍				
	象鼻「Y」形角龍				
齊魯系	短鼻「Y」形角龍				
	象鼻「Y」形角龍				
楚系	短鼻「Y」形角龍				
	象鼻「Y」形角龍				
徐舒系	「Y」形角龍				
燕代系	「Y」形角龍				
吳越系	「Y」形角龍	暫闕			
巴蜀系	「Y」形角龍				

象鼻形龍紋，顧名思義，這種體軀似龍的幻想動物，有一條很長的鼻，其形狀與象鼻相似，這類紋飾從殷墟中期開始出現〔註10〕；在春秋時期，象鼻龍一般均為「Ｙ」形角。

三晉地區、齊魯地區僅春秋早期有象鼻「Ｙ」形角龍，為銅壺、鬲、甗等禮器的附耳或主體紋飾。秦系象鼻龍裝飾，流行於春秋早、中期，立體型作為銅壺和秦式鎛的附耳和扉棱等，平面型作為鼎腹等裝飾；秦式鎛的基本形制源於西周鎛並形成自己的特點，即都有華麗的四出鏤空扉棱，與河南新鄭鄭公故城出土的春秋中期無扉棱鎛明顯不同〔註11〕，其扉棱飾象鼻龍亦是其一個特徵。象鼻龍在楚地流行的時間為春秋早中期，為鬲、甗等禮器的主體紋飾。

2. 新式龍的興衰：春秋中期至戰國中期

春秋中期，列國龍紋樣造型各有其特色：晉系最有特徵的是以一獸頭為中心，卷體龍和交龍從口中穿銜而過，龍軀幹上飾有細密的圓形和三角形雷紋；春秋早期偏晚階段，秦系龍紋樣開始了方折化，愈晚方折化愈明顯、愈細密；齊系田齊器，有相當部分保留舊體制的式樣，如禾簋、洹子姜壺等，都採用了時尚所棄置的波曲紋，採用西周的波曲紋，也許為了表明政治態度〔註12〕；楚系龍紋樣，春秋中期線條粗疏，紋樣較規範而單一，春秋晚期紋飾較為繁縟，線條纖細俏麗，並出現高浮雕，戰國早期紋樣主題粗獷醒目〔註13〕。

於此同時，春秋中期，三晉地區興起翼龍，影響的範圍較廣，遍及列國區域，渦龍紋樣亦是晉系特色紋樣；楚系興起的獸身龍（側形龍紋），影響範圍亦較廣，遍及列國區域，楚系這一時期興起的蜥蜴形龍、龍身鳳等，對南方地區影響深刻，對齊魯、秦等也有一定程度的影響。

3. 龍造型的混同：戰國中晚期

戰國中晚期，在晉、齊魯、秦、楚等區系流行一種龍造型，其特點是龍口大張，呈「Ｖ」字形，與之前龍造型呈「Ｓ」形有較大區別，且有獠牙、似獸，

〔註10〕馬承源，商周青銅器紋飾綜述〔A〕，馬承源，中國青銅器研究〔M〕，上海：上海古籍出版社，2002：363。

〔註11〕趙化成，王輝，韋正，禮縣大堡子山秦子「樂器坑」相關問題探討〔A〕，文物，2018，11：54～66。

〔註12〕馬承源，中國青銅藝術總論〔A〕，馬承源，中國青銅器研究〔M〕，上海古籍出版社，2002：37～64。

〔註13〕熊傳薪，楚、曾諸侯國的青銅藝術〔A〕，中國青銅器全集編輯委員會，中國青銅器全集·東周4〔M〕，北京：文物出版社，1998：1～32。

這種形制的龍在漢代仍然流行，暫且稱之為「獸形龍」。這種龍造型與以前主要裝飾在青銅禮容器上不同，裝飾更多元，有絲織品、兵器、牌飾、瓦當等；形制混同，年代相近，區系文化屬性不明顯，故合併敘述。

　　趙王陵 2 號陵金牌飾〔註 14〕（圖 3-4：1），四周有邊框，上飾卷雲紋，牌面透雕相對而立的龍紋，龍似獸，口大張，露獠牙。1975 年三門峽上村嶺出土錯金龍紋方鑑〔註 15〕（圖 3-4：2），四面各有伏龍形耳，年代為戰國中期。

圖 3-4　三晉出土獠牙獸形龍

1

2

1.趙王陵 2 號陵金牌飾　2.三門峽上村嶺錯金龍紋方鑑

〔註 14〕趙建朝，趙王陵出土金飾牌小考〔J〕，文物春秋，2004，1：66～67，趙建朝，李海祥，河北邯鄲趙王陵二號陵出土的戰國文物〔J〕，文物，2009，3：89～92。

〔註 15〕中國青銅器全集編輯委員會，中國青銅器全集‧東周 1〔M〕，北京：文物出版社，1998：50。

圖 3-5　秦地出土獠牙獸形龍

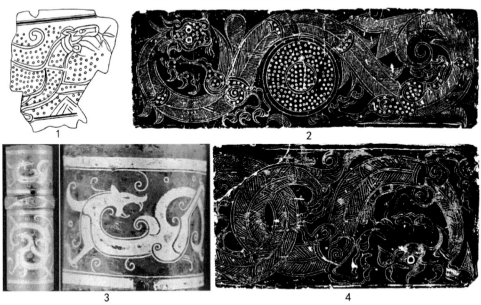

1.秦咸陽城 61XYCL 採龍形飾　2.秦咸陽城二號宮殿 XYN Ⅱ Ⅰ號臺階踏級龍紋空心磚　3.西安東郊秦墓錯銀銅飾件　4.秦咸陽城二號宮殿XYN Ⅱ XI號臺階踏級單龍託璧紋空心磚

　　西安東郊秦墓錯銀銅飾件〔註16〕（圖3-5：3），龍為銀質，一顧首、一前行，口呈「C」形，有獠牙、四獸足。秦咸陽城 61XYCL 採：29 龍形飾〔註17〕（圖3-5：1），頭上揚，圓眼，張嘴吐舌，軀體飾小圓圈紋。秦咸陽城二號宮殿 XYN Ⅱ XI號臺階踏級：1 單龍托璧紋空心磚〔註18〕（圖3-5：4），龍作捲曲狀，身托圓璧，表現正視狀態，肢端有獸爪。秦咸陽城二號宮殿 XYN Ⅱ Ⅰ號臺階踏級：1 雙龍交尾紋空心磚〔註19〕（圖3-5：2），龍首作側面，頭頂一角，龍獠牙吐舌，肢端有獸爪。

　　臨淄齊故城雙龍紋瓦當〔註20〕（圖3-6：1），雙龍對稱，略變形，獠牙突

〔註16〕楊軍昌，Paul Jett，張天恩，丁岩，西安南郊戰國陵園遺址出土的金銀材料技術分析與研究〔J〕，故宮文物月刊，291：114～122。
〔註17〕陝西省考古研究所，秦都咸陽考古報告〔M〕，北京：科學出版社，2004：277。
〔註18〕陝西省考古研究所，秦都咸陽考古報告〔M〕，北京：科學出版社，2004：384，390。
〔註19〕陝西省考古研究所，秦都咸陽考古報告〔M〕，北京：科學出版社，2004：384～385，392。
〔註20〕山東省文物考古研究所，新中國出土瓦當集錄·齊臨淄卷〔M〕，西安：西北大學出版社，1999：258。

出。曲阜魯國故城乙組墓 M52：52 金帶飾〔註21〕（圖 3-6：6），下部為兩對稱獸形龍。其餘均出自臨淄商王戰國晚期墓〔註22〕，臨淄商王 M1：20 銅盒頂龍飾（圖 3-6：2），臨淄商王 M2：59 銅鈹（圖 3-6：5），臨淄商王 M1：119 銅鼻形馬飾（圖 3-6：3），臨淄商王 M1：115 銅器座（圖 3-6：4），均有突出的獠牙，鋒利的獸爪。

圖 3-6　齊魯地區出土獠牙獸形龍

1.臨淄齊故城雙龍紋瓦當　2.臨淄商王 M1 銅盒頂龍飾　3.臨淄商王 M1 銅鼻形馬飾　4.臨淄商王 M1 銅器座　5.臨淄商王 M2 銅鈹　6.曲阜魯國故城乙組墓 M52 金帶飾

　　包山 2 號墓錯金銀龍形杖首〔註23〕（圖 3-7：1），杖首為一龍，吐舌為握，飾錯金銀卷雲紋。河南淮陽馬鞍冢南冢車馬陪葬坑錯金銀銅龍首轅頭〔註24〕（圖 3-7：2、3），龍首張口露齒，雙目圓睜，面、頸部多處銀錯卷雲紋，鼻、

〔註21〕山東省文物考古研究所，山東省博物館，曲阜魯國故城〔M〕，濟南：齊魯書社，1982：159。
〔註22〕淄博市博物館，齊故城博物館，臨淄商王墓地〔M〕，濟南：齊魯書社，1997：22，29，39，42。
〔註23〕湖北省荊沙鐵路考古隊，包山楚墓〔M〕，北京：文物出版社，1991：202～203。
〔註24〕河南省文物研究所，周口地區文化局文物科，河南淮陽馬鞍冢楚墓發掘簡報〔J〕，文物，1984，10：16。

耳處錯金；關於馬鞍冢南冢，認為此應是戰國晚期陳郢時期楚王墓。長沙子彈庫人物御龍帛畫〔註25〕，畫面正中繪頭戴高冠、身穿博袍、腰佩長劍的男子，側身立於龍身，頭頂有一華蓋；龍昂首卷尾，弓身成舟（圖3-7：7），舟尾立鶴（鳳），舟旁有一鯉魚隨行。江陵馬山一號墓〔註26〕出土大量絲織品，其上繡有數種獸形龍造型（圖3-7：4～6）。

圖3-7　楚地獠牙獸形龍

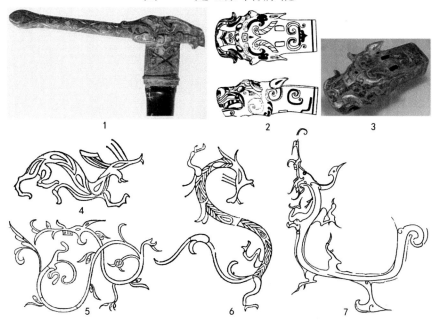

1.包山2號墓錯金銀龍形杖首　2、3.淮陽馬鞍冢南冢錯金銀銅龍首轅頭
4～6.江陵馬山一號墓龍紋造型　7.長沙子彈庫人物御龍帛畫

3.2　鳳

　　鳳是一種傳說中的神鳥，是中華民族最重要的祥瑞符號。

　　《說文》對於鳳有以下的描寫：「神鳥也，天老曰，鳳之象也，鴻前麐後，蛇頸魚尾，顴顙鴛思，龍文龜背，燕頷雞喙，五色備舉。出於東方君子之國，翱翔四海之外，過崑崙，飲砥柱，濯羽弱水，莫宿風穴，見則天下安寧」，認為它是龍、虎、蛇、燕、顴、雞等獸與飛禽的混合體，《說文》的描述比商周

〔註25〕湖南省博物館，首都博物館，鳳舞九天——楚文化特展〔M〕，北京：科學出版社，2015：189。
〔註26〕湖北省荊州地區博物館，江陵馬山一號楚墓〔M〕，北京：文物出版社，1985。

時代鳳紋的形象神秘的多，故我們對於商周鳳紋的辨別，仍以參考甲骨文為好〔註27〕（圖 3-8）。

圖 3-8　甲骨文「鳳」字

𩾌　《殷虛書契菁華》五・一。

𩿠　《殷虛書契後編》一・三一・四。

𩾌　《殷虛書契後編》二・三九・一○。

𩾌　《殷虛書契前編》四・四三・三。

𩾌　《殷虛書契前編》二・三○・六。

𩾌　《殷虛書契後編》一・一四・六。

𩾌　《殷虛文字甲編》六一五。

甲骨文鳳字都表現羽毛豐麗的鳥形，據字形鳳鳥的冠可區分為兩類，一類作辛字形，一類作羋字形，辛字是羋字形的簡化。鳳鳥之冠作羋字形的，其紋飾見於商末周初之器，形象似一華麗的禽鳥，頭上有三叉戟式的羽冠，與甲骨文字比較非常相似。

陳公柔、張長壽〔註28〕把殷周青銅容器上的鳥紋分為小鳥紋（Ⅰ）、大鳥紋（Ⅱ）、長尾鳥紋（Ⅲ），在西周恭懿以後流行大鳥紋和長尾鳥紋（圖 3-9）。段勇把商、周青銅器上的神鳥紋分為兩類〔註 29〕：一類是鳥首獸身，變形較大；一類是鳥首鳥身，相對「寫實」；變形鳥紋流行於商代二里崗期至西周早期，「寫實」鳥紋流行於殷墟二、三期至春秋早期。大鳥紋、長尾鳥紋與「寫實」鳥紋名稱不同，但所指相似。

兩周之際或春秋早期的三門峽 M2001 號季方壺、梁帶村 M27 鳳鳥紋銅壺、梁帶村 M19 銅盉、長清仙人臺 M6 青銅豆等少數器物發現有大鳥紋（Ⅱ）和長尾鳥紋（Ⅲ），是西周晚期「寫實」鳥紋的延續。

商周時期見於青銅器上的鳳鳥紋，春秋中期已很少見，各地出現新形式的鳳鳥造型，區域特徵明顯。

〔註27〕馬承源，商周青銅器紋飾綜述〔A〕，馬承源，中國青銅器研究〔M〕，上海：上海古籍出版社，2002：365。

〔註28〕陳公柔，張長壽，殷周青銅容器上鳥紋的斷代研究〔J〕，考古學報，1984，3：265～286。

〔註29〕段勇，商周青銅器幻想動物紋研究〔M〕，上海：上海古籍出版社，2012：116～146。

圖 3-9　西周恭懿以後鳥紋

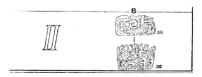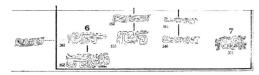

　　春秋中期，侯馬上馬 M13 銅方壺上最早出現龍身鳳造型，流行至戰國中晚期；龍身鳳在楚地出現在春秋晚期，亦流行至戰國中期，楚地龍身鳳造型的產生很有可能是三晉地區的影響；秦國僅在戰國早中期發現有夔鳳紋瓦當等少數幾件器物，應是楚地風格的影響；其他區域未發現龍身鳳造型。戰國早期，在楚地流行一種獸身鳳造型，其特徵是鳳首、獸身，獸一般為四足，是楚系鳳鳥造型的特色。

　　以鳥入飾青銅器雖然起源甚早，但在西周晚期以鳥為器頂者，似乎是晉國青銅器的風尚〔註30〕。天馬—曲村晉侯墓地 M63：86 方座筒形器的器蓋以一立鳥為飾（圖 3-10：2）、M62：75 圓壺蓋頂亦有一隻立鳥〔註31〕（圖 3-10：1），M31：8 盉蓋頂也以立鳥為飾〔註32〕（圖 3-10：3）。而同時期與之相毗鄰的虢國墓地出土的同類器物上，則無一以立鳥為飾，他處所見之西周晚期青銅器，也罕見以鳥為器頂者。

圖 3-10　天馬——曲村晉侯墓地銅鳥形飾

1　　　　　　　2　　　　　　　3

〔註30〕夏志峰，新鄭器群三考〔A〕，河南博物院，臺北國立歷史博物館，新鄭鄭公大墓青銅器〔M〕，鄭州：大象出版社，2001：42。

〔註31〕山西省考古研究所，北京大學考古學系，天馬——曲村遺址北趙晉侯墓地第四次發掘〔J〕，文物，1994，8：10～14。

〔註32〕山西省考古研究所，北京大學考古學系，天馬——曲村遺址北趙晉侯墓地第三次發掘〔J〕，文物，1994，8：22、26～27。

春秋時期，這種以鳥頂作為青銅器的蓋頂或捉手在三晉地區、秦區域和齊魯區域流行。三晉地區鳥形捉手，在春秋早期仍以盉為主；至春秋中期新鄭蓮鶴方壺，有了清新的變化，且以裝飾壺類器物為主；春秋晚期至戰國早期，發現的太原金勝村銅鳥尊與鳥蓋瓠壺、子之弄鳥尊等，具有自己的特色，可以說又是一種新的風格的變化。秦地流行的主要是以銅盉類器物為主，在禮縣大堡子山、鳳翔雍城皆有發現。齊魯地區主要是銅提鏈盒、提鏈罐等器物的捉手。

戰國時期，鳳鳥作為裝飾更為多元，青銅器、玉器、漆器、絲織品等均有大量發現。秦地以鳳鳥作為瓦當裝飾是其區域特色；燕代地區的鳳首匜、用鳥首裝飾鼎或簋的蓋是具有地區特色的器物；楚地發現的鳳鳥裝飾豐富，有學者認為楚人慣以鳳鳥為圖騰並有崇鳳心理〔註33〕；楚式鳳鳥造型影響範圍較廣，巴蜀、齊魯、秦等地均發現有楚式鳳造型。

3.3 虎

自然生態中的虎，是哺乳動物，形狀似貓，兇悍力猛，吼聲如雷，百獸震恐。《說文解字》中的虎，是山獸之君，足像人足。

《禮記‧郊特牲》記述「伊耆氏始為蠟」，大蠟禮祭祀的對象就有虎，為什麼要祭祀虎呢？因為「古之君子，使之必報之。迎虎，為其食田豕也。」據《逸周書‧世俘》記述，「武王狩，禽虎二十有二……」，說周武王滅商後的一次田獵活動，曾捕獵了 22 隻虎。春秋戰國時期，楚國的雲夢地區曾是楚國貴族田獵的主要場所。《戰國策‧楚策》曾描繪了楚宣王田獵的情景，「楚王遊於雲夢，結駟千乘，旌旗蔽日，野火之起也若雲蜺，虎嗥之聲若雷霆。」

馬承源對商周時期的虎食人主題進行梳理，認為虎龍食怪人、怪物，以及鳳鳥攫人頭攫怪物等都屬於同一個主題，體現龍、虎等物的神秘力量，其作用在於辟邪〔註34〕。李零對西周、東周的虎紋表現方式舉例，認為中國的 S 形虎紋源頭在伊朗—阿富汗地區〔註35〕。

〔註33〕張正明，楚文化史〔M〕，上海：上海人民出版社，1987。

〔註34〕馬承源，商周青銅器紋飾綜述〔A〕，馬承源，中國青銅器研究〔M〕，上海：上海古籍出版社，2002：370～373。

〔註35〕李零，「國際動物」：中國藝術中的獅虎形象〔A〕，李零，萬變〔M〕，北京：生活‧讀書‧新知三聯書店，2016：329～387。

　　從考古發現來看，虎食人主題在春秋戰國時期僅發現一例，上海博物館藏鳥獸龍紋壺的頸、腹部有虎噬人造型，時代為春秋晚期。

　　春秋戰國時期，虎造型藝術有兩個新特點：

　　一是虎噬食草動物主題的出現，目前在三晉、秦、燕代、巴蜀區域皆有發現。據烏恩研究，猛獸襲食食草動物紋〔註36〕形成於長城地帶中段（約公元前6~前4世紀，春秋晚期稍早至戰國早期），並對相鄰的蒙古、外貝加爾、圖瓦、阿爾泰及米努辛斯克盆地的早期游牧人文化產生了影響。

　　虎噬食草動物主題在三晉地區出現最早，大致在春秋晚期，秦、燕、巴蜀區域發現這一主題年代為戰國時期，很有可能是從長城地帶中段起源，影響三晉地區，進而傳播到秦、燕代、巴蜀等區域。

　　二是翼虎造型的出現。翼虎亦是三晉地區出現最早，在春秋晚期，巴蜀地區亦有發現，年代為戰國時期；這兩個區域翼的造型區別明顯，三晉地區直接採用鳥翼的形態，巴蜀地區虎之翼不甚明顯，僅用「Y」形或「S」形表示。

　　列國各區域虎的造型既有區別，亦有共性。三晉虎造型主要用於壺、豆等器物的附耳等裝飾，楚地主要流行虎座飛鳥、虎座鳥架鼓，秦地主要用於瓦當等裝飾，巴蜀和吳越地區流行一類虎鈕淳于。

　　根據徐中舒研究，「淳于的起源地應在黃河流域，春秋時代東土之地以淳于為名，可能是受了魯人的影響；春秋時代的淳于，主要的是用於戰陣」〔註37〕。虎鈕淳于在吳越地區、巴蜀地區孰早尚不能確定，故均分別列出。

　　春秋戰國時期，虎身紋飾應是西周時期虎紋基礎上的繼承和發展。有學者指出，「秦人藝術中某些突出的紋飾，也會超越時間和地域，成為滲透於不同藝術媒介的普遍存在，被後來者模仿。最有趣的例子莫過於秦人塑造虎的形象時使用的一種『{{』或『}}』和『〈〈』的紋飾」〔註38〕。不僅在秦地，在列國其他區域虎身裝飾均見有此類紋樣。一方面說明列國之間文化交流的加強，另一方面，是對虎本身紋飾造型的摹寫。

〔註36〕烏恩岳斯圖，北方草原考古學文化比較研究——青銅時代至早期匈奴時期〔M〕，北京：科學出版社，2008：235~242。

〔註37〕徐中舒，論巴蜀文化〔M〕，成都：四川人民出版社，1982：33。

〔註38〕柳揚，秦藝術異質媒介間的互動、影響與交融〔A〕，陝西省考古研究院，上海博物館，兩周封國論衡——陝西韓城出土芮國文物暨周代封國考古學研究國際學術研討會論文集〔C〕，上海：上海古籍出版社，2014：503~523。

　　西周時期的虎造型，除李零所列舉的弗利爾美術館藏虎尊（圖3-11：1）、山西省考古研究所「銅虎形飾」〔註39〕，還有江陵江北農場出土的虎尊〔註40〕（圖3-11：2）；虎紋特徵是雙鉤或單鉤「{{」紋。

圖3-11　西周虎造型

1　　　　　　　　　　　　　　　　2
1.弗利爾美術館藏虎尊　2.江陵江北農場出土的虎尊

　　春秋戰國時期虎紋大致有六種類型（圖3-12：Ⅰ～Ⅵ），這六種類型的虎紋部分存在跨區域、跨時段流行，如Ⅰ型，從春秋中期出現，到戰國乃至漢代依然流行，Ⅲ型春秋型（圖3-12：4、7），在戰國時期亦有發現。因此，對於虎紋演變只能概其大略，以上限為準。

　　Ⅰ～Ⅲ型應是從西周雙鉤陰線、單鉤陰線紋演化而來。Ⅱ、Ⅲ型的演變是從豎長到寬扁、再到細密這樣一個過程。Ⅰ型也應源於西周雙鉤陰線紋，是將相連的雙鉤陰線紋從中間斷開，略微變形就形成了春秋戰國時期流行的虎紋之一；目前所見Ⅰ型虎紋最早發現於襄陽卸甲山銅盃虎紋裝飾，年代為春秋中期。李零稱Ⅰ型虎紋為「S」形虎紋，認為中國S形虎紋來源於伊朗—阿富汗地區，從目前來看，這一觀點還需要更有力的證據來彌補傳播路線的缺環。

　　Ⅳ型鱗片紋，目前發現最早的虎身裝飾鱗片紋，見於安陽殷墟出土的司母戊鼎耳部雙虎紋的尾部，春秋、戰國時期仍然流行；戰國時期楚地也採用此類型裝飾，並進一步細密化（圖3-12：10～12），或與楚地發現的主要用於漆器裝飾有關，在漆器上更容易表現細部。

〔註39〕李零，「國際動物」：中國藝術中的獅虎形象〔A〕，李零，萬變〔M〕，北京：生活‧讀書‧新知三聯書店，2016：377～379。

〔註40〕中國國家博物館，湖北省博物館，江漢湯湯——湖北出土商周文物〔M〕，北京：北京時代華文書局，2015：102。

　　V型 S 形紋（圖 3-12：9），目前發現年代最早在三晉地區虎攫鷹戈上虎的裝飾，應是新出現的裝飾類型。

　　VI型也稱為水滴紋（圖 3-12：13），一般在楚地用於漆木鹿的裝飾，也是楚地特色裝飾紋樣，用於裝飾虎僅限發現於楚地。

圖 3-12　虎紋類型演變

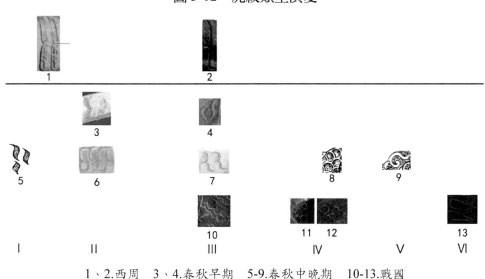

1、2.西周　3、4.春秋早期　5-9.春秋中晚期　10-13.戰國

3.4　牛

　　牛，因力大、能耐勞負重，早被人類飼養以供勞役，用以耕種、載物，豐收後又用以祭祀神明，成為極重要的犧牲品。《周禮》「少牢」為羊、豬二牲，諸侯用之；「太牢」為牛、羊、豬三牲，唯天子用以祭神，牛在祭儀中的重要性由此可知。

　　商周青銅禮器各種部位豐富而多樣的裝飾有牛造型：「牛角獸面紋」、「牛頭鋬首」、「牛頭附飾」、「牛頭鋪首與銜環」等，多裝飾在銅器重要的承載施力部位，如尊、罍大型酒器的肩部；爵、斝、盉、觥的提鋬上端；鬲、甗、鬲鼎的袋形足腹部；方鼎的柱足上部等〔註41〕。

　　東周以降，寫實主義的鑄造與紋飾手法進入青銅世界，除了延續「牛頭鋪首與銜環」和「全牛」造型外，狩獵紋壺上鮮活的「鬥牛」場面，與極生活化

〔註41〕游國慶，俯首甘為孺子牛──說青銅器上的「牛」〔J〕，故宮文物月刊，310：
　　　　52～66。

的「牛形席鎮」，都讓人深深感受「牛」在人類世界中的角色變換〔註42〕。茲分述如下：

1. 牛紋樣與造型區域性特點

從考古發現來看，主要發現於三晉兩周、楚、齊魯這三個區域；秦文化區甘肅平涼廟莊 M6 團花紋交龍紋鼎，蓋鈕為牛形，應是三晉產品。「牛頭鋪首與銜環」或牛首形飾集中在齊魯地區；整牛的形象見於上海博物館藏春秋晚期的「犧尊」，山西渾源李峪村出土，尊作牛形，頸背上有三個孔穴，牛腹中空，可盛水溫酒。

銅器蓋上牛的形象有立牛、臥牛兩種，楚地立牛、臥牛造型均有發現，三晉兩周地區銅器蓋上的牛造型均為臥牛。牛身所飾紋樣似也有地區差別，楚地主要裝飾渦紋、雲紋；三晉地區，春秋晚期至戰國早期牛身紋樣有鱗紋、蟠螭紋、點紋等，戰國中晚期牛身飾有「月」形紋等，此種紋飾一般被認為是虎紋；平陰孝直鎮銅臥牛身鑲嵌綠松石，形狀為水滴形，常見於楚地漆鹿裝飾等，或受楚文化影響。

2. 東周新風：「鬥牛」圖像與席鎮

春秋晚期至戰國中期，發現大量針刻或嵌錯人物畫像紋飾的銅匜、銅盤、銅盆與銅壺，其內容為人物、建築、車馬、鳥獸、樹木等題材的寫實社會生活畫面，似在表現當時的燕禮、射禮、蒐禮、鄉飲酒禮等儀節。

圖 3-13　畫像紋銅器牛的形象與刺牛圖

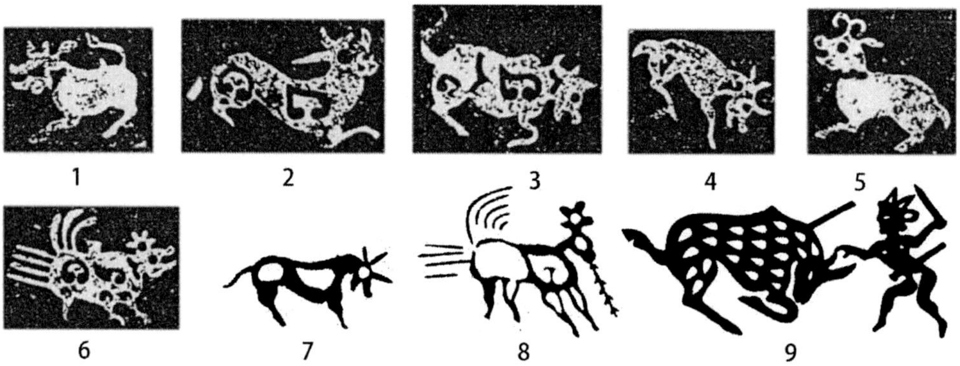

1～6.上海博物館藏狩獵紋銅豆牛形象　7、8.賈各莊狩獵紋銅壺　9.畫像紋銅壺刺牛圖

上海博物館藏狩獵紋銅豆、賈各莊狩獵紋銅壺等畫像上有牛的形象（圖 3-

〔註42〕游國慶，俯首甘為孺子牛──說青銅器上「牛」的造型、紋飾與銘文〔J〕，故宮文物月刊，312 期：40～51。

13：1～8），《戰國式銅器の研究》著錄一件畫像紋銅壺，其下腹間有刺牛圖（圖
3-13：9），牛身騰躍、尖角朝前，疑為古蒐禮的實景描繪之片影。

　　壽縣出土「大府」銅牛、平陰孝直鎮銅臥牛，其功用有可能是席鎮，唐朝
以前，床、椅尚未出現，人們大多是跪在鋪有席子的榻或地面上，由於席子多
用草或竹編織，四角易捲起，須用重物壓住，牛形席鎮即是其中之一種。

3.5　獸蛇、人蛇

　　在古代神話中，龍蛇同屬，蛇是創造龍這種幻想靈物的基本模式。在宗教
神話範疇內，不論在古籍或青銅器紋飾中，蛇首先被認為是吉祥的東西。從現
實的蛇來看，它是毒害人類的惡物。在青銅器紋飾中，蛇作為震懾的對象而被
神人所操持、踐踏和啖食。當作善義的蛇紋多見於商和周初的禮器上；當作惡
義的蛇，主要見於東周青銅器上半人半獸紋的背襯〔註43〕。

　　東周時期作為「惡義的蛇」主題造型，可分為三類：鳥蛇主題，包括鳥
銜蛇、踐蛇；獸蛇主題，包括獸啖蛇、踐蛇；人蛇主題，包括神人珥蛇、踐
蛇、操蛇、戲蛇等。這一主題造型不僅見於青銅器，而且見於玉器、陶器、
漆器、竹木器、絲織品等。人蛇主題其與新石器時代至西周時期早期「人蛇」
主題〔註44〕不同，藝術表現手法亦有別於之前的同類紋飾。

　　吳榮曾〔註45〕、王厚宇〔註46〕、劉敦願〔註47〕、吳春明〔註48〕、朱存明
〔註49〕對考古發現的蛇和相關神怪、「神人操蛇」圖像的產生及演變進行了研

〔註43〕馬承源，商周青銅器紋飾綜述〔A〕，上海博物館，商周青銅器紋飾〔M〕，北
　　　　京：文物出版社，1984：18。
〔註44〕韓鼎，早期「人蛇」主題研究〔J〕，考古，2017，3：82～93。
〔註45〕吳榮曾，戰國、漢代的「操蛇神怪」及有關神話迷信的變異〔J〕，文物，1989，
　　　　10。
〔註46〕王厚宇，考古資料中的蛇和相關神怪〔J〕，中國典籍與文化，2001，2，作者
　　　　對考古資料的蛇和相關神怪進行研究，將圖像內容分為崇蛇敬蛇、珥蛇踐蛇、
　　　　操蛇戲蛇、打蛇啖蛇四類。
〔註47〕劉敦願，試論戰國藝術品中的鳥蛇相鬥題材〔A〕，劉敦願，劉敦願文集・上
　　　　卷〔M〕，北京：科學出版社，2012：306～316。
〔註48〕吳春明，從蛇神的分類、演變看華南文化的發展〔A〕，北京大學考古文博學
　　　　院，北京大學中國考古學研究中心，考古學研究（九）〔C〕，北京：文物出版
　　　　社，2012：662～689。
〔註49〕朱存明，董良敏，肖形印「神人操蛇」圖像的產生及演變〔J〕，中國美術研究，
　　　　2012，1、2：32～48。

究。但這一主題造型的發展、演變與傳播及其與《山海經》中相關內容文本的關係等問題還需要進一步探討。

張光直說：「在商周神話和美術中，動物佔有很重要的地位。在神話裏，動物所扮演的角色，從族群的祖先，一直到上帝的使者；從先祖英雄的伴侶，一直到為英雄所征戮的惡魔。動物在神話中的重要地位，甚至比表面看得出來還要大些」〔註50〕。三晉、秦、楚、齊魯、燕代、群舒、吳越、巴蜀等區系均發現有銜蛇、踐蛇主題或神人操蛇紋樣主題，在東周、尤其是戰國時期，這一主題紋樣具有普遍性。

關於東周銜蛇、踐蛇與操蛇紋飾主題的起源地：劉敦願等認為，鳥蛇相鬥題材應是受南方的影響，而不會是北方本地的產物〔註51〕。但從已有考古發現的銜蛇、踐蛇、操蛇主題紋樣年代來看（表格5），均以三晉地區年代最早、最為發達。

鳥銜蛇、踐蛇主題以故宮博物院藏「邗王是野」戈〔註52〕年代最早，造型為一隻飛虎，後臀下是一隻銜蛇的雁，郭沫若認為是「邗王是野」即吳王壽夢〔註53〕，戈形制和紋飾是典型春秋晚期晉國青銅器的典型式樣〔註54〕；侯馬上馬M13銅方壺〔註55〕（圖3-14：1），壺的腹壁為凸起的龍紋、鳳紋、蟠蛇紋、蛙紋，鳳紋下為蟠蛇（圖3-14：3），雖未直接銜咬，可視作鳥銜蛇的祖型。同墓出土庚兒鼎，銘文有「隹正月初吉丁亥，郘王之子庚兒……」，年代應屬於「春秋中期偏晚……相當於春秋晚期之初的襄公時期（前 572-542）」〔註56〕。

獸啖蛇、踐蛇主題以新鄭大墓出土銅器座〔註57〕年代最早，此器獸面人

〔註50〕 張光直，商周神話與美術中所見人與動物關係之演變〔A〕，張光直，中國青銅時代〔M〕，上海：三聯書店，2013：409～410。

〔註51〕 劉敦願，試論戰國藝術品中的鳥蛇相鬥題材〔A〕，劉敦願，劉敦願文集・上卷〔M〕，北京：科學出版社，2012：306～316。

〔註52〕 故宮博物院，故宮青銅器〔M〕，北京：紫禁城出版社，1999：263。

〔註53〕 郭沫若，吳王壽夢之戈〔A〕，郭沫若，奴隸制時代〔M〕，北京：人民出版社，1954。

〔註54〕 李夏廷，李劭軒，晉國青銅藝術圖鑒〔M〕，北京：文物出版社，2009：240。

〔註55〕 山西文物管理委員會侯馬工作站，山西侯馬上馬村東周墓葬〔J〕，考古，1963，5：233～288。

〔註56〕 李學勤，從新出青銅器看長江下游文化的發展〔J〕，文物，1980，8。

〔註57〕 河南博物院，臺北國立歷史博物館，新鄭鄭公大墓青銅器〔M〕，鄭州：大象出版社，2001：144。

身，身披鱗甲，口中含蛇，兩足踐蛇（圖 3-14：2），年代認為是春秋中晚期之際；上海博物館藏鳥首龍紋壺，頸腹部浮雕有一動物似豬噬蛇，年代亦為春秋晚期。

圖 3-14　春秋中晚期三晉地區鳥蛇、獸蛇主題

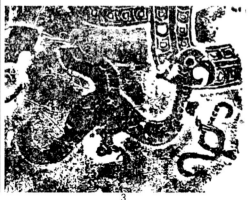

1、3.侯馬上馬 M13 銅方壺　2.新鄭大墓銅器座

　　關於神人踐蛇、操蛇，吳榮曾認為，「鳥銜蛇、踐蛇是神怪踐蛇、操蛇的原始形態，即先有神化的鳥踐蛇或銜蛇的神話迷信，以後隨著鳥的人形化，產生了人形神怪踐蛇、操蛇這類圖像」〔註 58〕，考古發現的神人踐蛇、操蛇的紋樣年代較早的應是三晉地區圓壺和高柄鈁上的神人珥蛇、操蛇紋飾，為春秋晚期偏晚或戰國早期偏早階段，楚地發現信陽楚墓漆瑟巫師操蛇、戲蛇的年代亦

〔註 58〕吳榮曾，戰國、漢代的「操蛇神怪」及有關神話迷信的變異〔J〕，文物，1989，10：50。

應在戰國早期；它們均晚於鳥銜蛇、踐蛇主題紋樣。

因此，鳥蛇、獸蛇與人蛇主題紋飾與造型，應是春秋晚期三晉地區起源，進而傳播到其他地區；整個戰國時期，楚地形式多樣、流行時間較長；鳥蛇、獸蛇與人蛇主題造型在各個區域各有特色。

表5　鳥蛇、獸蛇與人蛇主題紋樣年代

		春秋中期	春秋晚期	戰國早期	戰國中期	戰國晚期
晉系	鳥蛇主題		▬▬▬			
	獸蛇主題		▬▬▬			
	人蛇主題					
楚系	鳥蛇主題			▬▬▬▬▬▬▬▬		
	獸蛇主題			▬▬▬▬▬▬▬▬		
	人蛇主題			▬▬▬▬▬▬▬▬		
秦系	鳥蛇主題				▬▬▬	
	人蛇主題				▬▬▬	
齊魯系	獸蛇主題				▬▬▬	
	人蛇主題			▬▬▬▬▬▬		
燕代系	鳥蛇主題				▬▬▬▬	
	獸蛇主題				▬▬▬▬	
群舒系	人蛇主題			▬▬▬		
巴蜀系	人蛇主題			▬▬▬▬▬		
吳越系	人蛇主題			▬▬▬		

春秋戰國時期鳥蛇、獸蛇與人蛇主題紋樣，尤其是神人珥蛇、操蛇、踐蛇等主題，是這一時期藝術、思想的直接體現。《山海經》保存有關我國上古時代民族、宗教、神話、歷史等諸多方面的資料，比如甲骨文的四方和四方風名，還全套保存在《山海經》裏，《山海經》關於四方和四方風，不但名稱基本上與甲骨文相同，而且句法也和甲骨文幾乎完全一樣〔註59〕。但《山海經》記載雜亂疏略、訛脫嚴重，考古發現時空明確、與《山海經》記載相關的實物資料更顯重要。

蛇在《山海經》中佔有重要地位。「蛇形神（包括蛇類神、人面蛇身身、蛇與其他動物組合之神）有48例，操蛇、珥蛇、踐蛇、戴蛇、食蛇、射蛇、蛇媒有26例。蛇屬土、屬水、屬陰，是江海水神、山川之神神性的標誌，是神與巫溝通兩個世界的巫具與動物助手。操蛇、珥蛇、戴蛇不僅表示人對蛇類的親近與信仰，也表明人對蛇類的親近與信仰，也表明人對蛇類的控制與征

〔註59〕 胡厚宣，釋殷代求年於四方和四方風的祭祀〔J〕，復旦學報（人文科學），1956，
　　　 1：49～86。

服。」〔註60〕。茲從《山海經》〔註61〕記載中梳理如下：

鳥蛇主題	開明西有鳳皇、鸞鳥，皆戴蛇踐蛇，膺有赤蛇。（《山海經第十一・海內西經》第261頁）
	又東北二十里，曰女幾之山，其上多玉，其下多黃金，其獸多豹、虎，多閭、麋、麖、麂，其鳥多白鷮，多翟，多鴆。（郭璞云「鴆大如雕，紫綠色，長頸赤喙，食蝮蛇頭；雄名運日，雌名陰諧也。」）（《山海經第五・中山經》第141頁）
人蛇主題	博父國在聶耳東，其為人大，右手操青蛇，左手操黃蛇。鄧林在其東，二樹木。一曰博父。（《山海經第八・海外北經》第216頁）
	東海之渚中，有神，人面鳥身，珥兩黃蛇，踐兩黃蛇，名曰禺䝞（hao）。（《山海經第十四・大荒東經》第298頁）
	大荒之中，有山名曰成都載天。有人珥兩黃蛇，把兩黃蛇，名曰夸父。后土生信，信生夸父。夸父不量力，欲追日景，逮之於禺谷。（《山海經第十七・大荒北經》第360頁）
	巫咸國在女丑北，右手操青蛇，左手操赤蛇，在登葆山，群巫所從上下也。（《山海經第七・海外西經》第200頁）
	雨師妾在其北，其為人黑，兩手各操一蛇，左耳有青蛇，右耳有赤蛇。（《山海經第九・海外東經》第233頁）
	南海渚中，有神，人面，珥兩青蛇，踐兩赤蛇，曰不廷胡余。（《山海經第十五・大荒南經》第315頁）
	西海陼中，有神人面鳥身，珥兩青蛇，踐兩赤蛇，名曰弇茲。（《山海經第十六・大荒西經》第339頁）
	北海之渚中，有神，人面鳥身，珥兩青蛇，踐兩赤蛇，名曰禺強。（《山海經第十七・大荒北經》第358頁）
	北方禺強，人面鳥身，珥兩青蛇，踐兩青蛇。（《山海經第八・海外北經》第222頁）
	奢比之尸在其北，獸身、人面、大耳，珥兩青蛇。一曰肝榆之尸在大人北。（《山海經第九・海外東經》第225頁）
	有神，人面、犬耳、獸身，珥兩青蛇，名曰奢比尸。（《山海經第十四・大荒東經》第303頁）

〔註60〕馬昌儀，〈山經〉古圖的山神與祠禮〔J〕，民族藝術，2001，4：153。
〔註61〕以下無特殊說明，均引自袁珂，山海經校注〔M〕，北京：北京聯合出版公司，2014。

西南海之外，赤水之南，流沙之西，有人珥兩青蛇，乘兩龍，名曰夏后開。開上嬪於天，得《九辯》與《九歌》以下。（《山海經第十六·大荒西經》第 349 頁）
又東一百五十里，曰夫夫之山，其上多黃金，其下多青雄黃，其木多桑、楮，其草多竹、雞鼓。神於兒居之，其狀人身而操兩蛇，常遊於江淵，出入有光。（《山海經第五·中山經》第 165 頁）
澧沅之風，交瀟湘之淵，是在九江之間，出入必以飄風暴雨。是多怪神，狀如人而載蛇，左右手操蛇。（《山海經第五·中山經》第 166 頁）
西方蓐收，左耳有蛇，乘兩龍。（《山海經第七·海外西經》第 206 頁）
黑齒國在其北，為人黑，食稻啖蛇，一赤一青，在其旁。一曰：在豎亥北，為人黑首，食稻使蛇，其一蛇赤。（《山海經第九·海外東經》第 230 頁）
又有神銜蛇操蛇，其狀虎首人身，四蹄長肘，名曰彊良。（《山海經第十七·大荒北經》第 359 頁）
又有黑人，虎首鳥足，兩手持蛇，方啗之。（《山海經第十八·海內經》第 382 頁）

關於《山海經》成書時代，以袁珂的觀點最為代表：「《大荒經》四篇和《海內經》一篇成書最早，大約在戰國初年或中年；《五藏山經》和《海外經》四篇稍遲，是戰國中年以後的作品；《海內經》四篇最遲，當成於漢代初年。它們的作者都是楚人——即楚國或楚地的人」〔註62〕。通過圖像資料與《山海經》有關記載相比對，對研究《山海經》的內容、成書時地等有參照意義。

3.6　神怪

神怪圖像指的是與「鬼神、怪異之物」相關的圖像，《論語·述而》云「子不語怪、力、亂、神」，注曰：怪，怪異也；神謂鬼神之事〔註63〕。考古發現的神怪圖像主要見於銅器、玉器、漆木器、絲織品等。神怪圖像一部分屬於幻想動物範疇，另外一部分因「人」的形象加入而超出此範疇，馬承源先生用了

〔註62〕袁珂，〈山海經〉寫作的時地及篇目考〔A〕，袁珂，神話論文集〔C〕，上海：上海古籍出版社，1982：1～25。
〔註63〕程樹德撰，程俊英、蔣見元點校，論語正義〔M〕，北京：中華書局，1990：372。

「半人半獸紋」概念〔註64〕，神怪圖像的內涵較之更豐富。這一方面的研究主要有：對某一類神怪圖像，如吳榮曾先生的「操蛇神怪」〔註65〕；對某一類器物，如楊建芳先生的古代玉雕中的神怪〔註66〕。

　　考古發現的東周時期神怪圖像的原型有鳥、獸、人，部分存在兩類或以上組合的現象，很難確定一個統一分類標準，因此，在研究的過程中，對東周神怪圖像的分類是粗略的。

人首獸身

　　韓城梁帶村 M26 竊曲紋圈足匜〔註67〕（圖 3-15：1），蓋面隆起，置人面獸身鈕；同一墓地的梁帶村 M27 人面獸身玉飾〔註68〕（圖 3-15：2），呈人面獸身狀，體飾卷雲紋，人面之耳、目、鼻、嘴及髮絲一應俱全，獸背隆起，長尾上卷，身體中下部有一對鑽孔。順義龍灣屯銅交龍紋車軎〔註69〕（圖 3-15：4），車軎配有一轄，轄端浮雕高鼻怒目的人面，與車軎浮雕獸身構成人面獸身造型。曾侯乙墓 E.61 漆衣箱〔註70〕，矮樹上立有兩獸（圖 3-15：3），有一獸為人面，另一獸側首，面目不清。

　　琉璃閣 1：51 刻紋盦〔註71〕，下層有人面獸身形象（圖 3-15：5），與淮陰高莊戰國墓刻紋銅器上一首雙身表現形式相似。淮陰高莊戰國墓刻紋銅器上發現多例人面獸身形象〔註72〕（圖 3-15：6～11），就人面而言，有的黥面、有的珥蛇、有的長角，獸身紋飾還略有區別。

〔註64〕馬承源，商周青銅器紋飾綜述〔A〕，馬承源，中國青銅器研究〔M〕，上海：上海古籍出版社，2002：387～388。

〔註65〕吳榮曾，戰、漢代的「操蛇神怪」及有關神話迷信的變異〔J〕，文物，1989，10。

〔註66〕楊建芳，古代玉雕中的神怪世界──與〈山海經〉中的神怪對照〔J〕，中國國家博物館館刊，2011，1。

〔註67〕上海博物館，陝西省考古研究院，金玉華年：陝西韓城出土周代芮國文物珍品〔M〕，上海：上海書畫出版，2012：210-211。

〔註68〕上海博物館，陝西省考古研究院，金玉華年：陝西韓城出土周代芮國文物珍品〔M〕，上海：上海書畫出版，2012：137。

〔註69〕程長新，北京市順義縣龍灣屯出土一組戰國青銅器〔J〕，考古，1985，8：703。

〔註70〕湖北省博物館，曾侯乙墓〔M〕，北京：文物出版社，1989：355，357。

〔註71〕郭寶鈞，山彪鎮與琉璃閣〔M〕，北京：科學出版社，1959：64～65。

〔註72〕淮安市博物館，淮陰高莊戰國墓〔M〕，北京：文物出版社，2009：154～158。

圖 3-15　人面獸身形象

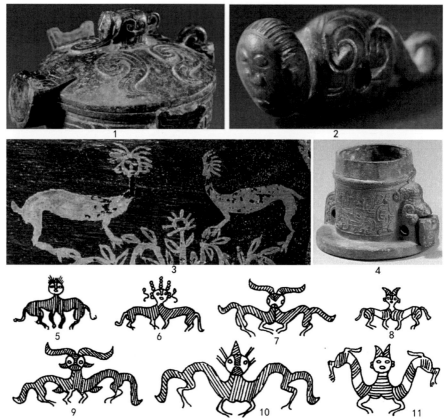

1.韓城梁帶村 M26 竊曲紋圈足匜　2.梁帶村 M27 人面獸身玉飾　3.曾侯乙墓 E.61 漆衣箱　4.順義龍灣屯銅車軎　5.琉璃閣 1:51 刻紋盒　6～11.淮陰高莊戰國墓刻紋銅器

人面鳥喙

　　上海博物館藏鳥首人形足敦〔註73〕（圖 3-16：1），敦呈橢圓形，器腹前後各設一龍耳，腹下部四足為人面鳥喙形，背部有雙翅與器相合，粗壯的人形足著地，體部有簡單的乳房和肚臍。新鄭鄭公大墓出土獸足熊耳銅舟〔註74〕（圖 3-16：2），上海博物館藏鳥首人形足敦與之形制相似，應屬於晉系銅器。

　　故宮博物院藏龜魚紋方盤〔註75〕（圖 3-16：5），盤長方形，外壁上有一周高浮雕動物和怪獸，怪獸形象為人面鳥身形象（圖 3-16：3）。故宮博物院藏螭形

〔註73〕陳佩芬，夏商周青銅器研究・東周篇下〔M〕，上海：上海古籍出版社，2004：312。

〔註74〕河南博物院，臺北國立歷史博物館，鄭公大墓青銅器〔M〕，鄭州：大象出版社，2001：126。

〔註75〕故宮博物院，故宮青銅器〔M〕，北京：紫禁城出版社，1999：289。

提梁盃〔註76〕（圖3-16：6），鳥首形流，提梁為一蟠螭形，三人形足。人形足為人面、鳥喙，額頂有牛角形飾，手、足均為鳥爪形，兩手操兩蛇，後背似有雙翅。侯馬白店 H15：40 龍紋模〔註77〕（圖3-16：7），中間為一頭雙身龍紋，龍身飾三角形，左右兩側各有一翼龍，龍身飾重環紋。通過比較發現提梁盃腹部紋飾與侯馬白店龍紋模造型相似，但整體略纖細，很有可能提梁盃是三晉產品。

圖 3-16　三晉地區人面鳥造型

1.上海博物館藏鳥首人形足敦　2.新鄭鄭公大墓獸足熊耳銅舟　3、5.故宮博物院藏龜魚紋方盤　4.新鄭鄭公大墓「獸足鷹鈕銅盤」　6.故宮博物院藏螭形提梁盃　7.侯馬白店 H15 龍紋模　8.上海博物館鳥獸龍紋壺

　　新鄭鄭公大墓出土原稱之為「獸足鷹鈕銅盤」〔註78〕（圖3-16：4），下有三虎形足，前後兩側各附有一「鷹首鈕」，實際應是人面鳥喙形飾。上海博物館藏渾源李峪村出土鳥獸龍紋壺〔註79〕，壺頸、腹蟠龍上亦有人面鳥喙

〔註76〕故宮博物院，故宮青銅器〔M〕，北京：紫禁城出版社，1999：286～287。

〔註77〕山西省考古研究所，侯馬白店鑄銅遺址〔M〕，北京：科學出版社，2012：257。

〔註78〕河南博物院，臺北國立歷史博物館，鄭公大墓青銅器〔M〕，鄭州：大象出版社，2001：129。

〔註79〕陳佩芬，夏商周青銅器研究·東周篇上〔M〕，上海：上海古籍出版社，2004：181～183。

形象（圖 3-16：8）。

　　荊州天星觀二號墓木雕蟾蜍座鳳鳥羽人〔註80〕（圖 3-17：1），該器由上部羽人和鳳鳥與下部蟾蜍兩部分組成，羽人和鳳鳥身軀用整木雕製，羽人的雙臂、鳥尾及鳳鳥的雙翅、後尾為分件雕刻。羽人頭髮後披，人面鳥喙，鉤形耳，下肢連成一足，有四爪，呈鳥爪狀。九連墩 1 號楚墓出土人面鳥喙玉羽人〔註81〕（圖 3-17：3），呈蹲踞狀，人面鳥喙。

　　臨淄商王 M1：87 銅方爐〔註82〕（圖 3-17：5），四角各一人形足，均人面鳥喙，頭戴尖鼻式蒙古帽，身穿短褲，圓腹、肚臍外露，兩臂向前彎曲抱腹，肩部有雙翼向後伸展，側視可見三足。臨淄商王 M1：126 銅帶鉤〔註83〕（圖 3-17：4），鉤身飾一人面鳥喙神人，額中嵌一圓形綠松石，雙手上舉作握持狀，肩生雙翼，「八」字形雁尾。

圖 3-17　齊、楚人面鳥喙造型

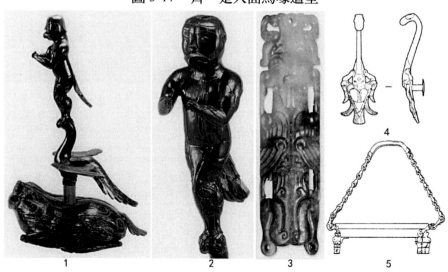

1、2.荊州天星觀二號墓木雕蟾蜍座鳳鳥羽人　3.九連墩 1 號楚墓人面鳥喙玉羽人
4.臨淄商王 M1 銅帶鉤　5.臨淄商王 M1 銅方爐

〔註80〕湖北省荊州博物館，荊州天星觀二號楚墓〔M〕，北京：文物出版社，2003：183～185。

〔註81〕湖北省博物館，九連墩——長江中游的楚國貴族大墓〔M〕，北京：文物出版社，2007：73。

〔註82〕淄博市博物館，齊故城博物館，臨淄商王墓地〔M〕，濟南：齊魯書社，1997：27，28，31。

〔註83〕淄博市博物館，齊故城博物館，臨淄商王墓地〔M〕，濟南：齊魯書社，1997：34～35。

三首人（鳳）

洛陽西宮 M131 出土兩件銅壺〔註84〕，均有鳳鳥銜蛇和神人珥蛇紋飾，其中 M131：28 銅壺頸部鳳鳥銜蛇紋飾較為特殊，為三頭鳳銜蛇（圖 3-18：2、3）。江陵馬山一號楚墓 N10「三頭鳳」刺繡〔註85〕（圖 3-18：1），鳳首如鴞，腹近圓，正面而曲腿，雙翼並舉，兩個翼端都內勾如鳳首。長沙子彈庫出土的《楚十二月神帛書》中有三頭神〔註86〕（圖 3-18：4～7），人形正立，鳥足三首，面赤色。

圖 3-18　三首人（鳳）造型

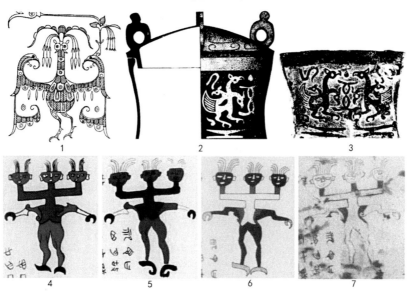

1.江陵馬山一號墓「三頭鳳」刺繡　2、3.洛陽西宮 M131 銅壺
4～7.長沙子彈庫楚帛書三頭神

在古代典籍中難以找到「三頭鳳」的明確記載，但卻可以找到與之相關的「三頭人」的記載。《山海經·海內西經》曰：「服常樹，其上有三頭人，伺琅玕樹。」饒宗頤認為，這三頭神即三頭的「離珠」〔註87〕。皮筱蔚〔註88〕、袁

〔註84〕蔡運章，梁曉景，張長森，洛陽西宮 131 號戰國墓〔J〕，文物，1994，7：4～15。
〔註85〕湖北省荊州地區博物館，江陵馬山一號楚墓〔M〕，北京：文物出版社，1985：61，68。
〔註86〕李零，子彈庫帛書（下）〔M〕，北京：文物出版社，2017，圖像自左至右分別採自：蔡修渙摹本（156-157 頁）、商承祚摹本（158-159 頁）、巴納摹本（162-163 頁）、塞克勒美術館 2012（附圖一），本節涉及楚帛書十二月神注釋內容同本注。
〔註87〕饒宗頤，長沙楚墓時占神物圖卷考釋〔J〕，東方文化，1 卷 1 期，1954。
〔註88〕皮筱蔚，三頭鳳試釋〔J〕，江漢考古，1989，4：91～94。

朝〔註89〕曾對此圖案進行考證。《山海經‧中山經》:「苦山、少室、太室皆冢也。其祠之:太牢之具,嬰以吉玉。其神狀皆人面三首。」《海外南經》又有「三首國」。

方首神怪

楚帛書十一月月神作方首人身(圖3-19:6~9),有角似牛,面青色、露齒;三月月神作方頭怪獸(圖3-19:10~13)。

淮陰高莊戰國墓刻紋銅器上亦有方首神怪〔註90〕(圖3-19:1~5),這些神怪,有的操持兩龍,有的珥蛇、操持兩獸,有的乘龍,有的肩扛齒形橫木。

從該神怪的面部特徵看,它瞠目、寬鼻、張口,面呈方形,頗像浙江反山玉琮上頭戴羽冠的神人;有學者認為該方頭神怪有可能是古代的戰神蚩尤〔註91〕。

圖3-19　方首神怪造型

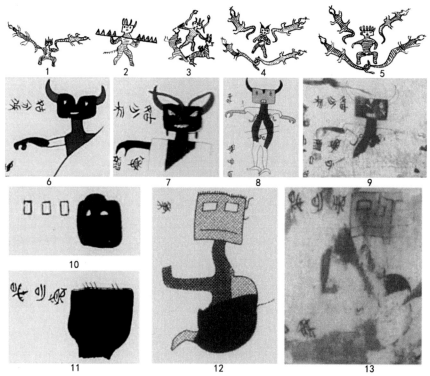

1~5.淮陰高莊戰國墓方首神怪　6~9.子彈庫楚帛書十一月月神
10~13.子彈庫楚帛書三月月神

〔註89〕袁朝,江陵馬山一號楚墓刺繡品圖案考釋〔J〕,中原文物,1993,1:47~52。
〔註90〕淮安市博物館,淮陰高莊戰國墓〔M〕,北京:文物出版社,2009:158~162。
〔註91〕王崇順,王厚宇,淮陰高莊戰國墓銅器的圖像考釋〔J〕,東南文化,1995,4。

人首鳥身

楚帛書二月月神（圖 3-20：4～7），尾如雄雞，爪均向內，青紅二色。四首皆方形，面白色，方眼無眸，無耳，有青色冠。七月月神作人首鳥身，頭上戴角（圖 3-20：8～11）。

輝縣琉璃閣 1937 出土的狩獵紋銅壺〔註 92〕，有人面鳥身、羽人圖像，戴蛇，手抓蛇、腳踩蛇（圖 3-20：2）。美國舊金山亞洲藝術博物館藏狩獵紋壺〔註 93〕，壺的下層有人面鳥身羽人圖像，羽人戴蛇（圖 3-20：1）。

曾侯乙墓漆棺〔註 94〕，一持戟武士為人首、人面、頭上兩尖角，兩耳肥碩，軀體著鱗甲紋，有手足及翼等五隊，大尾一條、似鳥（圖 3-20：3）

圖 3-20　人首鳥身形象

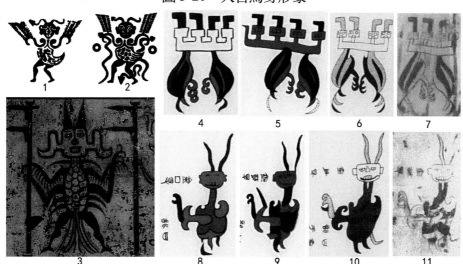

1.亞洲藝術博物館藏狩獵紋壺　2.輝縣琉璃閣狩獵紋銅壺　3.曾侯乙墓漆棺
4～7.子彈庫楚帛書二月月神　8～11.子彈庫楚帛書七月月神

鳥首人身

輝縣琉璃閣出土狩獵紋壺〔註 95〕，壺的下層有鳥首人身圖像（圖 3-21：

〔註92〕李零，琉璃閣銅壺上的神物圖像〔A〕，李零，出山與入塞〔M〕，北京：文物出版社，2004：213～217。

〔註93〕中國青銅器全集編輯委員會，中國青銅器全集・東周 2〔M〕，北京：文物出版社，1995：61，李夏廷，李劭軒，晉國青銅藝術圖鑒〔M〕，北京：文物出版社，2009：324。

〔註94〕湖北省博物館，曾侯乙墓〔M〕，北京：文物出版社，1989：36～39。

〔註95〕轉引自李夏廷，李劭軒，晉國青銅藝術圖鑒〔M〕，北京：文物出版社，2009：322。

1）。美國舊金山亞洲藝術博物館藏狩獵紋壺〔註96〕，壺的下層有鳥首人身作舞蹈或射箭狀的圖像（圖3-21：2、3）。琉璃閣1：51刻紋盦〔註97〕，下層有一鳥首人身（圖3-21：4），張弓搭矢，一獸張牙舞爪相拒。

淮陰高莊戰國墓刻紋銅器〔註98〕，有二人係鳥獸人身，手中提蛇，作擊打狀（圖3-21：5、6）；有二鳥首人身肩扛九齒神木形象（圖3-21：7、8）；有一作二鳥首人身形象（圖3-21：9）。

圖3-21　鳥首人身形象

1.輝縣琉璃閣出土狩獵紋壺　2、3.亞洲藝術博物館藏狩獵紋壺
4.琉璃閣1：51刻紋盦　5～9.淮陰高莊戰國墓刻紋銅器

獸形神

曾侯乙墓漆棺〔註99〕，持戟武士，獸首人面，軀體亦作獸形（圖3-22：1）；另一持戟武士為人形，頭頂有角，角作鳥首形，碩耳、長髯（圖3-22：2）。有學者認為，其一軀幹從腋到腰，呈橢圓形，跟牛的軀幹是極其相似，與《招魂》描述「土伯」的「其身若牛」相符；另一虎頭虎腦，鼻眼畢肖，虎鬚分列於兩頰，與王逸注《招魂》云：「言土伯之頭，其狀如虎」相符；曾侯乙墓漆棺畫武士應是《招魂》中的「土伯」〔註100〕。

〔註96〕中國青銅器全集編輯委員會，中國青銅器全集‧東周2〔M〕，北京：文物出版社，1995：61，李夏廷，李劭軒，晉國青銅藝術圖鑒〔M〕，北京：文物出版社，2009：324。
〔註97〕郭寶鈞，山彪鎮與琉璃閣〔M〕，北京：科學出版社，1959：64～65。
〔註98〕淮安市博物館，淮陰高莊戰國墓〔M〕，北京：文物出版社，2009：156～160。
〔註99〕湖北省博物館，曾侯乙墓〔M〕，北京：文物出版社，1989：36～39。
〔註100〕湯炳正，曾侯乙墓的棺畫與〈招魂〉中的「土伯」〔J〕，社會科學戰線，1982，3：260～263。

　　秦咸陽城遺址一號宮殿遺址出土鳳紋空心磚〔註101〕（圖 3-22：3），其上刻繪騎鳳的神人，具獸爪，珥蛇。

　　楚帛書八月月神，獸首，面紅色，吐舌，長毛獸身，脊上有毛（圖 3-22：4～7）。此月神之冠、體軀之形與曾侯乙墓漆棺牛形體軀武士相似。

圖 3-22　獸形神

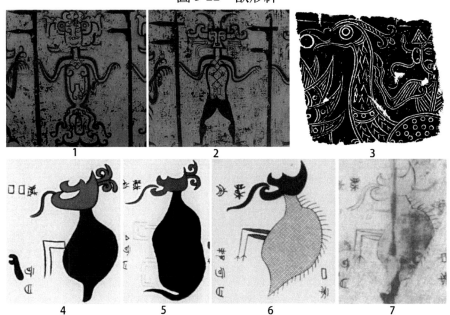

1、2.曾侯乙墓漆棺　3.秦咸陽城遺址鳳紋空心磚　4～7.子彈庫楚帛書八月月神

操蛇之神

參見前揭東周人蛇、獸蛇主題。

蛇形神

　　曾侯乙墓 E.61 漆衣箱〔註102〕，箱蓋邊端，畫有相互纏繞的方首蛇形象（圖 3-23：1）。有學者認為類似遠古神話中的伏羲、女媧〔註103〕，也有學者認為畫面上兩個蛇頭並一蛇身而有反面互相纏繞的動物不是伏羲、女媧，應是南方的一種神蛇〔註104〕。

〔註101〕陝西省考古研究所，秦都咸陽考古報告〔M〕，北京：科學出版社，2004：490。

〔註102〕湖北省博物館，曾侯乙墓〔M〕，北京：文物出版社，1989：355，357。

〔註103〕郭德維，曾侯乙墓中漆匫上日月、伏羲、女媧圖像試釋〔J〕，江漢考古，1981，S1：97～101。

〔註104〕陳峰，曾侯乙墓中漆匫上「日月和伏羲、女媧」圖像質疑〔J〕，中原文物，1993，1：53～56。

　　楚帛書四月月神，作雙尾蛇（圖 3-23：2～5），蛇首青色，口吐歧舌，蛇尾纏繞。楚帛書九月月神，伏作眍形（圖 3-23：6～9），兩蛇首青色，各吐歧舌。

圖 3-23　蛇形神

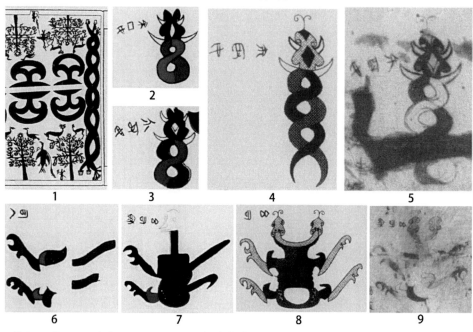

1.曾侯乙墓 E.61 漆衣箱　2～5.子彈庫楚帛書四月月神　6～9.子彈庫楚帛書九月月神

御龍、鳳、虎等神人

　　熊家冢墓地 PM4：69 [註 105]，一龍一人形，龍曲頸卷尾，前肢伸長作變形鳳首狀，玉人倚立於龍身一側，刻畫五官，雙手捧於腹部，穿曲衽方格紋袍（圖 3-24：1）。

　　荊州院牆灣墓地玉人操兩龍形佩 [註 106]（圖 3-24：2），整體由一人兩龍、兩鳥組成，其中龍、鳥左右對稱。兩龍用吻部托起一璧，璧下龍身中間站立一立人，立人兩手抓住龍身。熙墀藏鏤空人龍合紋璧 [註 107]（圖 3-24：4），上下各有一立人，頭梳尖角狀雙髻，身著圓領窄袖長袍，腰腹間著蔽膝，立人兩側鏤雕鳳紋。

〔註 105〕荊州博物館，湖北荊州熊家冢墓地 2006~2007 年發掘簡報〔J〕，文物，2009，4。

〔註 106〕荊州博物館，湖北荊州院牆灣一號楚墓〔J〕，文物，2008，4。

〔註 107〕姜濤，劉雲輝，熙墀藏玉〔M〕，北京：文物出版社，2006：92～93。

　　九連墩 M2 玉人〔註 108〕，整器分三層，以三疊人雙足踏豕造型。下層為一張口卷尾作奔跑狀的巨豕；中層兩人，雙足並列分立於豕背之上；上層為一人，雙足分立於中層二人頭上（圖 3-24：3）。洛陽小屯村一號墓出土的玉人騎獸佩〔註 109〕（圖 3-24：5），器作一人騎於伏虎狀。

圖 3-24　御龍、鳳、虎等神人

1.熊家冢墓地 PM4 龍佩　2.荊州院牆灣墓地玉佩　3.九連墩 M2 玉人　4.熙墀藏鏤空人龍合紋璧　5.洛陽小屯村玉人騎獸佩　6.國家博物館藏人形座銅燈　7.中山國「成公」墓 M6 銀首人俑燈　8.長沙楚墓人物御龍帛畫　9.長沙楚墓人物龍鳳帛畫

〔註 108〕湖北省博物館，九連墩——長江中游的楚國貴族大墓〔M〕，北京：文物出版社，2007：77。

〔註 109〕中國玉器全集編輯委員會，中國玉器全集·3 春秋·戰國，石家莊：河北美術出版社，1993：132。

國家博物館藏諸城葛埠口村出土人形座銅燈〔註110〕（圖3-24：6），整體為一身著短衣男子雙手擎燈盞狀，人足下為屈曲的盤龍形圓盤。中山國「成公」墓 M6：113 銀首人俑燈〔註111〕（圖3-24：7），造型為一方形座上立一男性，雙手各握一螭。

長沙楚墓人物御龍帛畫〔註112〕（圖3-24：8），畫面正中墨筆繪一長服佩劍、頭上結纓帶的中年男子，側身手執一韁繩，駕馭一龍，龍形如龍舟，舟尾立一鶴鳥，舟下繪有遊魚。20世紀40年代長沙出土人物龍鳳帛畫〔註113〕（圖3-24：9），畫面描繪一個高髻細腰、廣繡長裙的貴族女子，側身站立在一彎月狀物上，合掌祈求，頭頂鳳鳥展翅、前方夔龍升騰。

「人神雜糅圖像的出現是一個廣泛普遍的現象，不僅僅局限於視覺藝術，也發生在早期文學作品，如《左傳》、《山海經》等」〔註114〕。不少神話中的神，它們的形象大都經歷過獸類，半人半獸至人形的不同階段，至於對它們性格的描寫，也經歷過半人格神到人格神的變化。屈原的《離騷》、《九歌》中有許多經過詩人美化了的可愛和可親的神人或鬼怪，屈原作品中的神，顯然已經進入了人格化的階段。

東周時期考古發現的神怪圖像，大部分仍然是處於《山海經》描述的獸類、半人半獸的狀態；少量的如帛畫、玉器、銅器等器物裝飾中，出現了「人格神」的圖像、造型，它們的表現特徵是現實社會中的人，通過龍、鳳、虎、蛇等動物「道具」顯示其具有神力、神性，這一轉變大致在戰國中晚期，著名的例子是長沙陳家大山出土的《人物龍鳳帛圖》和長沙子彈庫發現的《人物御龍帛圖》。

當然，「人格神」的出現並非完全取代「獸類」、「半獸人」，這幾種神怪表

〔註110〕秦始皇陵博物院，決決大國——齊國歷史文化展〔M〕，西安：陝西新華出版傳媒集團，三秦出版社，2015：99。

〔註111〕河北省文物研究所，戰國中山國靈壽城——1975~1993年考古發掘報告〔M〕，北京：文物出版社，2005：150，153～160。

〔註112〕湖南省博物館，湖南省文物考古研究所，長沙市博物館，長沙市文物考古研究所，長沙楚墓〔M〕，北京：文物出版社，2000：428。

〔註113〕湖南省博物館，首都博物館，鳳舞九天——楚文化特展〔M〕，北京：科學出版社，2015：188。

〔註114〕來國龍，逝者的再現，無形的參列——戰國秦漢墓葬藝術中人像觀念的轉變〔A〕，巫鴻，朱青生，鄭岩，古代墓葬美術研究（第二輯）〔C〕，長沙：湖南美術出版社，2013：47。

現方式多元性共存。如長沙子彈庫帛書十二月神，是系統化、體系化的神話觀念的外化，其表現神的方式既有完全以某種動物形象的「獸類」神，獸與獸、人與獸組合的「半獸人」，有「道具」襯托「正常人」形象的神。這幾種多元神怪共存的現象具有長時段性。

第四章 東周動物紋樣所見列國 之間的交流與互動

　　春秋晚期及戰國時期，陸路和水路運輸都有了長足發展，商品運輸明顯促進了商業的發展；與繁盛的區間貿易相伴隨，另一現象是區域間的相互依賴，以獲取各地的特產〔註1〕。

　　對地方特產有兩種史料記載，一是《尚書》中的《禹貢》，一是《周禮》中的《職方志》，這兩種史料均被認為是戰國時期〔註2〕。《周禮》列舉的「利」大致與《禹貢》所載相同：兗州和青州產魚和蒲，揚州產銅、錫和竹製品，荊州產丹砂、錫、象牙和革，木材、漆、絲和枲產於豫州，玉石是雍州的特產，而幽州的燕國則有魚鹽之利，薊州和并州分別有松柏之材和布帛之利。

　　戰國時最富庶之地莫過於楚，它有肥沃的土地、溫和濕潤的氣候、大量的原始森林和湖泊，這些地方出產大型木材和野生動物如犀、象、鹿等珍稀物品，象牙、皮革和羽毛是楚國的出口物資。

　　動物紋樣及其附屬載體屬於工業品範疇，地區工業品在《左傳》、《國語》等先秦文獻中很少被提及，但各區域自然特產的交流充分說明列國之間交流的加強與繁盛，動物紋樣及其附屬載體的交流自屬必然。

　　列國之間的動物紋樣的交流與互動可分為兩個層面：一是動物紋樣所附屬器物的交流，對於這類器物的辨識相對比較容易，主要通過類型學的方法；二是動物紋樣作為符號的交流，某一紋飾在特定區域起源後，然後傳播到其他

〔註 1〕 許倬雲，中國古代社會史論——春秋戰國時期的社會流動〔M〕，桂林：廣西師範大學出版社，2006：141～146。
〔註 2〕 張心澂，偽書通考〔M〕，上海：商務印書館，1954：121～123，316～327。

區域，在其他區域會產生某種程度的變遷，包括紋樣本身和所附屬器物類型等，紋飾不再是相同，而是「類似」，對於這類紋樣的辨識主要通過文化因素分析法。

4.1 其他區域所見晉系動物紋樣

4.1.1 翼龍

關于翼龍：李零認為，中國的翼龍形象至少在春秋晚期突然出現，時間為公元前 6 世紀，並且受到了波斯、中亞和歐亞草原藝術的影響〔註3〕；林俊雄基本贊同李零的觀點，認為這些有翼的野獸是獅子、老虎和鹿，不是龍〔註4〕；孫機認為，中國古龍之翼與其說是功能性，倒不如看作是藝術上的誇張，東、西方的翼龍、翼獸之間找不到造型上的真正交會點，傳播關係難以成立〔註5〕。

暫且擱置中西交流的爭議，龍身有小翼年代最早是新鄭李家樓出土的蓮鶴方壺，為春秋中期，且在三晉兩周地區數量最多，主要集中在銅壺、銅罍等器物耳部裝飾，基本可認定翼龍這一裝飾藝術在三晉地區興起後，傳播到列國其他國家。

珍秦齋藏信宮罍〔註6〕（圖 4-1：2），罍肩部飾對稱的四龍耳，龍顧首、肩生雙翼。肩部刻銘「四斗」、「古西共左今左般」、「信宮左般」；底部刻銘兩行「西廿左」、「十九斤」。《史記·秦始皇本紀》二十七年「作信宮渭南，已更命信宮為極廟，像天極」，此器或曾在秦信宮使用。

此罍與三晉地區銅罍形制相似，年代為春秋晚期，很有可能是三晉地區直接輸入、延續使用。

〔註3〕 李零，論中國的有翼神獸〔A〕，李零，入山與出塞〔M〕，北京：文物出版社，2004，李零，再論中國的有翼神獸〔A〕，李零，入山與出塞〔M〕，北京：文物出版社，2004。

〔註4〕 （日）林俊雄，公元前 2 世紀至公元 2 世紀之間的格里芬和龍〔A〕，中國社會科學院考古研究所，新疆文物考古研究所，漢代西域考古與漢文化〔C〕，北京：科學出版社，2014：493～504。

〔註5〕 孫機，神龍出世六千年〔A〕，孫機，仰觀集——古文物的欣賞與鑒別〔C〕，北京：文物出版社，2015：10～51。

〔註6〕 蕭春源，珍秦齋藏金·秦銅器篇〔M〕，澳門：澳門基金會，2006：126～131。

圖 4-1　其他區域所見晉系春秋翼龍

1.國家博物館藏鮑子鎛　2.珍秦齋藏信宮鼏　3.淅川下寺 M1 鄩子佣簠　4.安徽蚌埠雙堆 M1 銅罍　5.茂縣牟托村 M1 青銅鐘　6.鄖縣喬家院 M4 銅盞

　　國家博物館藏鮑子鎛〔註7〕（圖 4-1：1），一直被稱作鎒鎛〔註8〕，舞上飾扁鈕，主體圖像為鏤空對龍獸搏鬥，龍張口吞獸，龍有翼，尾翹外卷；年代為春秋中期偏晚或春秋晚期偏早。鄖縣喬家院 M4：10 銅盞〔註9〕（圖 4-1：6），蓋頂部有四條透雕鏤空夔龍紋繞成的圓捉手，夔龍體軀彎曲，吻部上卷，體軀上有龍爪和小型羽翅；年代為春秋中晚期之際。淅川下寺 M1 鄩子佣簠〔註10〕（圖 4-1：3），腹側有兩個大型的龍形耳，翼徑置於腹部；年代為春秋晚期。安徽蚌埠雙堆 M1 銅罍〔註11〕（圖 4-1：4），有圓形圈座透空蟠虺紋蓋，罍肩

〔註7〕　馮峰，鮑子鼎與鮑子鎛〔J〕，中國國家博物館館刊，2014，7：96～117。
〔註8〕　秦始皇陵博物院，泱泱大國——齊國歷史文化展〔M〕，西安：陝西新華出版傳媒集團，三秦出版社，2015：67。
〔註9〕　湖北省文物考古研究所，湖北鄖縣喬家院春秋殉人墓〔J〕，考古，2008，4：36。
〔註10〕河南省文物考古研究所，河南省丹江庫區考古發掘隊，淅川縣博物館，淅川下寺楚墓〔M〕：北京：文物出版社，1991：64～67。
〔註11〕安徽省文物考古研究所，蚌埠市博物館，鍾離君柏墓〔M〕，北京：文物出版社，2013：62，圖二九-三〇。

部裝飾兩對形狀不同的龍形鏤空附耳,龍的形制不同,但體軀有雙翼;年代為春秋中晚期。茂縣牟托村 M1：124 青銅鐘〔註12〕（圖 4-1：5），一面陰刻一龍,有翼,翼龍上方刻「山」形圖案,此翼龍上顎向上翹起,有彎耳,頭頂部似長有彎角,脖頸較長,身體為獸類,尾巴向上捲起似獸尾;年代為春秋晚期至戰國早期〔註13〕。

　　上述諸器的年代均晚於春秋中期,應是在本土器物基礎上,吸收三晉翼龍這一裝飾藝術而形成的具有混合文化因素的器物造型。

圖 4-2　其他區域所見晉系戰國翼龍

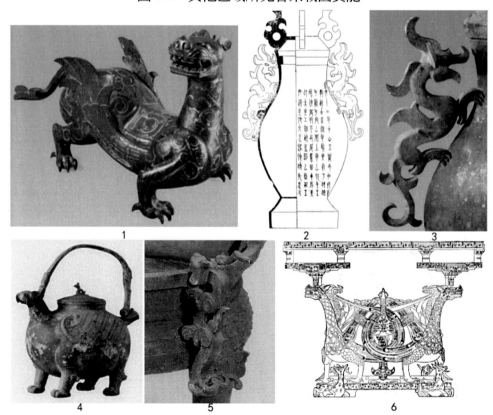

1.中山王厝墓 DK 錯銀銅翼龍　2、3.中山王厝墓 XK 銅方壺　4.涇川翼獸提梁盉
5.荊州天星觀 M2 銅升鼎　6.中山王厝墓 DK 錯金銀四龍四鳳方案

〔註12〕茂縣羌族博物館,阿壩藏族羌族自治州文物管理所,四川茂縣牟托一號石棺墓及陪葬坑清理簡報〔J〕,文物,1994,3：11,16~18。

〔註13〕關於此墓年代,有春秋晚期到戰國早期、戰國中晚期、戰國晚期到西漢前期三種觀點,筆者同意春秋晚期到戰國早期的觀點。施勁松,關於四川牟托一號石棺墓及器物坑的兩個問題〔J〕,考古,1996,5：77~82。

甘肅涇川出土翼獸提梁盉（圖4-2：4），應係三晉製造，可反映戰國早期翼龍造型的特點，羽翅變大，可稱真正之翼。中山王厝墓 XK：15 銅方壺〔註19〕（圖4-2：2、3），壺四角的肩部各鑄有一條蜿蜒上攀的龍飾，龍兩翅背立，毛鬃倒卷，肌肉突起，兩眼圓睜，張口昂首。中山王厝墓 DK：35 錯銀銅翼龍〔註15〕（圖4-2：1），一般稱之為翼獸，兩翼修長而上弓，龍的口、角、爪等已發生變化，此為戰國式新興龍的形象。中山王厝墓 DK：33 錯金銀四龍四鳳方案〔註16〕（圖4-2：6），龍身雙翼飾長羽紋。荊州天星觀 M2：128 銅升鼎〔註17〕（圖2-79：4），附有四獸身龍，龍身中部有小翼（圖4-2：5）。

4.1.2　渦龍紋

侯馬白店鑄銅遺址 H15：199 渦龍紋陶範〔註18〕（圖4-3：1），龍蜷曲成「C」形，身飾穀紋。齊故城遺址博物館藏銅敦〔註19〕（圖4-3：2），蓋頂飾兩周渦龍（圖4-3：3），形制與之相似。《武英殿彝器圖錄》著錄一件蟠虺紋壺〔註20〕（圖4-3：5），虺形蟠曲如圓球，兩者的區別在於渦龍內填幾何紋。

侯馬鑄銅遺址 II T12②：7 渦龍紋陶範〔註21〕（圖4-3：4），是略晚的型式類型，其產品有：中山「成公」墓（M6）銅提梁盉、銅鼎〔註22〕（圖4-3：6），蓋面和鼎身飾橢圓形渦身龍紋。臨淄商王 M1：105 銅鼎〔註23〕（圖4-3：7），鼎腹飾四條橢圓形紋飾帶，應是渦龍紋。

〔註14〕 河北省文物研究所，厝墓——戰國中山國國王之墓〔M〕，北京：文物出版社，1996：118～121。

〔註15〕 河北省文物研究所，厝墓——戰國中山國國王之墓〔M〕，北京：文物出版社，1996：139～140，143。

〔註16〕 河北省文物研究所，厝墓——戰國中山國國王之墓〔M〕，北京：文物出版社，1996：137～140。

〔註17〕 湖北省荊州博物館，荊州天星觀二號楚墓〔M〕，北京：文物出版社，2003：42～46，彩版一○。

〔註18〕 山西省考古研究所，侯馬白店鑄銅遺址〔M〕，北京：科學出版社，2012：269。

〔註19〕 齊國故城遺址博物館，齊國故城遺址博物館館藏青銅器精品〔M〕，北京：文物出版社，2015：43。

〔註20〕 容庚，商周彝器通考〔M〕，上海：上海人民出版社，2008：124，805。

〔註21〕 山西省考古研究所，侯馬鑄銅遺址〔M〕，北京：文物出版社，1993：279～280。

〔註22〕 河北省文物研究所，戰國中山國靈壽城——1975~1993年考古發掘報告〔M〕，北京：文物出版社，2005：139～140，148。

〔註23〕 淄博市博物館，齊故城博物館，臨淄商王墓地〔M〕，濟南：齊魯書社，1997：17，19。

　　球形敦在海岱地區出現在春秋戰國之際；齊故城遺址博物館藏銅敦的年代為戰國早期。輝縣琉璃閣 M 甲出土的三環形足敦，是中原最早的此型敦，時代為春秋晚期早段，楚文化此型敦也大約出現於這一時期，在距楚文化區更近的魯南及魯東南都沒有發現，此類型敦可能是中原傳入〔註24〕。進一步說明渦龍是三晉地區起源。

　　據考證，中山「成公」在位期間大體在公元前 349-前 328 年，相當於戰國中期偏早階段，中山「成公」M6 銅鼎年代也屬於戰國中期，其渦紋與戰國早期相比，呈橢圓形，內填幾何紋，具有晚期特徵，蟠虺紋壺的年代應與之相當，亦屬於戰國中期。臨淄商王鼎腹略淺，年代應為戰國晚期。

圖 4-3　侯馬渦龍紋陶範及其他區域渦龍紋器物

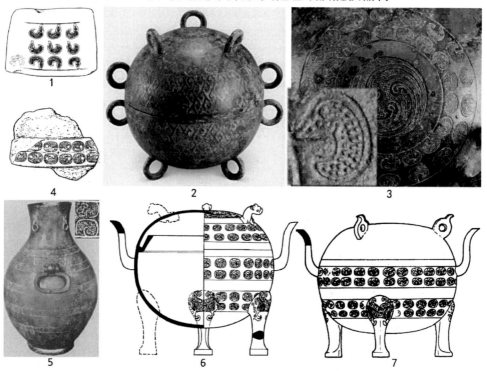

1.侯馬白店鑄銅遺址 H15 渦龍紋陶範　2、3.齊故城遺址博物館藏銅敦　4.侯馬鑄銅遺址ⅡT12②渦龍紋陶範　5.蟠虺紋壺　6.中山「成公」墓（M6）銅鼎　7.臨淄商王 M1 銅鼎

〔註24〕畢經緯，海岱地區出土東周銅容器研究〔J〕，考古學報，2012，4：444，449。

4.1.3　鳳

　　甘肅馬家原 M57 出土銅壺〔註25〕（圖 4-4：1），除口沿飾雙頭龍紋外，肩和下腹部勾喙的鳳首龍身與龍交互纏成圖案單元（圖 4-4：2、3）。湖北鄖縣喬家院墓銅壺〔註26〕（圖 4-4：4），壺身份六層飾有鑲嵌綠松石的鳳鳥等圖案，每組鳳鳥均為兩隻，神態各異，或立、或臥、或奔跑。

圖 4-4　其他區域所見晉系鳳紋圓壺

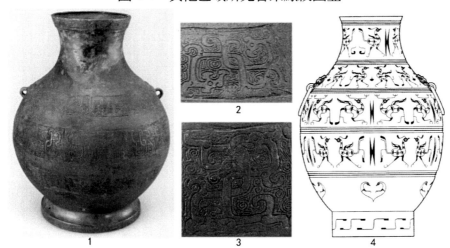

1-3.馬家原 M57 出土銅壺　4.鄖縣喬家院墓銅壺

4.1.4　獸面紋

　　1992 年侯馬鑄銅遺址出土陶獸面模〔註27〕（圖 4-5：1），獸面有突出的雙眼，雙角呈弧形，鼻翼兩側有 C 形，下頜舌狀突出。鳳翔西村戰國早期秦車馬坑〔註28〕、豆腐村車馬坑〔註29〕（圖 4-5：2）均出土此類型車馬器。中山王厝墓出土一件銀獸面銅環飾〔註30〕（圖 4-5：3），背面環面上有繫帶痕，可知此飾件為三向繫帶。

〔註25〕甘肅省文物考古研究所，西戎遺珍——馬家原戰國墓地出土文物〔M〕，北京：文物出版社，2014：123。

〔註26〕湖北省文物局，漢丹集萃：南水北調工程湖北庫區出土文物圖集〔M〕，北京：文物出版社，2009：142～143。

〔註27〕李夏廷，李劭軒，晉國青銅藝術圖鑒〔M〕，北京：文物出版社，2009：114。

〔註28〕李自智，尚志儒，陝西鳳翔西村戰國秦墓發掘簡報〔J〕，考古與文物，1986，1：21～22。

〔註29〕趙叢蒼，鳳翔出土一批春秋戰國文物〔J〕，考古與文物，1991，2：9，11。

〔註30〕河北省博物院，戰國雄風——古中山國〔M〕，北京：文物出版社，2014：128。

在沒有更多證據的情況下，暫時推定此類型獸面紋產自三晉地區。

圖 4-5　侯馬獸面紋模及其他區域同類型器物

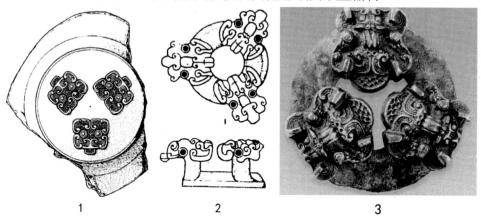

1.侯馬鑄銅遺址陶獸面模　2.鳳翔西村戰國早期秦車馬坑
3.中山王厝墓銀獸面銅環飾

4.1.5　鳥蛇、獸蛇

齊國故城遺址博物館藏「銅方壺」〔註31〕（圖 4-6：1、2），應是高柄鈁的
壺身部分，口沿至底共有四層花紋，第二層兩側各飾一鳳鳥，第三層為對稱的
勾連雲紋，最下層中間有一羽人，羽人戴蛇，兩側各飾一鳥紋。咸陽任家嘴清
理一座戰國早期墓〔註32〕，其中一件高柄鈁，腹下部紋飾有一神人，翼手，兩
耳珥蛇（圖 4-6：3、4）

綏德發現一件鳥蓋銅瓠壺〔註33〕，在蓋上的鳥胸部發現有蛇紋（圖 4-6：
5），在蛇的尾部各有踏在蛇身啄蛇的小鳥一個；河北中山國行唐故郡 M2：41
鳥蓋銅瓠壺〔註34〕，鳥雙爪各抓一蛇，蛇身扭曲。中山王厝墓銅鳥柱盆〔註35〕
（圖 4-6：8），鳥柱為鳥銜蛇造型，鳥攫兩糾結的蛇頭。

〔註31〕齊國故城遺址博物館，齊國故城遺址博物館館藏青銅器精品〔M〕，北京：文
　　　　物出版社，2015：56～57。

〔註32〕咸陽市博物館，咸陽任家嘴殉人秦墓清理簡報〔J〕，考古與文物，1986，6：
　　　　22～27。

〔註33〕朱捷元，綏德發現戰國鳥蓋銅瓠壺〔J〕，考古與文物，1980，2：32～33，
　　　　41。

〔註34〕河北省文物研究所，中國社會科學院考古研究所，河北行唐縣故郡東周遺址〔
　　　　J〕，考古，2018，7：44～66。

〔註35〕河北省文物研究所，厝墓——戰國中山國國王之墓〔M〕，北京：文物出版社，
　　　　1996：132。

　　延川高家屯鄉碾流灣出土一件銅車飾〔註36〕（圖 4-6：6、7），上端飾兩虎、圓端飾一蛇，前一虎銜住蛇尾，左右側面各有四朵四瓣花。

　　齊國故城遺址博物館藏高柄鈁壺身部分、秦咸陽任家嘴高柄小銅鈁形制、紋飾相同，與太原金勝村 M251：561 高柄方壺形制相同；綏德與中山國行唐故郡銅鳥蓋瓠壺，形制與 M251：599 銅匏壺相似；鳥柱盆為邯鄲區 D2 組、安陽區 A2 組具有代表性的典型器物，其所屬國別應為趙國墓葬和魏國墓葬〔註37〕；延川高家屯鄉碾流灣出土一件銅車飾上的四瓣花紋飾，見於侯馬鑄銅遺址花朵紋模、範〔註38〕。因此，上述器物很大可能是三晉地區生產。

圖 4-6　其他區域所見晉系鳥、獸銜蛇與神人操蛇

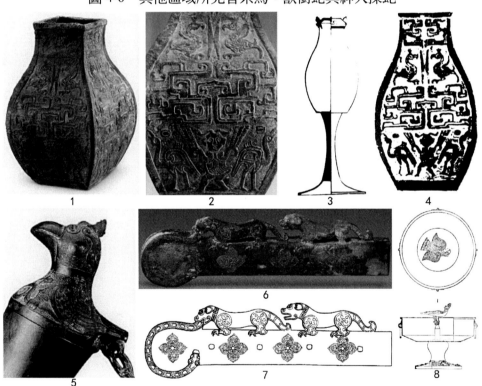

1、2.齊國故城遺址博物館藏高柄鈁　3、4.咸陽任家嘴戰國早期墓高柄鈁
5.綏德鳥蓋銅瓠壺　6、7.延川高家屯銅車飾　8.中山王厝墓銅鳥柱盆

〔註36〕曹瑋，陝北出土青銅器〔M〕，成都：巴蜀書社，2009：730。

〔註37〕張辛，中原地區東周陶器墓葬研究〔M〕，北京：科學出版社，2002：67～73，128～129。

〔註38〕山西省考古研究所，侯馬鑄銅遺址〔M〕，北京：文物出版社，1993：276。

4.1.6　寫實動物

甘肅平涼廟莊 M6 出土一件銅蓋鼎〔註39〕（圖 4-7：1），蓋上三獸鈕，應為牛形。其餘飾團花紋間以交龍紋。北京通縣中趙甫臥牛銅鼎〔註 40〕（圖 4-7：2），三蹄足，蓋中心置一環鈕銜環，外圍以三臥牛或犀牛，蓋飾變形蟠龍紋，腹部飾兩帶狀蟠龍紋。根據臥牛、團花及龍紋特徵來看，此鼎應是三晉風格。

鳳翔上郭店村出土一件銅鼎〔註41〕（圖 4-7：3），腹上部飾兩兩相對的虎紋，蓋頂勻布三個回首鴨形鈕，頂飾三組長喙鳥紋，在蓋緣和鼎下腹部各飾一圈同向魚紋；鼎形制、虎紋、回首鴨造型均為晉式。九連墩龍耳銅壺（圖 4-7：4）、鳥柱盆（圖 4-7：5），均為晉式銅器〔註42〕；鳥柱盆為邯鄲區 D2 組、安陽區 A2 組具有代表性的典型器物〔註43〕，其所屬國別應為趙國墓葬和魏國墓葬。唐縣北城子虎頭匜〔註44〕（圖 4-7：6），流首作虎首形，虎張口、卷鼻，菱形雙睛內嵌綠松石，葉形立耳，匜的另一端為獸形鋬。太原金勝村 M251 虎頭匜〔註45〕形制與之相似，流為虎頭形。

臨淄單家莊 M1 銅器柄〔註46〕（圖 4-7：7），器底作盝頂形方錾以納器，上端承托一圓盤座，盤上佝僂蹲著母猴一隻，母猴背負一隻小猴，又擁一小猴於胸前，盤座下一隻小猴仰頭臉、翹尾，雙手緊抓座沿，作攀援上升狀。侯馬白店 H15：74 銅器柄範〔註47〕，形制與臨淄單家莊 M1 銅器柄相同，臨淄單

〔註39〕魏懷珩，甘肅平涼廟莊的兩座戰國墓〔J〕，考古與文物，1982，5：28。

〔註40〕程長新，北京市通縣中趙甫出土一組戰國青銅器〔J〕，考古，1985，8：696，中國青銅器全集編輯委員會，中國青銅器全集・東周 3〔M〕，北京：文物出版社，1997：102。

〔註41〕鳳翔縣博物館，陝西鳳翔縣上郭店村出土的春秋時期文物〔J〕，考古與文物，2005，1：4。

〔註42〕張昌平，楚材晉用抑或晉材楚用——從青銅器看晉楚之間的文化交流〔A〕，山西博物院，爭鋒——晉楚文明〔M〕，太原：山西出版傳媒集團・山西人民出版社，2018：221～230。

〔註43〕張辛，中原地區東周陶器墓葬研究〔M〕，北京：科學出版社，2002：67～73，128～129。

〔註44〕鄭紹宗，唐縣南伏城及北城子出土周代青銅器〔J〕，文物春秋，1991，1：14，圖版四，中國青銅器全中國青銅器全集編輯委員會，中國青銅器全集・東周 3〔M〕，北京：文物出版社，1997：135。

〔註45〕山西省考古研究所，太原晉國趙卿墓〔M〕，北京：文物出版社，1996：67。

〔註46〕山東省文物考古研究所，臨淄齊墓（第一集）〔M〕，北京：文物出版社，2007：150。

〔註47〕山西省考古研究所，侯馬白店鑄銅遺址〔M〕，北京：科學出版社，2012：170。

家莊 M1 銅器柄很有可能產自侯馬作坊或受其風格的影響。

圖 4-7　其他區域所見晉系虎、牛、猴等動物紋樣

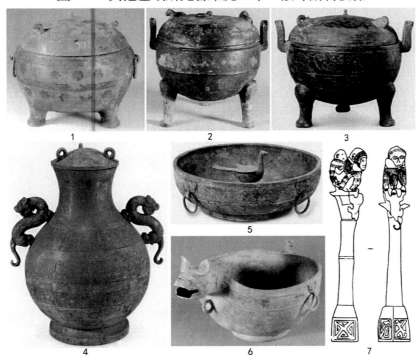

1.平涼廟莊 M6 銅蓋鼎　2.通縣中趙甫臥牛銅鼎　3.鳳翔上郭店村銅鼎　4、5.九連墩龍耳銅壺、鳥柱盆　6.唐縣北城子虎頭匜　7.臨淄單家莊 M1 銅器柄

　　西安市博物院藏錯銀銅柲冒〔註48〕（圖 4-8：2），圓雕顧首鳥狀，巨喙，長頸，腹部圓鼓，鳥形飾有錯銀的羽紋；刻銘「廿三年，得工□，卅八」，據學者研究，此柲冒作於趙惠文王廿三年，是趙國宮廷手工業機構的製品。珍秦齋藏亦收藏一件〔註49〕（圖 4-8：3）。荊門左冢 M2 銅杖首〔註50〕（圖 4-8：1），整器作臥伏的鳳鳥形，顧首、圓頭、圓眼、尖嘴，嘴與身相連，作啄脊羽狀，頭頂冠，尾羽平；形制與上述兩器造型有相似之處。

　　行唐故郡〔註51〕M2：44 銅豆，蓋捉手底部飾蟠虺紋；M53：23 銅戈，中

〔註48〕蔡慶良，張志光，秦業流風──秦文化特展〔M〕，臺北：臺北故宮博物院，2016：106。

〔註49〕蕭春源，珍秦齋藏金・秦銅器篇〔M〕，澳門：澳門基金會，2006：83。

〔註50〕湖北省文物考古研究所，荊門市博物館，襄荊高速公路考古隊，荊門左冢楚墓〔M〕，北京：文物出版社，2006：154～155。

〔註51〕河北省文物研究所，中國社會科學院考古研究所，河北行唐縣故郡東周遺址〔J〕，考古，2018，7：44～66。

部雕成一鳥似鷹隼；此類型蟠虺紋、戈陶範均見於侯馬鑄銅作坊遺址，應均是晉系銅器。

　　長治分水嶺 M35 銅鏡〔註 52〕（圖 4-8：4）、成都京川飯店戰國墓銅鏡〔註53〕（圖 4-8：5），內區飾三獸紋，獸回首卷尾，外區飾五獸紋，身飾細點紋。鳳翔雍城出土銅鏡〔註54〕（圖 4-8：6），形制與京川飯店戰國墓銅鏡相似，獸口似吐舌或銜蛇，身飾細點紋。

圖 4-8　其他區域所見晉系鳥、獸、蛇等動物紋樣

1.荊門左冢 M2 銅杖首　2.西安市博物院藏錯銀銅柲冒　3.珍秦齋藏錯銀銅柲冒
4.長治分水嶺 M35 銅鏡　5.成都京川飯店戰國墓銅鏡　6.鳳翔雍城遺址銅鏡
7、8.行唐故郡 M2 銅豆捉手、M53 銅戈鐏

〔註52〕山西省考古研究所，山西博物院，長治市博物館，長治分水嶺東周墓地〔M〕，北京：文物出版社，2010：330～331。
〔註53〕成都市博物館考古隊，成都京川飯店戰國墓〔J〕，文物，1989，2：65～66。
〔註54〕中國青銅器全集編輯委員會，中國青銅器全集·銅鏡〔M〕，北京：文物出版社，1998：31。

4.2　其他區域所見楚系動物紋樣

4.2.1　獸身龍

　　楚式獸身龍影響範圍廣，在其他區系均有發現；流行時間為春秋晚期至戰國中期，與楚地流行時間大體相同；其他區域僅發現「S」形長彎角類獸身龍，未發現鹿角類獸身龍；其對列國的影響分為兩種類型，一種類型是直接輸入，另一種類型是混合式，器物是其他文化因素和獸身龍紋飾的混合。

圖 4-9　三晉地區所見楚系獸身龍

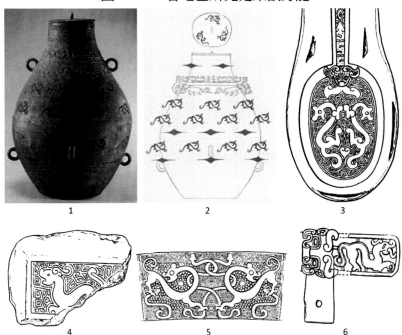

1、2.輝縣琉璃閣鑲嵌龍紋扁壺　3.侯馬鑄銅遺址ⅡT96F7 龍紋陶匕　4.侯馬鑄銅遺址ⅡT47H419 龍紋陶範　5.紐約大都會博物館藏動物紋圓壺　6.侯馬上馬墓地 M2008 有蓋斧

　　侯馬鑄銅遺址ⅡT96F7：4 龍紋陶匕〔註55〕（圖 4-9：3），兩龍相對。侯馬鑄銅遺址ⅡT47H419：2 龍紋陶範〔註56〕（圖 4-9：4），龍首獸身。美國紐約大都會博物館藏動物紋圓壺〔註57〕，壺上層飾獸面紋和雙鹿，中層飾鳥首獸身「格里芬式」的動物銜蛇，下層飾雙龍踐蛇（圖 4-9：5），而侯馬白店鑄銅遺址 H15

〔註55〕山西省考古研究所，侯馬鑄銅遺址〔M〕，北京：文物出版社，1993：178。
〔註56〕山西省考古研究所，侯馬鑄銅遺址〔M〕，北京：文物出版社，1993：278。
〔註57〕轉引自李夏廷，李劭軒，晉國青銅藝術圖鑒〔M〕，北京：文物出版社，2009：250～251。

出土鹿紋範〔註58〕，紋飾與壺上層幾近相同，可斷定此壺是侯馬作坊產品。侯馬上馬墓地 M2008：20 有鑿斧〔註59〕，飾鏤空龍紋（圖4-9：6），龍首較肥碩。輝縣琉璃閣出土鑲嵌龍紋扁壺〔註60〕，腹部鑲嵌三層紅銅龍紋（圖4-9：1、2）。

齊國故城遺址博物館龍紋戈〔註61〕（圖 4-10：2），援中脊呈條狀突起，長方形內，後下角有缺口，內中部有不規則形穿，援、內皆飾龍紋，龍紋方向不盡一致，但龍紋形制相同，顧首、細身、長尾、短足（圖4-10：1）。齊國故城博物館弧蓋鼎〔註62〕（圖4-10：3），蓋頂中央有對稱獸首，蓋面周緣置三組半臥獸形鈕，怪獸昂首吐舌；腹部飾兩周紋飾帶，均飾首尾相接的龍紋，間以「工」字符，雲雷紋為地。龍首向前、身軀略肥碩（圖4-10：4）。

圖4-10　齊魯、秦地區所見楚系獸身龍

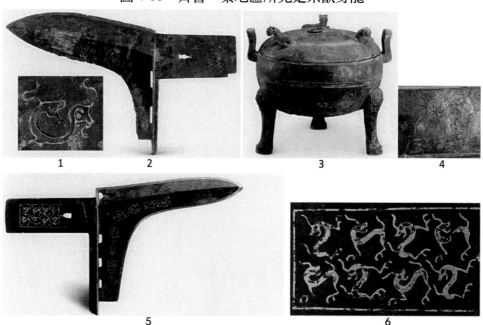

1、2.齊國故城遺址博物館龍紋戈　3、4.齊國故城博物館弧蓋鼎
5、6.洛南冀原一號戰國墓銅戈

〔註58〕山西省考古研究所，侯馬白店鑄銅遺址〔M〕，北京：科學出版社，2012：273。
〔註59〕山西省考古研究所，上馬墓地〔M〕，北京：文物出版社，1994：84。
〔註60〕故宮博物院，故宮青銅器〔M〕，北京：紫禁城出版社，1999：163。
〔註61〕齊國故城遺址博物館，齊國故城遺址博物館館藏青銅器精品〔M〕，北京：文物出版社，2015：120。
〔註62〕齊國故城遺址博物館，齊國故城遺址博物館館藏青銅器精品〔M〕，北京：文物出版社，2015：21。

　　洛南冀原一號戰國墓出土錯金鳥篆書銅戈〔註63〕（圖 4-10：5、6），長胡四穿，內部有錯金紋飾，為形態相同的獸身龍八隻，環勾形的爪，頭上有長角。銘文為「玄鏐之用」，應屬吳器，裝飾龍紋風格應是楚式，年代為春秋晚期。

　　鳳翔高王寺出土吳王孫無壬鼎〔註64〕（圖 4-11：3、4），蓋面飾三環鈕，鈕內紋飾三周，外圈飾變形三角形龍紋（圖 4-11：5），中圈飾顧首龍紋（圖 4-11：7）和前行龍紋（圖 4-11：6）；鼎屬於楚式箍口鼎，紋飾亦為楚式，銘文明確是吳器。越王者旨於賜矛〔註65〕（圖 4-11：1），弧形銎口，飾三角形紋及龍紋（圖 4-11：2），鑄銘六字，應為「越王者旨於賜」，者旨於賜即越王句踐之子。年代為戰國早期。

圖 4-11　吳越地區所見楚系獸身龍

1、2.越王者旨於賜矛　3～7.鳳翔高王寺吳王孫無壬鼎

〔註63〕張懋鎔，張小兵，陝西洛南冀原一號戰國墓〔J〕，文物，2001，9：32～36，陝西歷史博物館，陝西古代文明〔M〕，西安：陝西人民出版社，2008：53。

〔註64〕韓偉，曹明檀，陝西鳳翔高王寺戰國銅器窖藏〔J〕，文物，1981，1：15～17，中國青銅器全集編輯委員會，中國青銅器全集·東周 5〔M〕，北京：文物出版社，1997：6～7。

〔註65〕陳佩芬，夏商周青銅器研究·東周篇下〔M〕，上海：上海古籍出版社，2004：350～351。

邳州九女墩 M6：12 銅豆〔註66〕（圖 4-12：1），僅存口部，飾兩周雲紋，其下飾兩兩相對的龍紋。

什邡城關 M55：2 銅龍形飾〔註67〕（圖 4-12：2），作回首奔跑狀，長卷角、長卷尾，口微張，「C」形爪。宣漢羅家壩 M33：26 高柄豆〔註68〕（圖 4-12：6），其形制常見於齊文化墓葬中〔註69〕，但豆腹飾有有龍紋，應是楚文化系統〔註70〕。成都商業街船棺葬〔註71〕出土漆木器有幾、案、俎、盒、豆、床等，這些漆器上的紋飾主要是獸身龍和蟠螭紋；11 號棺：21 漆床尾板（圖 4-12：3），通體髹黑漆，上部及兩側為用朱、赭二色繪製的獸身龍紋（圖 4-12：4）。行唐故郡 M53：2 銅敦〔註72〕（圖 4-12：5），三環鈕足，蓋、身飾龍紋。

圖 4-12　燕代、徐舒、巴蜀地區所見楚系獸身龍

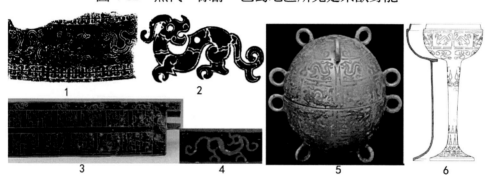

1.邳州九女墩 M6 銅豆　2.什邡城關 M55 銅龍形飾　3、4.成都商業街船棺 11 號棺
5.行唐故郡 M53 銅敦　6.宣漢羅家壩 M33 高柄豆

〔註66〕 徐州博物館，邳州博物館，江蘇邳州市九女墩春秋墓發掘簡報〔J〕，考古，2003，9：19。
〔註67〕 四川省文物考古研究院，德陽市文物考古研究所，什邡市博物館，什邡城關戰國秦漢墓〔M〕，北京：文物出版社，2006：62～63。
〔註68〕 四川省文物考古研究院，達州市文物管理所，宣漢縣文物管理所，宣漢羅家壩〔M〕，北京：文物出版社，2015：145～146。
〔註69〕 王青，海岱地區周代墓葬與文化分期研究〔M〕，北京：科學出版社，2012：127。
〔註70〕 劉彬徽，近年楚系青銅器研究述評〔A〕，湖南省博物館，湖南省博物館館刊（第三期）〔C〕，武漢：嶽麓書社，2006：171～182。
〔註71〕 成都文物考古研究所，成都商業街船棺葬〔M〕，北京：文物出版社，2009：117～120。
〔註72〕 河北省文物研究所，中國社會科學院考古研究所，河北行唐縣故郡東周遺址〔J〕，考古，2018，7：55～56。

立體型獸身龍

洛陽中州渠出土齊侯盂〔註73〕（圖 4-13：1），器身飾兩組波曲紋，四龍耳銜環，最上應是龍，獸形，龍顧首、無額角。記姜姓齊侯為其二女兒作此陪嫁器之事。長治分水嶺 M26：1 銅鼎〔註74〕（圖 4-13：2），鼎腹飾四獸形龍，腹外壁飾蟠螭紋與垂葉紋。

圖 4-13　其他區域所見立體獸身龍

1.洛陽中州渠齊侯盂　2.長治分水嶺 M26 銅鼎

4.2.2　蜥蜴形龍

蜥蜴形龍，軀體形狀似蜥蜴。目前發現年代明確的蜥蜴形龍見於曾侯墓漆箱上彩繪，並朱書「龍」等，除這件外，在楚地還發現了數件，年代略晚；在巴蜀地區亦發現數量豐富的蜥蜴形龍，年代也在戰國時期，且所裝飾的器物大多為巴蜀式兵器等；兩者孰是起源尚不能確定，但應是有交流與互動關係。暫且把蜥蜴形龍的發明地暫定為楚地。

蜥蜴龍造型影響地區有徐舒地區和齊魯地區。臨淄齊故城採集一件樹木蜥蜴形龍紋半瓦當〔註75〕（圖 4-14：1、2），當面有一大一小兩蜥蜴形龍；臨淄於家莊出土一件樹木蜥蜴形龍半瓦當〔註76〕（圖 4-14：3），樹木兩側各有

〔註73〕張劍，齊侯鑑銘文的新發現〔J〕，文物，1977，3：75，中國青銅器全集編輯委員會，中國青銅器全集·東周3〔M〕，北京：文物出版社，1997：34。

〔註74〕山西省考古研究所，山西博物院，長治市博物館，長治分水嶺東周墓地〔M〕，北京：文物出版社，2010：273，276。

〔註75〕山東省文物考古研究所，新中國出土瓦當集錄·齊臨淄卷〔M〕，西安：西北大學出版社，1999：172。

〔註76〕山東省文物考古研究所，新中國出土瓦當集錄·齊臨淄卷〔M〕，西安：西北大學出版社，1999：171。

一對稱蜥蜴形龍。

淮陰高莊戰國墓刻紋銅器上有方首神怪〔註77〕，這些神怪，有的操持兩龍，有的乘龍，龍皆是蜥蜴形（圖4-14：4～6）。

圖4-14　其他區域所見楚系蜥蜴形龍

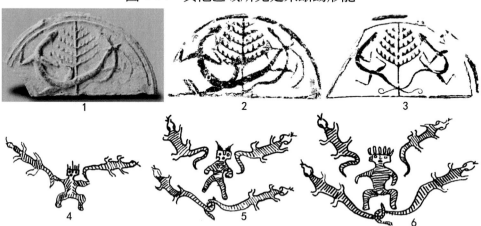

1～3.臨淄齊故城樹木蜥蜴形龍紋瓦當　4～6.淮陰高莊戰國墓刻紋銅器蜥蜴形龍

4.2.3　鳳

鳳翔鐵鈎遺址採集的夔鳳紋瓦當〔註78〕（圖4-15：1），環勾形雙爪，身軀呈「C」字流線形，翅和尾羽較短。咸陽長陵車站窖藏鳳紋銅管飾82XYCLJC7：77〔註79〕（圖4-15：2），鳳身軀相互交盤，雄鳳頭頂有冠，身飾圓圈紋，雌鳳頭頂無冠。咸陽長陵車站窖藏銅器柄飾82XYCLJC7：7〔註80〕（圖4-15：4）、銅器座飾82XYCLJC7：8〔註81〕（圖4-15：5），鳳鳥造型呈圓渦形，鳳冠、尾羽均幾何化。

鐵鈎遺址夔鳳紋瓦當的年代為戰國早期；長陵車站82XYCLJC7的年代上限為秦二世元年，器物多殘，其性質很有可能與鑄銅作坊工藝流程有關，除三

〔註77〕淮安市博物館，淮陰高莊戰國墓〔M〕，北京：文物出版社，2009：158～162。

〔註78〕陝西省考古研究所秦漢研究室，新編秦漢瓦當圖錄〔M〕，西安：三秦出版社，1986：23。

〔註79〕陝西省考古研究所，秦都咸陽考古報告〔M〕，北京：科學出版社，2004：192。

〔註80〕陝西省考古研究所，秦都咸陽考古報告〔M〕，北京：科學出版社，2004：176～177。

〔註81〕陝西省考古研究所，秦都咸陽考古報告〔M〕，北京：科學出版社，2004：177～178。

件鳳鳥形飾件外，伴出有東方六國貨幣，說明其來源的多元性〔註82〕。

輝縣琉璃閣甲墓鳳首紋直內戈〔註83〕（圖4-15：6），內上有雙鳳頭紋飾。華縣東陽M34：1鳳鳥紋銅戈〔註84〕（圖4-15：3），內部飾鳳鳥紋。輝縣琉璃閣甲墓的年代為春秋晚期；華縣東陽M34年代為戰國中期。

圖4-15　其他區域所見楚系鳳造型一

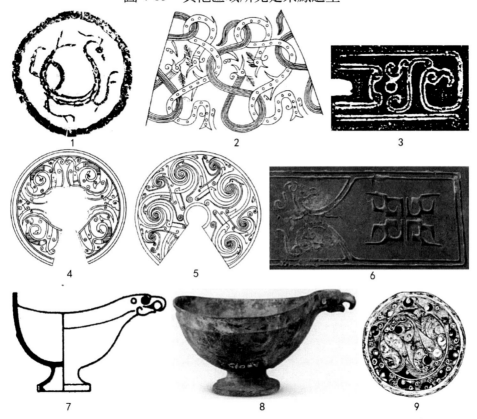

1.鳳翔鐵鉤遺址夔鳳紋瓦當　2、4、5.長陵車站窖藏82XYCLJC7　3.華縣東陽M34鳳鳥紋銅戈　6.輝縣琉璃閣甲墓鳳首紋直內戈　7.臨淄商王墓M1鳳首匜　8.齊國故城遺址博物館藏鳳首匜　9.臨淄國家村M110鳳紋銅鏡

臨淄商王墓M1鳳首匜〔註85〕（圖4-15：7）、齊國故城遺址博物館藏鳳

〔註82〕耿慶剛，咸陽長陵車站61XYCLJC3的再發現〔J〕，文博，2013，3：17～19。

〔註83〕河南博物院，臺北歷史博物館，輝縣琉璃閣甲乙二墓（上）〔M〕，鄭州：大象出版社，2011：102。

〔註84〕陝西省考古研究所，秦始皇兵馬俑博物館，華縣東陽〔M〕，北京：科學出版社，2006：344～345。

〔註85〕淄博市博物館，齊故城博物館，臨淄商王墓地〔M〕，濟南：齊魯書社，1997：23。

首匜〔註86〕（圖4-15：8），形制與湖北荊門包山2號墓鷹首匜〔註87〕相同；臨淄國家村齊興花園 M110 鳳紋銅鏡〔註88〕，在鏡鈕兩側各有一隻展翅飛翔的鳳鳥（圖4-15：9），外輪廓用朱紅色勾勒，鳳首圓目、尖喙，喙下似銜朱紅色圓果，頸部及上身塗粉藍色圓點和彎月狀條紋構成的羽毛。楚地鳳鳥形裝飾發達，鳳鳥銜珠有銅器、漆器等類型，應是從楚地傳入。

圖 4-16　其他區域所見楚系鳳造型二

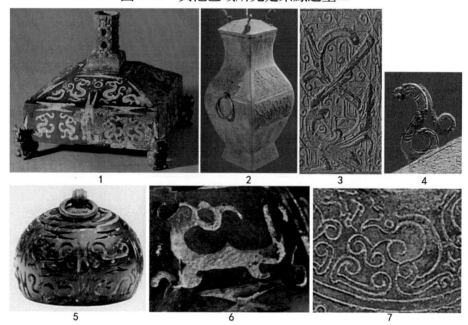

1.紹興 M306 銅插座　2～4.成都羊子山 M172 銅鈁　5、6.浙江省博物館藏龍鳳紋席鎮
7.鳳翔高王寺吳王孫無壬鼎

　　紹興 M306 銅插座〔註89〕（圖4-16：1），座體的銅質外框上部為盝頂，每面飾陰刻寬體鳳紋六組，原鑲嵌綠松石。浙江省博物館藏龍鳳紋席鎮〔註90〕（圖4-16：5），腹部上部飾寬體鳳紋（圖4-16：6），紋飾間以狹長的「工」字

〔註86〕秦始皇陵博物院，泱泱大國——齊國歷史文化展〔M〕，西安：陝西新華出版傳媒集團，三秦出版社，2015：109。

〔註87〕湖北省荊沙鐵路考古隊，包山楚墓〔M〕，北京：文物出版社，1991：189，圖版選自湖南省博物館，首都博物館，鳳舞九天——楚文化特展〔M〕，北京：科學出版社，2015：38。

〔註88〕董雪，山東臨淄出土戰國彩繪銅鏡〔J〕，文物，2017，4：64～65。

〔註89〕浙江省文物管理委員會，浙江省文物考古所，紹興 306 號戰國墓發掘簡報〔J〕，文物，1984，1：13～14，21。

〔註90〕浙江省博物館，越地範金〔M〕，杭州：浙江古籍出版社，2009：59。

紋為界。鳳翔高王寺出土吳王孫無壬鼎〔註 91〕，蓋面飾三環鈕，鈕內紋飾三周，內圈為顧首鳳鳥（圖4-16：7）。

　　成都羊子山M172銅鈁〔註 92〕（圖4-16：2），器蓋飾龍身鳳鳥形鈕，鳳張口銜珠（圖4-16：4）；器身飾對稱鳳鳥紋，鳳鳥顧首，長長的尾羽與展開的雙翼相交（圖4-16：3）。

4.3　其他區域所見齊系動物紋樣

　　徐舒地區大口龍所裝飾的器物有舒城河口鎮曲柄盉、天長譚井燕尾鋬匜、宣城正興村龍紋鐃等，此類紋飾的年代集中在西周晚期至春秋早期。這類紋飾由山東地區傳播至江淮乃至皖南地區，其淵源應來自中原地區〔註 93〕。

　　宣城正興村龍紋鐃〔註 94〕（圖4-17：7），鉦部飾龍紋（圖4-17：8），作兩兩顧首狀，龍張口、卷尾、長角，眼睛凸起，形成四個乳丁。天長譚井村燕尾鋬龍紋銅匜〔註 95〕（圖4-17：3），腹飾龍紋（圖4-17：4），間以捲曲紋。舒城縣河口鎮曲柄盉〔註 96〕（圖4-17：5），盉上部近口沿處飾一周龍紋（圖4-17：6）。繁昌黃滸鄉大沖村銅鼎〔註 97〕（圖4-17：1），腹部飾龍紋（圖4-17：2）。

　　繁昌大沖村銅鼎屬於球腹蹄足鼎，為宗周器，西周中晚期出現，西周晚期最流行，繁昌大沖村銅鼎的年代下限至春秋早期〔註 98〕。天長譚井村燕尾鋬

〔註91〕 韓偉，曹明檀，陝西鳳翔高王寺戰國銅器窖藏〔J〕，文物，1981，1：15～17，中國青銅器全集編輯委員會，中國青銅器全集·東周 5〔M〕，北京：文物出版社，1997：6～7。

〔註92〕 四川省文物管理委員會，成都羊子山第 172 號墓發掘報告〔J〕，考古學報，1956，4：12，中國青銅器全集編輯委員會，中國青銅器全集·巴蜀〔M〕，北京：文物出版社，1994：99～100。

〔註93〕 王慶光，與汶泗沂流流域的比較研究〔A〕，張愛冰，群舒文化研究〔M〕，上海：上海古籍出版社，2018：250～251。

〔註94〕 王愛武，安徽宣城出土的青銅器〔J〕，文物，2007，2：39，40，封二。

〔註95〕 中國青銅器全集編輯委員會，中國青銅器全集·東周 5〔M〕，北京：文物出版社，1997：151。

〔註96〕 安徽省文物考古研究所，舒城縣文物管理所，安徽舒城縣河口春秋墓〔J〕，文物，1990，6：58～66，安徽博物院，江淮群舒青銅器〔M〕，合肥：安徽美術出版社，2013：47。

〔註97〕 安徽大學，安徽省文物考古研究所，皖南商周青銅器〔M〕，北京：文物出版社，2006：148。

〔註98〕 安徽大學，安徽省文物考古研究所，皖南商周青銅器〔M〕，北京：文物出版社，2006：33，193。

銅匜的年代在西周晚期至春秋早期，燕尾鋬被認為是江南的形制〔註 99〕。舒城縣河口鎮曲柄盉的年代為春秋早期偏早，是徐舒文化的典型器。宣城正興村龍紋鐃的年代為西周晚期至春秋早期〔註 100〕。

圖 4-17　徐舒地區所見齊魯系龍紋

1、2.繁昌大沖村銅鼎　3、4.天長譚井村銅匜　5、6.舒城縣河口鎮曲柄盉
7、8.宣城正興村龍紋鐃

禮縣圓頂山 98LDM1 出土銅鼎六件〔註 101〕，四件為立耳平折沿鼎，飾方折竊曲紋，為典型的秦式鼎；另外兩件形制比較特殊，為鈕蓋附耳鼎（圖 4-18：1、2），飾蟠螭紋。與之形制最為接近的是隨州博物館藏蟠螭紋平蓋頂〔註 102〕（圖 4-18：3），根據形制判斷應是齊式典型器物。

　　張昌平指出「這種鼎大約出現在春秋早中期之際，春秋中晚期在相當廣泛

〔註 99〕安徽大學，安徽省文物考古研究所，皖南商周青銅器〔M〕，北京：文物出版社，2006：54。

〔註 100〕安徽大學，安徽省文物考古研究所，皖南商周青銅器〔M〕，北京：文物出版社，2006：167～168。

〔註 101〕甘肅省文物考古研究所，禮縣博物館，禮縣圓頂山春秋秦墓〔J〕，文物，2002，2：4～30，禮縣博物館，禮縣秦西垂文化研究會，秦西垂陵區〔M〕，北京：文物出版社，2004：65～66。

〔註 102〕湖北省文物考古研究所，曾國青銅器〔M〕，北京：文物出版社，2007：305。

的區域可見，但主要流行區域在山東地區和鄂北豫南地區」〔註 103〕，馮峰指出，（鮑子鼎與齊侯鼎）「均為平蓋，蓋面有橋形鈕和三個曲尺形扉；附耳較直；三蹄足和器腹相接處近器底；口沿下有一周紋飾……這些銅鼎都是春秋時期齊地的產品」〔註 104〕。

<h2 style="text-align:center">圖 4-18　秦、楚所見齊系銅鼎</h2>

1、2.禮縣圓頂山 98LDM1 銅鼎　3.隨州博物館藏蟠螭紋平蓋頂

　　馮峰研究認為：正反相間的「圖」形紋可能起源於今山東一帶，春秋晚期廣泛分布於當時的北方地區；它並非齊地所特有之紋飾，但口沿下飾一周此類紋飾的銅鼎卻產自齊地；其主要流行時代是春秋中晚期之際到春戰之際。山東南部的沂水紀王崮 K1：1 銅鬲〔註 105〕肩部亦飾有此類型龍紋（圖 4-19：2）；在晉地年代較早這為侯馬上馬 M5 所出銅鼎〔註 106〕（圖 4-19：1）和輝縣琉璃閣 M80 出土銅罍（圖 4-19：3）、瓠壺〔註 107〕。

　　湖北棗陽九連墩 M1 一件銅提梁壺〔註 108〕（圖 4-19：4），形制與臨淄相家莊 M6 銅器極為相似，推定為來自於齊地。

〔註 103〕湖北省文物考古研究所，曾國青銅器〔M〕，北京：文物出版社，2007：304。

〔註 104〕馮峰，鮑子鼎與鮑子鎛〔J〕，中國國家博物館館刊，2014，7：97。

〔註 105〕山東省文物考古研究所，沂水紀王崮春秋墓出土文物集萃〔M〕，北京：文物出版社，2016：41。

〔註 106〕中國青銅器全集編輯委員會，中國青銅器全集‧東周 2〔M〕，北京：文物出版社，1995：9～10。

〔註 107〕郭寶鈞，山彪鎮與琉璃閣〔M〕，北京：科學出版社，1959：圖版陸拾、陸三。

〔註 108〕湖北博物館，成都金沙遺址，湖北九連墩楚墓精品文物特展——九連墩的故事〔M〕，成都：四川人民出版社，2016：92。

圖 4-19　其他區域所見齊魯系龍紋

1.侯馬上馬 M5 銅鼎　2.沂水紀王崮 K1 銅缶　3.輝縣琉璃閣 M80 銅罍
4.棗陽九連墩 M1 銅提梁壺

4.4　其他區域所見吳越、徐舒、秦、巴蜀系動物紋樣

　　吳越系特色動物紋樣之一是螺角龍，其流行時間為春秋晚期至戰國早期，與傳統螺角龍造型略有區別，見於傳河南輝縣出土的吳王夫差鑒、上海博物館藏夫差盉等器物上的裝飾；臨淄淄江花園出土一件提梁銅盉〔註 109〕（圖 4-20：1），提梁龍形裝飾為螺角龍，腹部有扉棱，為典型的吳越系盉；棗莊徐樓東周墓〔註 110〕M1：4 伏鳥形銅罍（圖 4-20：2）和 M1：2 亞腰形銅盒（圖 4-20：3），伏鳥形罍見於吳越地區出土的原始瓷等，亞腰形銅盒亦是吳越系器物〔註 111〕。

　　長沙楚墓 M1630 巴蜀式劍〔註 112〕，劍身及莖處有虎紋及巴蜀符號（圖 4-20：5）；湖南省博物館藏王孫袖戈〔註 113〕，形制、紋飾均同巴蜀式銅戈，銘文為楚系文字「偲命曰：獻於楚君監王孫袖」。

〔註 109〕秦始皇陵博物院，泱泱大國──齊國歷史文化展〔M〕，西安：陝西新華出版傳媒集團，三秦出版社，2015：98。
〔註 110〕棗莊市博物館，山東棗莊徐樓東周墓發掘簡報〔J〕，文物，2014，1：17。
〔註 111〕周豔明，權敏，東周亞腰形銅盒初探〔J〕，文博，2018，4：49～54。
〔註 112〕湖南省博物館，湖南省文物考古研究所，長沙市博物館，長沙市文物考古研究所，長沙楚墓〔M〕，北京：文物出版社，2000：174～175。
〔註 113〕高至喜，熊傳薪，楚人在湖南的活動遺跡概述〔J〕，文物，1980，10：50～60。

　　臨淄商王戰國晚期 M1 出土一件雁足燈〔註 114〕（圖 4-20：4），雁足三趾，膝部和足蹼刻畫細緻，與西安北郊樂百氏 M34 匠人墓出土一件雁足燈模〔註 115〕造型相似（圖 4-20：6），應是秦地製造。

圖 4-20　其他區域所見吳越系、巴蜀系、秦系等動物紋樣

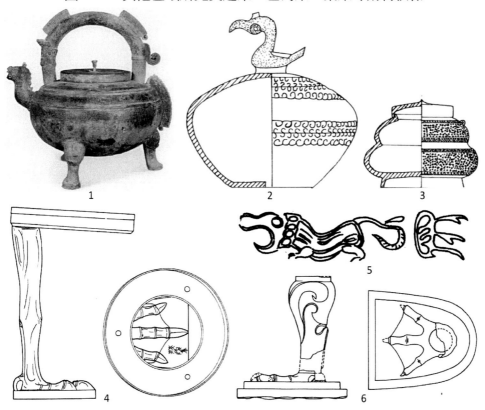

1.臨淄淄江花園出提梁銅盉　2、3.棗莊徐樓東周墓 M1 銅罍、銅盒　4.臨淄商王 M1 雁足燈　5.長沙楚墓 M1630 劍　6.西安北郊樂百氏 M34 雁足燈模

4.5　小結

　　東周青銅器動物紋樣之間的交流與互動，其背後涉及的是列國之間國家權力之間的關係。在諸侯國都城，如侯馬晉國都城〔註 116〕、楚都紀南城〔註 117〕、

〔註 114〕　淄博市博物館，齊故城博物館，臨淄商王墓地〔M〕，濟南：齊魯書社，1997：
　　　　　　32。
〔註 115〕　陝西省考古研究所，西安北郊秦墓〔M〕，西安：三秦出版社，2006：127。
〔註 116〕　山西省考古研究所，侯馬鑄銅遺址〔M〕，北京：文物出版社，1993。
〔註 117〕　湖北省博物館，楚都紀南城的勘查與發掘（下）〔J〕，考古學報，1982，4。

臨淄齊故城〔註118〕、曲阜魯故城〔註119〕、新鄭鄭韓故城〔註120〕等發現有鑄銅
遺址，其性質應是國家直屬。

　　青銅器中的青銅禮器類，其流動方式多是通過賞賜、貢納、朝聘等「禮尚
往來」的政治活動方式進行，而非通過商品交易形式進行；還有工匠的轉讓贈
送、戰爭、賄賂、聯姻、賵賻等非正常方式〔註121〕。

　　從東周列國之間的交流與互動來看，晉系動物紋樣始終佔據主導地位和
主流，楚系動物紋樣其次，這與東周列國的文化版圖相符的。

　　蘇秉琦先生曾指出，晉「是北方大國，周王東遷洛陽實際也是投奔晉國」，
「東周幾百年重心（政治上最為穩定的力量）已轉移到晉國」，「一直到秦始皇
統一，晉一直在東方國家中占首位，晉也罷，三家分晉也罷，並未改變這種基
本格局，依然是夏商周晉秦。秦統一者，主要是統一了晉，其他是第二位的」
〔註122〕。由此可知晉文化或三晉兩周地區文化，可視為當時「中國」文化的
典型代表。

〔註118〕群力，臨淄齊國故城勘探紀要〔J〕，文物，1972，5。
〔註119〕山東省文物考古研究所，山東省博物館，曲阜魯國故城〔M〕，濟南：齊魯書
　　　　社，1982。
〔註120〕河南省文物考古研究所，新鄭鄭公祭祀遺址〔M〕，鄭州：大象出版社，2006。
〔註121〕袁艷玲，周代青銅禮器的生產與流動〔J〕，考古，2009，10：68～77。
〔註122〕蘇秉琦，談「晉文化」考古〔A〕，文化與文明〔A〕，蘇秉琦，華人‧龍的傳
　　　　人‧中國人〔M〕，瀋陽：遼寧大學出版社，1994：21，96。

第五章 結 語

　　動物紋樣具有兩方面屬性，一是動物紋樣及其裝飾的載體，此是屬於「物」的範疇；一是動物紋樣作為藝術語言，也是一種「符號」〔註1〕，此是屬於「概念」或「意識」範疇。動物紋樣某種程度上能夠反映當時社會的思想信仰等問題，如俞偉超曾用先秦兩漢美術考古材料來探討世界觀的變化〔註2〕。

5.1　動物紋樣的繼承與選擇

　　春秋戰國青銅器紋飾一個極其有特色的現象是紋樣主題比較單一，大都是龍和龍的族類〔註3〕。劉彬徽也強調，東周時代楚銅器紋樣與中原地區一樣，主要為動物紋和幾何紋，動物紋樣中以龍鳳紋為大宗，龍鳳紋特別是龍紋在東周時代的楚銅器紋飾中特別盛行〔註4〕。

　　春秋戰國時期，龍紋樣所裝飾的大多屬於「貴重物品」範疇，部分還屬於「禮器」〔註5〕，與普通物品比如食物和陶器判然有別，「在政治和社會交往

〔註1〕 科林・倫福儒，保羅・巴恩，考古學理論、方法與實踐〔M〕，第六版，陳淳，
　　　　上海：上海古籍出版社，2015：358～360。
〔註2〕 俞偉超，先秦兩漢美術考古材料中所見世界觀的變化〔A〕，《慶祝蘇秉琦考古
　　　　五十五年論文集》編輯組，慶祝蘇秉琦考古五十五年論文集〔C〕，北京：文物
　　　　出版社，1989：111～120。
〔註3〕 馬承源，中國青銅藝術總論〔A〕，馬承源，中國青銅器研究〔M〕，上海古籍
　　　　出版社，2002：59。
〔註4〕 劉彬徽，楚系青銅器研究〔M〕，武漢：湖北教育出版社，1995：249。
〔註5〕 張辛，禮與禮器——中國古代禮器研究札記之一〔A〕，北京大學考古文博學
　　　　院，考古學研究（五）〔C〕，北京：科學出版社，2003：851～906。

中獲得或付出貴重物品通常完全是統治者的專有的特權」〔註6〕。因此，以動物紋樣中的龍紋樣為切入點，具有典型性。

龍紋樣承自西周晚期的是瓶角龍、螺角龍、「L」形角龍、「Y」形角龍、無角龍五種類型。西周晚期至春秋初期，除秦國青銅器稍有新的變革之外，其他地域出土的青銅禮器上還沒有出現重大的改變，無論器物的形式和紋樣；五種類型的龍紋樣依然為大宗，作為青銅禮器的平面裝飾和立體裝飾。

雖然早期秦器的形製紋飾都模仿西周晚期青銅器，其鑄造工藝卻顯得粗糙，缺乏西周晚期器的精緻，紋飾線條與組合也較西周器顯得複雜但凌亂〔註7〕；李朝遠認為這是「邊緣文化向核心文化學習時為了顯示自己的誠意和仰慕之心，往往習之太過」〔註8〕。

春秋早期，龍形裝飾紋樣影響範圍較廣的是齊系龍紋。徐舒地區大口龍所裝飾的器物有舒城河口鎮曲柄盉、天長譚井燕尾鋬匜、宣城正興村龍紋鎣等，此類紋飾的年代集中在西周晚期至春秋早期；這類紋飾由山東地區傳播至江淮乃至皖南地區〔註9〕。甚至在甘肅禮縣大堡子 M1、隨州曾國亦發現有裝飾蟠螭紋的矩鈕平蓋齊式鼎。

春秋中期，晉系青銅器傳統龍紋樣發生轉變，以新鄭蓮鶴方壺為代表，其附耳裝飾由原「C」形龍首半環耳轉變為長尾爬龍，「Y」形角型裝飾變繁縟；其他類型器物「Y」形角裝飾變繁縟；「L」形角龍、螺角龍、瓶角龍等逐漸消失。秦系青銅器繼續方折化，壺、盉類器物「C」形龍首半環耳依然流行，「Y」形角型裝飾繁縟，與晉系不同的是，秦人在簋的使用方面似有特殊偏好，在春秋晚期依然流行，簋一般用螺角龍作裝飾。春秋中期的楚系青銅器以淅川下寺銅器群為代表，銅壺裝飾亦由原「C」形龍首半環耳轉變為長尾爬龍，「Y」形角型裝飾變繁縟，「L」形角龍、螺角龍、瓶角龍等逐漸消失。齊魯系「L」形角龍、「Y」形角龍的使用方面略顯保守，至春秋晚期依然流行，稀見「Y」形

〔註6〕（英）科林・倫福儒，保羅巴恩著，陳淳譯，考古學：理論、方法與實踐〔M〕，上海：上海古籍出版社，2004：336。

〔註7〕陳昭容，從文獻與出土文物看早期秦國融入華夏的歷程〔A〕，李宗焜，第四屆國際漢學會議論文集——出土材料與新視野〔M〕，臺北：中央研究院，2013：308。

〔註8〕李朝遠，上海博物館新獲秦公器研究〔A〕，李朝遠，青銅器學步集〔M〕，北京：文物出版社，2007：84～85。

〔註9〕王慶光，與汶泗沂沭流域的比較研究〔A〕，張愛冰，群舒文化研究〔M〕，上海：上海古籍出版社，2018：250～251。

角裝飾繁縟現象；瓶角龍、螺角龍亦逐漸消失。

春秋中期，晉系龍形裝飾出現龍身附兩翼的翼龍，隨即在楚、齊魯、秦、徐舒等區域皆有發現，從中可以看出翼龍造型影響的廣泛性；春秋中期，晉系還新出現鳥首龍身紋樣，這種紋樣在戰國早期還在流行；楚系在春秋晚期才開始大規模流行這種鳥首龍身紋樣，一直流行至戰國中期，楚系鳥首龍身紋樣應是受晉系影響，雖然此類型紋樣主要裝飾在楚系青銅器上。

春秋中期，楚系新出現「獸身龍」紋樣，劉彬徽稱之為「側行龍紋」，此類型龍紋的影響力亦不容小覷，在三晉、齊魯、秦、巴蜀、吳越、徐舒等區域均發現「獸身龍」紋樣蹤跡。

春秋晚期，晉系的翼龍、楚系的「獸身龍」持續影響列國外，吳越系銅器異軍突起，在三晉、秦、齊魯、楚、徐舒等區域均發現有吳越系以「螺角龍」為裝飾特點的銅器，螺角龍在春秋晚期的三晉兩周、齊魯等地已近銷聲匿跡，而突然在吳地復興，很有可能與霸主政治有關：對中原青銅禮器的仿製，昭示其續（周）文武之餘烈。劉彬徽認為是「吳越文化力求以華夏文化去改造、融合蠻夷文化」〔註10〕。另外，還發現明確有吳越銘文相關的銅器，如邗王是野戈、禺邗王銅壺等。

犧首鼎是春秋時期江淮和皖南沿長江地區內，造型獨特、標誌族群和文化的關鍵器。從邳州九女墩春秋晚期犧首鼎的角形可判斷為「Y」形角，因此，徐舒系「Y」形角與中原地區的「Y」形角有較大差別，但其很有可能是模仿西周時期的犧尊。

通過春秋時期龍紋樣的發展、演變等階段性來看，包括秦、楚、徐舒、吳越等「蠻夷戎狄」在發展過程中，模仿或學習的對象有西周王室、晉國、齊國等「華夏」的龍形裝飾；與此同時，楚也創造了新的龍紋樣，深深影響了列國，尤其是南方地區。

這一歷程反映出以下兩點：

1.相同的裝飾風格出現在不同的區系中，應該有共同的價值認同觀念，追求相似的藝術風格。正是由於這種藝術語言與思想信仰的共同性，才是大一統局面得以形成的文化基礎。

2.龍紋樣影響的階段性特點或與春秋時期的「霸主政治」背景有關，即春

〔註10〕劉彬徽，吳越地區東周銅器與徐楚銅器比較研究〔A〕，馬承源，吳越地區青銅器研究論文集〔C〕，香港：兩木出版社，1998：193～204。

秋五霸，至少齊桓公、晉文公、楚莊王是沒有爭議的；吳王夫差、越王句踐已
屬爭霸的尾聲。

5.2　動物紋樣視角下的東周社會轉型

　　戰國早期，各區系動物紋樣發生了較大的變化。春秋時期繼承西周晚期的
螺角龍、瓶角龍、「L」形角龍、「Y」形角龍等均不再流行或占不再主要地位，
各區系興起了新的風尚。

　　晉系在春秋中期新出現翼龍，春秋晚期出現鳥銜蛇踐蛇、狩獵紋等動物紋
樣，戰國早期，寫實性動物紋樣增多，富有生活氣息；楚系在春秋中期開始興
起獸身龍、龍身鳳等，戰國早期楚式鳳鳥大量流行，鹿、狩獵、豬、牛等寫實
性紋樣亦大量出現。秦系動物紋樣在戰國早期有了較大的轉變，受列國影響的
動物紋瓦當開始流行，並成為秦的特色裝飾，豹、熊、狼、豬、雁等大量寫實
性動物開始增多。齊魯系、燕系等動物紋樣也經歷了這樣一個發展過程。

　　動物紋樣的本質是「形象和符號，是人類思維的助手」，但具有特殊性，
其介於物質和意識之間，從製做和使用角度來看，具有物質性，從造型過程及
內涵來看，是意識形態的反映。

　　「人對動物及其所屬的世界形成意見，往往要通過選擇和表現，而不是複
製自己所觀察的現象。面對動物，人要選擇，要論述，要編碼，才能寫進文本，
形成圖像，所以動物資料一方面包含動物的信息，一方面透露人類的關切，二
者分量相當。動物有時是材料，有時借為象徵，有時用來說教，還可以作裝飾
圖樣，如此等等，都是人類社會認識自己的工具」[註11]。

　　通過上述分析來看，戰國早期，動物紋樣裝飾藝術出現了轉型，寫實性增
強，這一過程非一蹴而就，而是從春秋中晚期已經開始這一過程，這應與春秋
戰國時期的政治、經濟、文化、思想、藝術等方面的大的轉型背景密切相關。

　　東周社會的轉型主要體現在以下幾個方面：

1. 東周劇變始於春秋

　　張光直[註12]認為：東周開始以後，平王東遷王都於洛陽，並非一件孤立

〔註11〕（英）胡思德著，藍旭譯，古代中國的動物與靈異〔M〕，南京：江蘇人民出
　　　　版社，2016：6。
〔註12〕張光直，商周神話與美術中所見人與動物關係之演變〔A〕，張光直，中國青
　　　　銅時代〔M〕，上海：三聯書店，2013：430～431。

的政治事件,而是中國文化社會劇變的一個象徵,在東周時代,宗周的政軍教各方面的力量逐漸減小,而姬姓的王室以外大小宗及異性氏族統治下的諸侯力量則作反比例的增強。中國文明在地域上擴張,在深度上增進,學術、文字與科學及政治哲學不復為宗室所獨有,到此逐漸傳入邊疆並深入民間。冶鐵術發達,城市增多並且擴大,這些都是地方勢力逐漸擴展的因素。歷史學家多主張,自春秋時代開始為古代史上的文藝復興與人文主義思潮抬頭的時代。

這些在文化與社會各方面的變化在宗教與神話上的直接表現,是祖的世界與神的世界之間的距離更進一步的深刻化,以及對於天的至上權威正面攻擊的嘗試;東周時代爭雄爭霸的事實在宗教與神話上的表現,便是對神祖之間密切關係的挑戰,並對各自祖先的德功加以標榜與強調。

2. 春秋時期「夏夷之防」到戰國時期七雄並稱「諸夏」

在先秦文獻中,「蠻夷戎狄」與「華夏」或「諸夏」,經常以對立的態勢出現,四方族裔勢力持續壯大並侵擾華夏,華夏族群以「內諸夏而外夷狄」為原則,團結對外。

周族在小邦周滅了大邑商之後,一方面「因於殷禮」,一方面在禮制、文化各方面建立自己的特色,以姬、姜族群為基礎,形成所謂的「華夏」概念,周人以「華」或「夏」自居,並視四裔族群等非我族類為「蠻夷戎狄」,由於文化、生活形態各自不同,長久之後,「華夏」與四裔族群逐漸形成一種對立的局面。《國語・鄭語》「是非王之支子母弟甥舅也,則皆蠻、荊、戎、狄之人也。非親則頑,不可入也」,西周末期周太史史伯將當時天下邦國區分成「親」與「頑」兩群:「親」指有血緣關係的「王之支子母弟甥舅」,「頑」是指無血緣關係的「蠻荊戎狄」。這些沒有血緣關係的「他者」被視為低下拙劣的非我族類。

西周晚期,各族內遷,尤其是北方與西北各族,紛紛遷入黃河中下游,以至兩周之際與春秋時期,在中原造成了各族交侵錯處的局面。而周室東遷,天子地位一落千丈,「禮崩樂壞」,在《春秋》、《左傳》、《國語》等書中,春秋時期齊、魯、晉、鄭、陳、蔡等中原諸侯稱為「中國」、「華夏」、「諸夏」;秦、楚等仍是「夷狄」〔註13〕。

到了戰國時期,七雄也早已用兼併的實際代替了「尊王」的口號,「夏夷

〔註13〕費孝通,中華民族多元一體格局〔M〕,北京:中央民族大學出版社,1999:218。

之防」的觀念已不再被強調，原先「諸夏」和「夷狄」的對立逐漸消失，因而「諸夏」、「華夏」等名號就很少再用，華夷一統的觀念在醞釀形成中〔註14〕。

3. 戰國平民美術運動

所謂平民美術〔註15〕，即是社會大眾都能瞭解的美術，不外圖案和圖畫。戰國平民美術運動不僅體現其所描寫的曾侯乙墓的寫實性美術，最典型的是東周畫像紋銅器，在三晉、秦、齊魯、燕等皆有發現。

三晉地區在春秋晚期興起狩獵紋銅器，這一藝術形式隨即傳播到列國，在秦、齊魯、燕、楚等地皆發現有相同或相似題材的藝術，既有直接從三晉地區輸入的器物，也有對狩獵紋藝術的模仿。同時，戰國時期，大量的寫實性動物增多，如各種獸類、禽類、鳥類等。

東周畫像紋銅器，與宗教色彩濃厚的商代獸面紋或是以封建宗法為中心的西周銅器相比較，很容易便可以看出中國青銅禮器的轉變；東周銅器上的畫像紋，記錄了周禮崩壞、士大夫階層新禮制的興起〔註16〕。

〔註14〕費孝通，中華民族多元一體格局〔M〕，北京：中央民族大學出版社，1999：219。

〔註15〕楚戈，戰國平民美術運動〔J〕，故宮文物月刊，7：27～41。

〔註16〕許雅惠，東周的圖像紋銅器與刻紋銅器〔J〕，故宮學術季刊，第二十卷第二期：82。

參考文獻

一、古代典籍

1. （漢）司馬遷，史記·晉世家〔M〕，北京：中華書局，1963。
2. （晉）杜預，春秋左傳集解〔M〕，上海：上海人民出版社，1977。
3. 袁珂，山海經校注〔M〕，北京：北京聯合出版公司，2014。
4. 程樹德，程俊英，蔣見元，論語正義〔M〕，北京：中華書局，1990。
5. 王利器，呂氏春秋注疏〔M〕，成都：巴蜀書社，2002。

二、考古報告及簡報

1. 中國科學院考古研究所，上村嶺虢國墓地〔M〕，北京：科學出版社，1959。
2. 山西省考古研究所，三晉考古（第一輯）〔C〕，太原：山西省考古研究所，1994。
3. 山西省考古研究所，山西省潞城潞河戰國墓〔J〕，文物，1986，6。
4. 陝西省考古研究所，西安北郊秦墓〔M〕，西安：三秦出版社，2006。
5. 山西省考古研究所侯馬工作站，1992 年侯馬鑄銅遺址發掘簡報〔J〕，文物，1995，2。
6. 棗莊市博物館，山東棗莊徐樓東周墓發掘簡報〔J〕，文物，2014，1。
7. 安徽省文物考古研究所，舒城縣文物管理所，安徽舒城縣河口春秋墓〔J〕，文物，1990，6。
8. 王愛武，安徽宣城出土的青銅器〔J〕，文物，2007，2。
9. 韓偉，曹明檀，陝西鳳翔高王寺戰國銅器窖藏〔J〕，文物，1981，1。

10. 董雪，山東臨淄出土戰國彩繪銅鏡〔J〕，文物，2017，4。

11. 淄博市博物館，齊故城博物館，臨淄商王墓地〔M〕，濟南：齊魯書社，1997。

12. 陝西省考古研究所，秦始皇兵馬俑博物館，華縣東陽〔M〕，北京：科學出版社，2006。

13. 河南博物院，臺北歷史博物館，輝縣琉璃閣甲乙二墓（上）〔M〕，鄭州：大象出版社，2011。

14. 河南省文物考古研究所，三門峽市文物工作隊，三門峽虢國墓（第一卷）〔M〕，北京：文物出版社，1999。

15. 山西省考古研究所，長子縣東周墓〔J〕，考古學報，1984，3。

16. 山西省考古研究所，山西博物院，長治市博物館，長治分水嶺東周墓地〔M〕，北京：文物出版社，2010。

17. 湖北省文物考古研究所，襄陽市文物考古研究所，湖北棗陽九連墩楚墓出土的漆木弩彩畫〔J〕，文物，2017，2。

18. 湖北省荊州地區博物館，江陵雨臺山楚墓〔M〕，北京：文物出版社，1984。

19. 荊州博物館，湖北荊州望山橋一號楚墓發掘簡報〔J〕，文物，2017，2。

20. 殷滌非，安徽壽縣新發現的銅牛〔J〕，文物，1959，4。

21. 隨州市博物館，隨州擂鼓墩二號墓〔M〕，北京：文物出版社，2008。

22. 陝西省考古研究所，秦都咸陽考古報告〔M〕，北京：科學出版社，2004。

23. 張劍，齊侯鑑銘文的新發現〔J〕，文物，1977，3。

24. 河北省文物研究所，中國社會科學院考古研究所，河北行唐縣故郡東周遺址〔J〕，考古，2018，7。

25. 成都文物考古研究所，成都商業街船棺葬〔M〕，北京：文物出版社，2009。

26. 四川省文物考古研究院，達州市文物管理所，宣漢縣文物管理所，宣漢羅家壩〔M〕，北京：文物出版社，2015。

27. 湖南省博物館，湘西土家族苗族自治州文物工作隊，古丈白鶴灣楚墓〔J〕，考古學報，1986，3。

28. 徐州博物館，邳州博物館，江蘇邳州市九女墩春秋墓發掘簡報〔J〕，考古，2003，9。

29. 山東省文物考古研究所，臨淄齊墓（第一集）〔M〕，北京：文物出版社，2007。

30. 鄭紹宗，唐縣南伏城及北城子出土周代青銅器〔J〕，文物春秋，1991，1。

31. 湖南省博物館、湖南省文物考古研究所，長沙市博物館，長沙市文物考古研究所，長沙楚墓〔M〕，北京：文物出版社，2000。

32. 棗莊市博物館，棗莊市文物管理辦公室，棗莊市東江周代墓葬發掘報告〔A〕，山東省文物考古研究所，海岱考古（第四輯）〔C〕，北京：科學出版社，2011。

33. 四川省博物館，重慶市博物館，涪陵縣文化館，四川涪陵地區小田溪戰國土坑墓清理簡報〔J〕，文物，1974，5。

34. 河南省文物研究所，信陽楚墓〔M〕，北京：文物出版社，1986。

35. 湖北省宜昌地區博物館，北京大學考古系，當陽趙家湖楚墓〔M〕，北京：文物出版社，1992。

36. 四川省文物考古研究院，德陽市文物考古研究所，什邡市博物館，什邡城關戰國秦漢墓〔M〕，北京：文物出版社，2006。

37. 河南省文物考古研究所，固始侯古堆一號墓〔M〕，鄭州：大象出版社，2004。

38. 四川大學考古學系，重慶市雲陽縣文物管理所，重慶雲陽李家壩巴文化墓地1999年度發掘簡報〔A〕，四川大學博物館，四川大學考古學系，南方民族考古（第七輯）〔C〕，北京：科學出版社，2011。

39. 成都市博物館考古隊，成都中醫學院戰國土坑墓〔J〕，文物，1992，1。

40. 王家祐，記四川彭縣竹瓦街出土的銅器〔J〕，文物，1961，11：28～31。

41. 四川省博物館，彭縣文化館，四川彭縣西周窖藏銅器〔J〕，考古，1981，6。

42. 四川省博物館，新都縣文物管理所，四川新都戰國木槨墓〔J〕，文物，1981，6。

43. 成都市文物管理處，成都三洞橋青羊小區戰國墓〔J〕，文物，1989，5。

44. 山西省文物工作委員會晉東南工作組，山西省長治市博物館，長治分水嶺269、270號東周墓〔J〕，考古學報，1974，2。

45. 山西省考古研究所，太原晉國趙卿墓〔M〕，北京：文物出版社，1996。

46. 山西省考古研究所，上馬墓地〔M〕，北京：文物出版社，1994。

47. 安徽省文物管理委員會，安徽省博物館，壽縣蔡侯墓出土遺物〔M〕，北京：科學出版社，1956。

48. 郭寶鈞，山彪鎮與琉璃閣〔M〕，北京：科學出版社，1959。

49. 江蘇省丹徒考古隊，江蘇丹徒北山頂春秋墓發掘報告〔J〕，東南文化，1988，3、4。

50. 曹錦炎，李則斌，江蘇盱眙西漢江都王墓出土越國鳥蟲書淳于〔J〕，文物，2016，11。

51. 安徽省文物工作隊，繁昌縣文化館，安徽繁昌出土一批春秋青銅器〔J〕，文物，1982，12。

52. 安徽省文物工作隊，安徽舒城九里墩春秋墓〔J〕，考古學報，1982，2。

53. 壽縣博物館，壽縣肖嚴湖出土春秋青銅器〔J〕，文物，1990，11。

54. 淮安市博物館，淮陰高莊戰國墓〔M〕，北京：文物出版社，2009。

55. 孔令遠，陳永清，江蘇邳州市九女墩三號墩的發掘〔J〕，考古，2002，5。

56. 浙江省文物管理委員會，浙江省文物考古所，紹興 306 號戰國墓發掘簡報〔J〕，文物，1984，1。

57. 山西文物管理委員會侯馬工作站，山西侯馬上馬村東周墓葬〔J〕，考古，1963，5。

58. 李國梁，安徽宿縣謝蘆村出土周代青銅器〔J〕，文物，1991，11。

59. 山東省文物考古研究所，山東沂水劉家店子春秋墓發掘簡報〔J〕，文物，1984，9。

60. 江西省歷史博物館館，靖安縣文化館，江西靖安出土春秋徐國銅器〔J〕，文物，1980，8。

61. 懷寧縣文物管理所，安徽懷寧縣出土春秋青銅器〔J〕，文物，1983，11。

62. 安徽省博物館，六安縣文物管理所，安徽六安縣發現一座春秋時期墓葬〔J〕，考古，1993，7。

63. 隨州市博物館，湖北安居出土青銅器〔J〕，文物，1982，12。

64. 張愛冰，安徽青陽汪村出土青銅器年代及其相關問題〔J〕，東南文化，2011，4。

65. 安徽省文物考古研究所，蚌埠市博物館，鍾離君柏墓〔M〕，北京：文物出版社，2013。

66. 楊正宏，肖夢龍，鎮江出土吳國青銅器〔M〕，北京：文物出版社，2008。

67. 鎮江市博物館，江蘇丹徒出土東周銅器〔J〕，考古，1981，5。

68. 河北省文物研究所，戰國中山國靈壽城——1975~1993 年考古發掘報告〔

M〕，北京：文物出版社，2005。

69. 杜迺松，記洛陽西宮出土的幾件銅器〔J〕，文物，1965，11。

70. 趙叢蒼，鳳翔出土一批春秋戰國文物〔J〕，考古與文物，1991，2：9，11。

71. 茂縣羌族博物館，阿壩藏族羌族自治州文物管理所，四川茂縣牟托一號石棺墓及陪葬坑清理簡報〔J〕，文物，1994，3。

72. 河南省文物考古研究所，河南省丹江庫區考古發掘隊，淅川縣博物館，淅川下寺楚墓〔M〕，北京：文物出版社，1991。

73. 安徽省文化局文物工作隊，安徽舒城出土的銅器〔J〕，考古，1964，10。

74. 湖北省荊州博物館，荊州天星觀二號楚墓〔M〕，北京：文物出版社，2003。

75. 湖北荊沙鐵路考古隊，包山楚墓〔M〕，北京：文物出版社，1991。

76. 湖北省文物考古研究所，荊門市博物館，襄荊高速公路考古隊，荊門左冢楚墓〔M〕，北京：文物出版社，2006。

77. 湖北省文物考古研究所，江陵望山沙冢楚墓〔M〕，北京：文物出版社，1996。

78. 湖北省荊州地區博物館，江陵馬山一號楚墓〔M〕，北京：文物出版社，1985。

79. 湖北省文物考古研究所，湖北鄖縣喬家院春秋殉人墓〔J〕，考古，2008，4。

80. 湖北省文物考古研究所，隨州市博物館，湖北隨州市文峰塔東周墓地〔J〕，考古，2014，7。

81. 方輝，山東省博物館藏裸人銅方鼎〔J〕，文物天地，1990，5。

82. 石家莊地區文物研究所，河北新樂縣中同村戰國墓〔J〕，考古，1984，11。

83. 胡金華，冀豔坤，河北唐縣釣魚臺積石墓出土文物整理簡報〔J〕，中原文物，2007，6。

84. 文啟明，河北靈壽縣西岔頭村戰國墓〔J〕，文物，1986，6。

85. 北京市文物研究所，北京市房山區文物管理所，北京房山前朱各莊戰國墓發掘簡報〔J〕，文物，2017，4。

86. 楊富斗，新絳柳泉墓地調查、發掘報告〔A〕，山西省考古研究所侯馬工作站，晉都新田〔C〕，太原：山西人民出版社，1996。

87. 安志敏，河北省唐山市賈各莊發掘報告〔J〕，考古學報（第六冊）。

88. 程長新，北京市順義縣龍灣屯出土一組戰國青銅器〔J〕，考古，1985，8。

89. 姚遷，江蘇盱眙南窰莊楚漢文物窖藏〔J〕，文物，1982，11。

90. 程長新，北京市揀選的燕國銅器〔J〕，文物，1982。

91. 廊坊地區文物管理所，三河縣文化館，河北三河大唐迴、雙村戰國墓〔J〕，考古，1987，4。

92. 山東省博物館，臨淄郎家莊一號東周殉人墓〔J〕，考古學報，1977，1。

93. 郎劍鋒，山東大學博物館收藏的三件青銅器〔J〕，文物，2016，6。

94. 中國科學院考古研究所，北京市文物管理處，房山縣文教局琉璃河考古工作隊，北京附近發現的西周奴隸殉葬墓〔J〕，考古，1974，5。

95. 齊文濤，概述近年來山東出土的商周青銅器〔J〕，文物，1972，5。

96. 南京博物院，江蘇漣水三里墩西漢墓〔J〕，考古，1973，2。

97. 李劍，張龍海，臨淄出土的幾件青銅器〔J〕，考古，1985，4。

98. 煙台市博物館，海陽市博物館，海陽嘴子前〔M〕，濟南：齊魯書社，2002。

99. 山東大學考古系，山東長清縣仙人臺周代墓地〔J〕，考古，1998，9。

100. 湖北省博物館，楚都紀南城的勘查與發掘（下）〔J〕，考古學報，1982，4。

101. 河南省文物考古研究所，南陽市文物考古研究所，淅川和尚嶺與徐家嶺楚墓〔M〕，鄭州：大象出版社，2004。

102. 河南省文物研究所，淅川下寺春秋楚墓〔M〕，北京：文物出版社，1991。

103. 襄樊市考古隊，棗陽郭家廟曾國墓地〔M〕，北京：科學出版社，2005。

104. 平頂山市文物管理局，葉縣文化局，河南葉縣舊縣四號春秋墓發掘簡報〔J〕，文物，2007，9。

105. 湖北省博物館，曾侯乙墓〔M〕，北京：文物出版社，1989。

106. 山東省文物考古研究所，山東省博物館，曲阜魯國故城〔M〕，濟南：齊魯書社，1982。

107. 山東省博物館，長清縣文化館，山東長清崗辛戰國墓〔J〕，考古，1980，4。

108. 陝西省考古研究院，秦始皇兵馬俑博物館，秦始皇帝陵園考古報告（2001-2003）〔M〕，北京：文物出版社，2007。

109. 山西省考古研究所侯馬工作站，山西侯馬市虒祁墓地的發掘〔J〕，考古，2002，4。

110. 咸陽市博物館，陝西咸陽塔爾坡出土的銅器〔J〕，文物，1975，6。

111. 秦俑考古隊，臨潼上焦村秦墓清理簡報〔J〕，考古與文物，1980，2。

112. 寶雞市考古研究所，秦墓遺珍，寶雞益門村二號春秋墓〔M〕，北京：科學出版社，2016。

113. 陝西省考古研究院，秦雍城豆腐村戰國製陶作坊遺址〔M〕，北京：科學出版社，2013。

114. 甘肅省文物考古研究所，禮縣博物館，甘肅禮縣圓頂山 98LDM2、2000LDM4 春秋墓〔J〕，文物，2005，2。

115. 甘肅省文物考古研究所，禮縣博物館，禮縣圓頂山春秋秦墓〔J〕，文物，2002，2。

116. 鳳翔縣文化館，陝西省文管會，鳳翔先秦宮殿試掘及其銅質建築構件〔J〕，考古，1976，2。

117. 尹盛平，張天恩，陝西隴縣邊家莊一號春秋秦墓〔J〕，考古與文物，1986，6。

118. 湖北省博物館，曾侯乙墓文物藝術〔M〕，武漢：湖北美術出版社，1992。

119. 高至喜，熊傳薪，楚人在湖南的活動遺跡概述〔J〕，文物，1980，10。

120. 早期秦文化聯合考古隊，2006 年甘肅禮縣大堡子山祭祀遺跡發掘簡報〔J〕，文物，2008，11。

121. 蔡運章，梁曉景，張長森，洛陽西宮 131 號戰國墓〔J〕，文物，1994，7。

122. 山西省文物管理委員會，山西長治市分水嶺古墓的清理〔J〕，考古學報，1957，1。

123. 趙建朝，李海祥，河北邯鄲趙王陵二號陵出土的戰國文物〔J〕，文物，2009，3。

124. 盧連成，楊滿倉，陝西寶雞縣太公廟村發現秦公鐘、秦公鎛〔J〕，文物，1978，11。

125. 陝西省考古研究院，梁帶村芮國墓地——二〇〇七年度發掘報告〔M〕，北京：文物出版社，2010。

126. 中國科學院考古研究所，輝縣發掘報告〔M〕，北京：科學出版社，2016。

127. 山西省考古研究所，侯馬白店鑄銅遺址〔M〕，北京：科學出版社，2012。

128. 山西省考古研究所，侯馬鑄銅遺址〔M〕，北京：文物出版社，1993。

129. 河北省文物研究所，厝墓——戰國中山國國王之墓〔M〕，北京：文物出版社，1996。

130. 河北省文物研究所，燕下都（上、下）〔M〕，北京：文物出版社，1996。

三、期刊文獻

1. 蘇秉琦，殷瑋璋，關於考古學文化的區系類型問題〔J〕，文物，1981，5。

2. 高木森，春秋戰國時代的圖紋藝術（一）〔J〕，故宮文物月刊，1984，10。

3. 高木森，春秋戰國時代的圖紋藝術（二）〔J〕，故宮文物月刊，1984，12。

4. 高木森，春秋戰國時代的圖紋藝術（三）〔J〕，故宮文物月刊，1984，13。

5. 高木森，春秋戰國時代的圖紋藝術（四）〔J〕，故宮文物月刊，1984，14。

6. 高木森，春秋戰國時代的圖紋藝術（五）〔J〕，故宮文物月刊，1984，15。

7. 羅豐，中原製造——關於北方動物紋金屬牌飾〔J〕，文物，2010，3。

8. 林仙庭，黃水河流域的青銅文化〔J〕，故宮文物月刊。

9. 白光琦，秦公壺應為東周初期器〔J〕，考古與文物，1995，4。

10. 陳昭容，談新出秦公壺的時代〔J〕，考古與文物，1995，4。

11. 陳振裕，談虎座鳥架鼓〔J〕，江漢考古，1980，1。

12. 李學勤，艾蘭，最新出現的秦公壺〔N〕，中國文物報，1994-10-23。

13. 張光遠，春秋晉文公稱霸「子范編鐘」初釋〔J〕，故宮文物月刊，13 卷 1 期（總 145）。

14. 李學勤，論秦子簋蓋及其意義〔J〕，故宮博物院院刊，2005，6。

15. 李伯謙，中國青銅文化的發展階段與分區系統〔J〕，華夏考古，1990，2。

16. 張文玲，縱橫交錯探亞洲〔J〕，故宮文物月刊，2008。

17. 楚戈，戰國平民美術運動〔J〕，故宮文物月刊，7。

18. 方輝，「圖騰柱」小考——從長清仙人臺出土「銅鳥座」談起〔J〕，故宮文物月刊，164。

19. 馮峰，鮑子鼎與鮑子鎛〔J〕，中國國家博物館館刊，2014，7。

20. 劉彬徽，近年楚系青銅器研究述評〔A〕，湖南省博物館館刊（第三期），長沙：嶽麓書社，2006。

21. 董亞巍，周衛榮，馬俊才，萬全文，王昌燧，商周銅器紋飾技術的三個發展歷程〔J〕，中國歷史文物，2007，1。

22. 楊建芳，古代玉雕中的神怪世界——與〈山海經〉中的神怪對照〔J〕，中國國家博物館館刊，2011，1。

23. 董珊，秦子姬簋蓋初探〔J〕，故宮博物院院刊，2005，6。

24. 吳榮曾，戰國、漢代的「操蛇神怪」及有關神話迷信的變異〔J〕，文物，1989，10。

25. 許雅惠，東周的圖像紋銅器與刻紋銅器〔J〕，故宮學術季刊，第二十卷第二期。

26. 胡厚宣，釋殷代求年於四方和四方風的祭祀〔J〕，復旦學報（人文科學），1956，1。

27. 游國慶，俯首甘為孺子牛——說青銅器上的「牛」〔J〕，故宮文物月刊，310（2009 年 1 月）。

28. 游國慶，俯首甘為孺子牛——說青銅器上「牛」的造型、紋飾與銘文〔J〕，故宮文物月刊 312 期（2009 年 3 月）。

29. 楊軍昌，Paul Jett，張天恩，丁岩，西安南郊戰國陵園遺址出土的金銀材料技術分析與研究〔J〕，故宮文物月刊，291（2007 年 6 月）。

30. 陳芳妹，盆、敦與簋——論春秋早、中期間青銅粢盛器的轉變〔J〕，故宮學術季刊，二卷三期。

31. 陳佩芬，吳王夫差盉〔A〕，上海博物館，上海博物館集刊（第七期），上海：上海書畫出版社，1996。

32. 趙化成，王輝，韋正，禮縣大堡子山秦子「樂器坑」相關問題探討〔A〕，文物，2018，11。

33. 烏恩，略論怪異動物紋樣及其相關問題〔J〕，故宮博物院院刊，1994，3。

34. 呂世浩，戰國中晚期嵌綠松石金屬絲鳥獸尊〔J〕，故宮文物月刊。

35. 許雅惠，嵌松綠石孔雀石金屬絲犧尊〔J〕，故宮文物月刊。

36. 馬健，黃金製品中所見中亞草原與中國早期文化交流〔J〕，西域研究，2009，3。

37. 耿慶剛，咸陽長陵車站 61XYCLJC3 的再發現〔J〕，文博，2013，3。

38. 周豔明，權敏，東周亞腰形銅盒初探〔J〕，文博，2018，4。

39. 高大倫，四川茂縣牟托石棺葬小議〔J〕，四川文物，2011，6。

40. 楊鍾健，劉東生，安陽殷墟之哺乳動物群補遺〔J〕，中國考古學報（第四冊），1949，12。

41. 嚴志斌，薛國故城出土鳥形杯小議〔J〕，考古，2018，2。

42. 皮筱蔚，三頭鳳試釋〔J〕，江漢考古，1989，4。

43. 賀雲翔，具有解構思維特徵的「文化因素分析法」——考古學者的「利器」之四〔J〕，大眾考古，2013，5。

44. 吳小平，饒華松，曲頸壺小考〔J〕，華夏考古，2015，2。

45. 王丕忠，李光軍，從長陵新出土的瓦當談秦蘭池宮地理位置等問題〔J〕，人文雜誌，1980，1。

46. 劉慶柱，〈談秦蘭池宮地理位置等問題〉幾點質疑〔J〕，人文雜誌，1981，2。

47. 袁豔玲，張聞捷，楚系青銅器的分期與年代〔J〕，考古學報，2015，4。

48. 郭德維，關於壽縣楚王墓槨室形制復原問題〔J〕，江漢考古，1982，1。

49. 張昌平，汪濤，關於重現的陳侯壺〔J〕，文物，2015，3。

50. 竺可楨，中國近 5000 年來氣候變遷的初步研究〔J〕，考古學報，1972，1。

51. 李夏廷，渾源彝器研究〔J〕，文物，1992，10。

52. 陳公柔，張長壽，殷周青銅容器上鳥紋的斷代研究〔J〕，考古學報，1984，3。

53. 馮峰，鄖縣喬家院春秋墓初識〔J〕，南方文物，2009，4。

54. 劉彬徽，論東周青銅缶〔J〕，考古，1994，10。

55. 李零，「楚叔之孫倗」究竟是誰——河南淅川下寺二號墓之墓主和年代問題的討論〔J〕，中原文物，1981，4。

56. 袁豔玲，楚式鼎的分類、組合及其禮制涵義〔J〕，考古，2015，8。

57. 李國樑，群舒故地出土的青銅器〔J〕，文物研究（總第六期），合肥：黃山書社，1990，10。

58. 張聞捷，戰國時代的銅器復古〔J〕，考古，2017，4。

59. 趙化成，東周燕代青銅容器的初步分析〔J〕，考古與文物，1993，2。

60. 韓鼎，早期「人蛇」主題研究〔J〕，考古，2017，3。

61. 于春，茂縣牟托村「翼龍」與三星堆龍之比較——兼論三星堆文化向北傳播的途徑〔J〕，考古與文物，2005，2。

62. 陳峰，曾侯乙墓中漆匫上「日月和伏羲、女媧」圖像質疑〔J〕，中原文物，1993，1。

63. 湯炳正，曾侯乙墓的棺畫與〈招魂〉中的「土伯」〔J〕，社會科學戰線，1982，3。

64. 張愛冰，也談曲柄盉的年代及其相關問題〔J〕，文物，2014，3。

65. 王紀潮，楚文化中的動物符號和前宗教問題〔J〕，江漢考古，2003，7。

66. 王元，秦都雍城「姚家崗」宮區再認識〔J〕，考古與文物，2016，3。

67. 杜逎松，論東周燕國青銅器〔J〕，文物春秋，1994，2。

68. 朱存明、董良敏，肖形印「神人操蛇」圖像的產生及演變〔J〕，中國美術研究，2012，1、2。

69. 王厚宇，考古資料中的蛇和相關神怪〔J〕，中國典籍與文化，2001，2。

70. 張愛冰，犧首鼎的年代及相關問題〔J〕，考古，2015，1。

71. 張愛冰，皖南沿長江地區周代銅器研究〔J〕，考古學報，2013，4。

72. 路國權，南北二系：試論東周時期銅匜的分類和譜系〔J〕，考古與文物，2018，4。

73. 韓偉，略論陝西春秋戰國秦墓〔J〕，考古與文物，1981，1。

74. 陳平，試論關中秦墓青銅容器的分期問題〔J〕，考古與文物，1984，3。

75. 程永建，試論有銎銅戈〔J〕，華夏考古，2001，2。

76. 馬承源，陳喜壺〔J〕，文物，1961，2。

四、研究專著

1. 張光直，中國青銅時代〔M〕，上海：三聯書店，2013。

2. 蘇秉琦，華人·龍的傳人·中國人〔M〕，瀋陽：遼寧大學出版社，1994。

3. 楊權喜，楚文化〔M〕，北京：文物出版社，2000。

4. 曹瑋，陝北出土青銅器（2）〔M〕，成都：巴蜀書社，2009。

5. 李夏廷、李劭軒，晉國青銅藝術圖鑒〔M〕，北京：文物出版社，2009。

6. 芮傳明，余太山，中西紋飾比較〔M〕，上海：上海古籍出版社，1995。

7. 李學勤，簡帛佚籍與學術史〔M〕，南昌：江西教育出版社，2001。

8. 李學勤，東周與秦代文明〔M〕，北京：文物出版社，1984。

9. （英）E.H.貢布里希，秩序感——裝飾藝術的心理學研究〔M〕，楊思梁，徐一維，杭州：浙江攝影出版社，1987。

10. 考古學編輯委員會，中國大百科全書·考古學，北京：中國大百科全書出版社，1986。

11. 俞偉超，考古學是什麼——俞偉超考古學理論文選〔M〕，北京：中國社會科學出版社。

12. （德）雷德侯，萬物——中國藝術中的模件化和規模化生產〔M〕，張總，黨晟，北京：生活·讀書·新知三聯書店，2012。

13. （美）羅伯特·貝格利，羅越與中國青銅器研究——藝術史中的風格與分

類〔M〕，王海城，杭州：浙江大學出版社，2019。

14. （美）弗朗茲‧博厄斯，原始藝術〔M〕，金輝，上海：上海文藝出版社，1989。

15. 張臨生：古器散論〔M〕，臺北：故宮博物院，2016。

16. 俞偉超，考古類型學的理論與實踐〔C〕，北京：文物出版社，1989。

17. 山西省博物館，山西省博物館館藏文物精華〔M〕，太原：山西人民出版社，1999。

18. 故宮博物院，故宮青銅器〔M〕，北京：紫禁城出版社，1999。

19. 首陽齋，上海博物館，香港中文大學文物館，首陽吉金——胡盈瑩、范季融藏中國古代青銅器〔M〕，上海：上海古籍出版社，2008。

20. 烏恩岳斯圖，北方草原考古學文化比較研究——青銅時代至早期匈奴時期〔M〕，北京：科學出版社，2008。

21. 山西博物院，爭鋒——晉楚文明〔M〕，太原：山西出版傳媒集團‧山西人民出版社，2018。

22. 李學勤，艾蘭，歐洲所藏中國青銅器遺珠〔M〕，北京：文物出版社，1995。

23. 孔令遠，徐國的考古發現與研究〔M〕，中國文史出版社，2005。

24. 毛穎，張敏，長江下游的徐舒與吳越〔M〕，武漢：湖北教育出版社，2005。

25. 張愛冰，群舒文化研究〔M〕，上海：上海古籍出版社，2018。

26. 蕭春源，珍秦齋藏金‧秦銅器篇〔M〕，澳門：澳門基金會，2006。

27. 河北博物院，戰國雄風——古中山國〔M〕，北京：文物出版社，2014。

28. 許倬雲：《中國古代社會史論——春秋戰國時期的社會流動》，廣西師範大學出版社，2006年。

29. 鄭小爐，吳越和百越地區周代青銅器研究〔M〕，北京：科學出版社，2007。

30. 馬承源，中國青銅器研究〔M〕，上海：上海古籍出版社，2002。

31. 上海博物館，商周青銅器紋飾〔M〕，北京：文物出版社，1984。

32. 容庚，商周彝器通考〔M〕，上海：上海人民出版社，2008。

33. 蘇秉琦，中國文明起源新探〔M〕，北京：人民出版社，2013。

34. 段勇，商周青銅器幻想動物紋研究〔M〕，上海：上海古籍出版社，2012。

35. 葉劉天增，中國紋飾研究〔M〕，臺北：南天書局，1997。

36. 費孝通，中華民族多元一體格局〔M〕，北京：中央民族大學出版社，1999。

37. 李朝遠，青銅器學步集〔M〕，北京：文物出版社，2007。

38. 湖北省博物館，圖說楚文化——恢詭譎怪 驚采絕豔〔M〕，武漢：湖北美術出版社，2006。

39. 高至喜，楚文物圖典〔M〕，武漢：湖北教育出版社，2000。

40. 湖南省博物館，首都博物館，鳳舞九天——楚文物特展〔M〕，北京：科學出版社，2015。

41. 朱鳳瀚，古代中國青銅器〔M〕，天津：南開大學出版社，1995。

42. 張辛，中原地區東周陶器墓葬研究〔M〕，北京：科學出版社，2002。

43. 陳佩芬，夏商周青銅器研究・東周篇上〔M〕，上海：上海古籍出版社，2004。

44. 陳佩芬，夏商周青銅器研究・東周篇下〔M〕，上海：上海古籍出版社，2004。

45. 宋治民，蜀文化〔M〕，北京：文物出版社，2008。

46. 李學勤，從新出青銅器看長江下游文化的發展〔J〕，文物，1980，8。

47. 陸勤毅，宮希成，皖南商周青銅器研究〔M〕，北京：文物出版社，2016。

48. 侯寧彬，水鄉澤國——東周時期吳越兩國歷史文化展〔M〕，西安：西北大學出版社，2016。

49. 秦始皇陵博物院，泱泱大國——齊國歷史文化展〔M〕，西安：陝西新華出版傳媒集團，三秦出版社，2015，99。

50. 張正明，楚文化史〔M〕，上海：上海人民出版社，1987。

51. 李零，出山與入塞〔M〕，北京：文物出版社，2004。

52. 姜濤、劉雲輝，熙墀藏玉〔M〕，北京：文物出版社，2006。

53. 徐中舒，論巴蜀文化〔M〕，成都：四川人民出版社，1982。

54. 蔡慶良，張志光，秦業流風——秦文化特展〔M〕，臺北：臺北故宮博物院，2016。

55. 劉雲輝，陝西出土東周玉器〔M〕，北京：文物出版社，2006。

56. 楊式昭，春秋方壺上的立體飾件研究〔M〕，臺北：臺北歷史博物館，2016。

57. 棗莊市博物館，小邾國遺珍〔M〕，北京：中國文史出版社，2006。

58. 梁雲，戰國時代的東西差別：考古學的視野〔M〕，北京：文物出版社，2008。

59. （英）胡思德著，藍旭譯，古代中國的動物與靈異〔M〕，南京：江蘇人民出版社，2016。

60. 蔡慶良，張志光，嬴秦溯源——秦文化特展〔M〕，臺北：國立故宮博物院，2016。

61. 楊式昭，春秋楚系——青銅器轉型風格之研究〔M〕，臺北：國立歷史博物館，2005。

62. 李零，萬變〔M〕，北京：生活·讀書·新知三聯書店，2016。

63. 宋玲平，晉系墓葬制度研究〔M〕，北京：科學出版社，2007。

64. 劉彬徽，楚系青銅器研究〔M〕，武漢：湖北教育出版社，1995。

65. 劉敦願，劉敦願文集·上卷〔M〕，北京：科學出版社，2012。

66. 朱鳳瀚，中國青銅器綜論〔M〕，上海：上海古籍出版社，2009。

67. 彭裕商，春秋青銅器年代綜合研究〔M〕，北京：中華書局，2011。

68. 彭裕商，戰國青銅器年代綜合研究〔M〕，成都：巴蜀書社，2018。

69. 滕銘予，秦文化：從封國到帝國的考古學觀察〔M〕，北京：學苑出版社，2002。

70. 山東省文物考古研究所，新中國出土瓦當集錄·齊臨淄卷〔M〕，西安：西北大學出版社，1999。

71. 中國玉器全集編輯委員會，中國玉器全集·3·春秋·戰國〔M〕，石家莊：河北美術出版社，1993。

72. 旅順博物館，旅順博物館館藏文物選粹·青銅器卷〔M〕，北京：文物出版社，2008。

73. 山東省文物考古研究所，沂水紀王崮春秋墓出土文物集萃〔M〕，北京：文物出版社，2016。

74. 于海廣，山東大學文物精品選〔M〕，濟南：齊魯書社，2002。

75. 安徽博物院，江淮群舒青銅器〔M〕，合肥：安徽美術出版社，2013。

76. 中國青銅器全集編輯委員會，中國青銅器全集·巴蜀〔M〕，北京：文物出版社，1994。

77. 譚旦冏，銅器概述〔M〕，臺北：國立故宮博物院，1981。

78. 王青，海岱地區周代墓葬與文化分期研究〔M〕，北京：科學出版社，2012。

79. （英）科林·倫福儒，保羅巴恩著，陳淳譯，考古學：理論、方法與實踐〔M〕，上海：上海古籍出版社，2004。

80. 湖北博物館，成都金沙遺址，湖北九連墩楚墓精品文物特展——九連墩的故事〔M〕，成都：四川人民出版社，2016。

81. 湖北省文物考古研究所，曾國青銅器〔M〕，北京：文物出版社，2007。

82. 安徽大學，安徽省文物考古研究所，皖南商周青銅器〔M〕，北京：文物出版社，2006。

83. 浙江省博物館，越地範金〔M〕，杭州：浙江古籍出版社，2009。

84. 齊國故城遺址博物館，齊國故城遺址博物館館藏青銅器精品〔M〕，北京：文物出版社，2015。

85. 侯寧彬，尋巴——消失的巴國〔M〕，西安：西北大學出版社，2016。

86. 中國青銅器全集編輯委員會，中國青銅器全集·東周 1〔M〕，北京：文物出版社，1998。

87. 中國青銅器全集編輯委員會，中國青銅器全集·東周 2〔M〕，北京：文物出版社，1995。

88. 中國青銅器全集編輯委員會，中國青銅器全集·東周 3〔M〕，北京：文物出版社，1997。

89. 中國青銅器全集編輯委員會，中國青銅器全集·東周 4〔M〕，北京：文物出版社，1998。

90. 中國青銅器全集編輯委員會，中國青銅器全集·東周 5〔M〕，北京：文物出版社，1997。

91. 河南博物院，臺北國立歷史博物館，新鄭鄭公大墓青銅器〔M〕，鄭州：大象出版社，2001。

92. 上海博物館，陝西省考古研究院，金玉華年：陝西韓城出土周代芮國文物珍品〔M〕，上海：上海書畫出版社，2012。

93. 湖北省博物館，九連墩——長江中游的楚國貴族大墓〔M〕，北京：文物出版社，2007。

94. 山西博物院，山西博物院珍粹〔M〕，太原：山西人民出版社，2005。

95. 李文崗，燕下都瓦當圖形研究〔M〕，保定：河北大學出版社，2017。

96. 中國國家博物館，湖北省博物館，江漢湯湯——湖北出土商周文物〔M〕，北京：北京時代華文書局，2015。

97. 左德承，雲夢睡虎地出土秦漢漆器圖錄〔M〕，武漢：湖北美術出版社，1986。

98. 鳳翔縣博物館，鳳翔遺珍——鳳翔縣博物館藏品精粹〔M〕，西安：三秦出版社，2012。

99. 禮縣博物館，禮縣秦西垂文化研究會，秦西垂陵區〔M〕，北京：文物出
版社，2004。

100. 游國慶主編，吉金耀采——院藏歷代銅器〔M〕，臺北：臺北故宮博物院，
2015。

五、論文集

1. 林澐，從東黑溝出土的有角神獸牌飾談起〔A〕，《鄂爾多斯青銅器國際學
術研討會論文集》編輯組，鄂爾多斯青銅器國際學術研討會論文集〔C〕，
北京：科學出版社，2009。

2. 高明，高明論著選集〔C〕，北京：科學出版社，2001。

3. 陳公柔，徐國青銅器的花紋、形制及其他〔A〕，馬承源，吳越地區青銅
器研究論文集〔C〕，香港：兩木出版社，1998。

4. 邢義田，再論「中原製造」——歐亞草原古代金屬動物紋飾品的產銷與
仿製〔A〕，孟憲實，朱玉麟，探索西域文明——王炳華先生八十華誕祝
壽論文集〔C〕，上海：中西書局，2017。

5. 范迪安，楚帛書圖像及其結構解析〔A〕，中央美術學院美術史系，篳路
藍縷四十年——中央美術學院美術史系教師論文集〔C〕，北京：人民美
術出版社，1997。

6. 史黨社，從秦地域內出土的歐亞草原「動物紋」看秦與「戎狄」文化的關
係〔A〕，《鄂爾多斯青銅器國際學術研討會論文集》編輯組，鄂爾多斯青
銅器國際學術研討會論文集〔C〕，北京：科學出版社，2009。

7. 趙化成，周代棺槨多重制度研究〔A〕，北京大學國學研究院，國學研究·
第五卷〔C〕，北京：北京大學出版社，1998。

8. 曹瑋，任天洛，秦時期冶金考古國際學術研究會論文集〔C〕，北京：科
學出版社，2014。

9. 張辛，禮與禮器——中國古代禮器研究札記之一〔A〕，北京大學考古文
博學院，考古學研究（五）〔C〕，北京：科學出版社，2003。

10. 劉彬徽，吳越地區東周銅器與徐楚銅器比較研究〔A〕，馬承源，吳越地
區青銅器研究論文集〔C〕，香港：兩木出版社，1998。

11. 陳昭容，從文獻與出土文物看早期秦國融入華夏的歷程〔A〕，李宗焜，
第四屆國際漢學會議論文集——出土材料與新視野〔M〕，臺北：中央研

究院，2013。

12. 俞偉超，先秦兩漢美術考古材料中所見世界觀的變化〔A〕，《慶祝蘇秉琦考古五十五年論文集》編輯組，慶祝蘇秉琦考古五十五年論文集〔C〕，北京：文物出版社，1989。

13. 李伯謙，中國青銅文化結構體系研究〔M〕，北京：科學出版社，1998。

14. 袁珂，〈山海經〉寫作的時地及篇目考〔A〕，神話論文集〔C〕，上海：上海古籍出版社，1982。

15. 孫機，仰觀集——古文物的欣賞與鑒別〔C〕，北京：文物出版社，2015。

16. 陝西省考古研究院，上海博物館，兩周封國論衡〔C〕，上海：上海古籍出版社，2013。

17. 李先登，燕國青銅器的初步研究〔A〕，齊心，北京建城3040年暨燕文明國際學術研討會會議專輯〔C〕，北京：燕山出版社，1997。

18. 宋治民，四川茂縣牟托村一號石棺墓若干問題的初步分析〔A〕，四川大學歷史文化學院考古學系，四川大學考古專業創建四十週年暨馮漢驥先生百年誕辰紀念文集〔C〕，四川大學出版社，2001。

19. 來國龍，逝者的再現，無形的參列——戰國秦漢墓葬藝術中人像觀念的轉變〔A〕，巫鴻、朱青生、鄭岩，古代墓葬美術研究（第二輯）〔M〕，長沙：湖南美術出版社，2013。

20. 吳春明，從蛇神的分類、演變看華南文化的發展〔A〕，北京大學考古文博學院，北京大學中國考古學研究中心，考古學研究（九）〔C〕，北京：文物出版社，2012。

21. 徐中舒，古代狩獵圖像考〔A〕，徐中舒，徐中舒歷史論文選輯〔C〕，北京：中華書局，1998。

六、學位論文

1. 高熠，商周青銅器蛇紋研究〔D〕，陝西師範大學，2018。
2. 鬮明文，巴蜀古史的考古學觀察〔D〕，吉林大學，2017。
3. 邱麗珠，商周青銅器蟬紋研究〔D〕，湖南大學，2017。
4. 畢經緯，海岱地區商周青銅器研究〔D〕，陝西師範大學，2013。
5. 景佳晨，商周青銅鴞形紋飾研究〔D〕，天津師範大學，2016。
6. 王蕊，吳越地區出土東周青銅器紋飾研究〔D〕，重慶師範大學，2016。

7. 車芳，三晉兩周地區青銅容器紋飾初步研究〔D〕，陝西師範大學，2014。

8. 王盼盼，春秋時期淮河流域青銅器紋飾研究〔D〕，安徽大學，2014。

9. 王冰，東周時期秦國青銅器紋飾研究〔D〕，陝西師範大學，2012。

10. 郎劍鋒，吳越地區出土商周青銅器研究〔D〕，山東大學，2012。